洪乾祐著

# 閩南語考釋

附金門話考釋

文史哲出版社印行

國家圖書館出版品預行編目資料

閩南語考釋 / 洪乾祐著. -- 初版. -- 臺北市：
文史哲, 民 88 印刷
面： 公分.
參考書目：面
含索引（附金門話考釋）
ISBN 957-547-103-2(平裝)

1.閩南話

802.5232 81000788

# 閩南語考釋

## 附金門話考釋

著　者：洪　乾　祐
出版者：文史哲出版社
登記證字號：行政院新聞局版臺業字五三三七號
發行人：彭　正　雄
發行所：文史哲出版社
印刷者：文史哲出版社
臺北市羅斯福路一段七十二巷四號
郵政劃撥帳號：一六一八〇一七五
電話 886-2-23511028 · 傳真 886-2-23965656
實價新臺幣 四四〇元
中華民國八十一年二月初版
中華民國八十八年三月初版二刷



ISBN 957-547-103-2

# 閩南語考釋目錄

附：「金門話考釋」

## 第五章　人　事……八五

## 第八章 傷病

## 第十四章 生物



## 第十五章 單位

# 金門話考釋目錄

# 南蠻鴃舌今動聽（代序）

從很古老的時代開始，漢族就和許多異族在中國大陸上比鄰居住，或在各處雜居。北、東、西三個方向不說，距離漢族文化發源地黃河流域較爲遙遠的東南一帶如現在的江蘇、浙江、福建、江西、廣東、廣西、雲南等省分，直到中南半島北部，都是越族生存蕃衍的區域。這些越族合稱百越，也叫百粵。百是形容數量的多，因爲它們中間還可再細分爲衆多不同的支別。百越的文化水準遠比漢族低，但是很驍勇敢戰。漢書說：「自三代之盛，胡、越不與受正朔。非強弗能勝、（非）威弗能制也。以爲不居之地，不牧之民，不足以煩中國也。」（註一）「不牧」是人民「難於教化」的意思。照這記載，胡、越並列，顯然「越」是漢族眼中的野蠻民族了。漢書又說：「粵地，今之蒼梧、鬱林、合浦、交阯、九眞、日南，皆界分也。其君禹後，帝少康之庶子云，封於會稽。（今浙江紹興縣）」（註二）唐顏師古注：「臣瓚曰：『自交阯至會稽，七八千里，百越雜處，各有種姓。』」傳至春秋末期，句踐繼承王位。其實吳、越、楚的君主王號是僭稱，只當時的周天子纔可稱王。越俗是「文身斷髮，披草萊而邑焉。」（註三）和漢族的衣冠上國不同。

漢族自黃帝起，歷經顓頊、帝嚳、堯、舜、夏、商、周，活動的範圍還不能很大，大體上多在今西北和北方的幾個省地，開發是由西而東，自北而南，因此逐漸和東南方的土著越族接觸。在這一段一千五、六百年的長時期，有關百越的歷史雖然少有詳盡的記載，但與漢族時和時戰是難免的。漢族憑藉著較高的文明優勢，人丁繁殖也快，於是百越逐漸被迫退處一隅，或者臣服，成爲名副其實的蠻邦；但在邊界的地方自然和漢族形成雜處的局面，那是無可懷疑的。（註四）

現在列舉幾個較爲顯著的越來說。一是越國，左定十四年傳：「五月，於越敗吳于檇李。」是春秋時的越國稱爲於越。戰國初年，越國被楚所滅。（註五）到秦漢時，越國分建爲甌越和閩越；甌越在今浙江，閩越在今福建。二是南越，在今兩廣一帶，秦末時趙佗自稱南越武王，後來傳位給子孫，和漢朝和戰不斷。（註六）三是山越，三國時據有西漢時代甌越、閩越、南越的舊地，和吳國抗爭。山越武力的強盛，竟可在魏、蜀、吳三國中間的戰局造成相當的影響。（註七）四是揚越，在今江西。（註八）五是駱越，在今貴州、廣西、雲南一帶。（註九）六是甌駱（又叫西甌駱），在今越南北部。（註一〇）這些百越民族的文化，例如衣、食、住、語言等，和漢族都有很大的差別，很明顯的它們是和漢人截然不同的種族。（註一一）

只就福建來說。周禮夏官職方氏謂「辨其邦國都鄙、四夷、八蠻、九貉、五戎、六狄之人民，與其財用、九穀、六畜之數要。」漢鄭玄注：「閩，蠻之別也。」可知福建在周朝時是屬於「七閩」地域，是野蠻民族居住的地方。「閩」和「蠻」通用，造字都從「虫」，傳說和蛇有關，這或是出於古民族部落的圖騰記號。春秋時，福建屬於越國，戰國時屬於楚。秦始皇統一天下，平定百越，設置福建爲閩中郡，正式納入中國行政的版圖。史記說：「漢（高祖）五年，復立（句踐之後）無諸爲閩越王，王閩中故地，都東冶（今福州市）。孝惠三年，舉高帝時功，曰閩君搖功多，其民便附，乃立搖爲東海王，都東甌（今浙江永嘉縣西南）。至孝景三年，吳王濞反，閩越未肯行，獨東甌從吳。及吳破，東甌受漢購，殺吳王丹徒，以故皆得不誅。吳王子子駒亡走閩越。東甌請舉國徙中國；乃悉舉衆來，處江、淮之間。」（註一二）這一段紀錄讓我們得知：第一，立國在福建福州的閩越，就是周代的「七閩」。第二，東甌遷徙全國越民入居江、淮之間，劉宋裴駰史記集解引徐廣的話說：「萬餘人來降，家廬江郡。（今安徽廬江縣西）」經由通婚，可能造成那一帶地區的漢、越人種的大量融合。

前面談過越族的特性「驍勇敢戰」，包括對外和對內。對外例如和漢族長期和戰不停，對內是各越也時起爭戰。漢書說：「（武帝）建元三年，閩越舉兵圍東甌，東甌告急於漢，迺遣（嚴）助以節發兵會稽。後三歲，閩越復興兵擊南越。遣兩將軍（王恢、韓安國）誅閩越。淮南王安上書諫曰：『自漢初定以來七十二年，吳、越人相攻擊者不可勝數，然天子未嘗舉兵而入其地也。臣聞越非有城郭邑里也，處谿谷之間、篁竹之中，習於水門，便於用舟，地深昧而多水險；中國之人不知其勢而入其地，雖百不當一。』」（註一三）漢書又說：「（武帝時，）東越數反覆，（朱）買臣因言：『故東越王居保泉山，一人守險，千人不得上。今聞東越王更徙處南行，去泉山五百里，居大澤中。』」（註一四）清王先謙漢書補注：「（清）齊召南曰：『泉山今曰清源山，在泉州府城北，去海甚遠。』」

明歐大任百越先賢志自序說：「句踐六世至王無彊伐楚，楚熊商敗之，越遂散。諸子或爲王，或爲君，濱於江南海上，臣服於楚。東自無諸都東冶，至漳泉，故閩越也。」是閩越又稱東越。上述的史料裏又給予我們啓示：第一，越人好戰爭，自相屠殺。攻防武器裝備落後，但行動詭祕敏捷。（註一五）第二，福建、廣東、廣西、雲南、中南半島北部，這一大片區域雖然山不高，但平原少，川流密布，叢林沼澤多，沿海島嶼羅列，極有利於恃險作長期的戰爭。（註一六）

到了後漢，福建在行政區上屬於會稽郡，稱爲章安，設置東部都尉來治理。三國志說：「曹公欲令（張）紘輔（孫）權內附，出紘爲會稽東部都尉。」（註一七）三國時，吳分置爲建安郡；晉分置爲晉安郡；都屬於揚州管轄。南朝時，宋、齊稱爲江州；梁分隸於東揚州；陳始置閩州。隋朝統一南北，把福建區分爲建安和晉安二個郡。到唐代，改稱福州，這是「福州」二字命名的由來。唐高宗上元元年（公元六七四），始置節度使，領有福建的建州、汀州、劍州、漳州、泉州、福州等六個州。不久改稱福州爲「福建」，涵蓋今天的全省。可見「福建」、「漳州」、「泉州」三個名稱的創始，也都在唐代。

唐亡了以後，後梁太祖開平三年（公元九〇九）封王審知立國爲王在福州，國號閩。傳了五主，滅於南唐（公元九四四），國祚纔不過三十五年。五代史記說王審知「爲人儉約，好禮下士，又建四門學，以教閩士之秀者。招來海中蠻夷商賈，海上黃崎，開以爲港。」（註一八）可知從古以來，文化一向落後的福建，經過王審知的大力整治，終於奠定教育和經濟的建設基礎。幾十年後，宋朝興起，從此福建的各種人才開始陸續出現在中國歷史上，這是前此所沒有的。有宋一代，最著名的如蔡襄、楊時、胡安國、李綱、鄭樵、朱熹、蔡元定、眞德秀、鄭思肖、謝翱等都是。朱熹雖然是安徽人，但他一生的事業學問都在福建造就。下至明朝的蔡清、王愼中、俞大猷、陳第、黃道周、鄭成功，清朝的李光地、陳壽祺、林則徐、沈葆楨等也全是福建最顯著的代表人物。追本溯源，不能不歸功於王審知爲福建開創的一個嶄新的局面所累積造成。

宋太宗太平興國三年（公元九七八），福建的南唐遺臣陳洪進獻漳、泉二州，宋改置福建爲行政區威武軍，領有福、泉、建、汀、漳、劍六州。省鏞州（將樂縣），析建州邵武縣，置邵武軍，屬於兩浙西南路。太宗雍熙時爲福建路。蒙古族入主華夏，元世祖時，福建參政魏天祐囚押宋名臣謝枋得到北京，枋得拒降絕食死，一說被殺。世祖至元二十九年（公元一二九二），徵福建兵進擊爪哇。世祖時還有一件創擧，就是設置福建行中書省，這是「福建省」的由來。元成宗時，加號孔子爲「大成」。

明太祖朱元璋滅元，在位期間很留意全國的文教設施，福建當然也在內。例如府、縣都設立學校，學校師生都發給廩膳，每歲貢士於京師，頒布科擧條式，優選進士入翰林或任爲庶吉士，制定翰林官品員等都是。行政方面，改福建行中書省爲福建承宣布政使司，命天下學校考取「附學生」。清梁章鉅稱謂錄說：「就學者，舍之黌宮，給以膏火，館之穀之，恩旋優渥，厥名稟膳泊，來學者多，居室充牣，益以房舍，增廣之名起焉。」所謂附學生，就是廩膳生或增廣生。這一類政策，對福建的文風大有幫助。世宗嘉靖九年（公元一五三〇），尊號孔子爲「至聖先師」。神宗萬曆七年（公元一五七九），發生了一件大事，便是下詔毀除天下的書院。起因是那時的名士顧憲成、高攀龍講學無錫東林書院，批評魏忠賢亂政，忌恨的人指顧等為東林黨，於是遭到禁錮。但從此國家元氣大傷，明朝也步上滅亡的道路。明朝一個朝代，福建士子的科名在各朝代中是最稱鼎盛的。福建的書院遭毀雖沒有詳盡的紀錄，可是損失一定不會輕微。

清朝以滿族君臨中國。行政方面仍繼承明制，稱福建省，設八府：福州、泉州、建寧、延平、汀州、興化、邵武、漳州，一州：福寧；都隸屬於布政使司。聖祖康熙開博學鴻詞科，編成古今圖書集成、康熙字典，各直省設立書院。取臺灣，定蒙古、西藏，疆土比明朝大。高宗乾隆命令儒臣編集四庫全書，成為世界最大的叢書。征服中國邊境的四夷。宣宗道光時有鴉片戰爭、太平天國，文宗咸豐時有英法聯軍，德宗光緒時有中日戰爭、義和團、八國聯軍，都是喪權辱國，內憂外患齊到。值得一提的是光緒朝的新政，如廢科舉八股、辦京師大學堂（即北京大學前身）、各省設立學校、派學生出洋留學、淘汰冗員、起用新人、創設鐵路和煉鋼廠、設置外務商部學部、籌備立憲等，可說是中國走向現代化的先驅。清史選舉志說：「光緒二十四年（公元一八九八）五月，又諭各省督撫將各省府廳州縣大小書院，一律改為兼習中西學之學校，其階級以省會之大書院為高等學，郡城之書院為中學，州縣之書院為小學。」從這裏看，無疑也是中國教育現代化的濫觴，包括福建在內的各省當然受惠不淺了。

「五胡」匈奴、羯、鮮卑、氐、羌，這些異族自古便在北方和漢人雜處，臣服於中國。西晉末期國勢衰弊，五胡乘機崛起。從晉惠帝永興元年（公元三〇四）匈奴劉淵自稱漢王起，到南朝劉宋文帝元嘉十六年（公元四三九）匈奴北涼被北魏所滅止共一百三十六年，是五胡十六國的戰國時代，史稱「五胡亂華」。緊接著是南北朝分裂。唐劉知幾說：「及永嘉（晉懷帝之亂）東渡，流寓揚越，代氏南遷，革從夷夏。於是中原江左，南北混淆，華壤邊民，虜漢相雜。」（註一九）晉書也說：「洛京傾覆，中州士女避亂江右者十六七。」（註二〇）這些記述，最可說明當時中原人大量南遷的實情。民國錢穆說：「過江者爲僑姓，王、謝、袁、蕭爲大。東南則爲吳姓，朱、張、顧、陸爲大。南渡衣冠，藉擁戴王室之名義，而朘削新土，視南疆爲殖民地。貴勢之流，亭池第宅競趨高華，至於山澤之人，不敢採飲其水草。（自注：南齊書顧歡傳）又如林、黃、陳、郭四姓之入閩，見（宋）陳振孫書錄解題。明何喬遠閩書，謂林、黃、陳、鄭、詹、丘、何、胡八族。」（註二一）推測那時大批南遷避亂的中原人，應不止聲勢顯赫有門第觀念的士大夫，可能還有無數的平民追隨著來，或快或慢地陸續遷居，最後到達前文所談過的古越族居住的地方來。因這些地帶土廣人稀，開墾容易，有利於生存。（註二二）我們試翻讀現有的福建、廣東許多府志、州志、縣志所列載的居民來源和各姓氏的族譜，大都追溯他們的祖先是在晉、唐、五代、宋各時期由北方搬遷過來的。例如泉州府志說：「秦、漢闢之，晉及六朝，（泉州）漸成都邑。」能夠建成都邑，是漢族大量聚居的現象，不是越族辦得到。唐朝十道志說：「清源郡（泉州）爲秦、漢閩中地，晉永嘉之亂，衣冠士族，避地入閩者，多萃於此。」陳元光是唐朝光州人，高宗時爲將成守福建，創置漳州。（註二三）死後漳州人替他立廟祭祀，尊爲「

開漳聖王」，到今天香火還興旺。五代史記說：「王審知，光州固始人也。唐末，羣盜起，唐即以（王）潮爲福建觀察使，潮以審知爲副使。」（註二四）王潮和王審知是兄弟。審知和他的長子延翰、次子鏻先後爲閩王。光州、固始在今河南省，是陳氏、王氏二族都是中原人。古人在他鄉大富大貴，常會引來大批的鄉親、族親跟隨著移居。金門古時屬於福建泉州府同安縣管轄，金門縣志歷代疆域沿革表：「（晉）時中原多故，難民逃居金門島者，有蘇、陳、吳、蔡、呂、顏六姓，是爲金門有人民之始。」民國梁啓超說：「（閩人）謂皆五代時從王審知來，故有『八姓從王』之口碑。（粵人）各族家譜，什九皆言來自宋時。」（註二五）

這裏發生了一個極爲關鍵性的疑問。按照前面所引述的漢書顏師古注「自交阯至會稽，七八千里，百越雜處，各有種姓。」的話看，自漢族人遠避戰禍遷移進入這一大片遼闊的地區以後，那些當地原有的百越族人又怎樣呢？他們全部遷離中國或悉數遭漢族屠滅，都是不可能的。那麼究竟到那裏去了？千百年來，正史和野史既缺乏詳細的記載，民間似乎也沒有這一方面的傳言，眞教我們萬分的困惑。因此筆者只能贊同許多前輩學者早已提出的合理解釋：越族和漢族經過一千多年來的雜居通婚，逐漸水乳交融，已經混化爲一，包括人種、文化、文字、語言、風俗習慣等等，慢慢形成到今天中國東南地域各省人民所具有的種種特色。換句話說，現在的江蘇、浙江、福建、江西、廣東、廣西、雲南，甚至河南、安徽、湖北、湖南的一部分的人民，已經不是純粹的漢族人種，是兼有古越族的血統成分在內的。（註二六）這樣的說法，對上述各省籍的人士絕對沒有不敬的意思。事實上，四千多年來，整個中國的漢族經歷很多次的亡國於外族，進而和他們雜居、通婚、融合，那裏還找得到純粹的漢族人呢？就福建來說，梁啓超的話最爲公允：「吾儕研究中華民族，最難解者無過福建人。其骨骼膚色，似皆與諸夏有異。然與荊吳、苗蠻、氐羌諸組亦都不類。閩人來自中原，吾儕亦承認，但必經與土人雜婚之結果，乃成今日之閩人。但福建中之中華民族，含有極瑰異之成分，則吾不憚昌言也。」（註二七）

民國林惠祥也說：「我福建人若堅執必以爲純種而以族譜之記載爲證據，是眞爲固陋而自欺。民無論文野，其『人』的性質皆屬平等，即自認爲純粹蛇種人之子孫，亦屬無妨也。」（註二八）梁啓超自己是廣東人，再看他的看法：「廣東在漢稱南越，其土著蓋雜擺夷。當在六朝時，冼氏以臣閥羈粵垂二百年；冼，擺夷著姓也。番禺古城，相傳爲越滅吳時吳遺民流亡入粵者所建。楚滅越時，越遺民亦有至者。其最重要之一役，則秦始皇開五嶺，發謫戍四十萬人。蓋粵人之成分，早已複雜矣。要之，廣東之中華民族，爲諸夏與擺夷混血，殆無疑義。」（註二九）

古代中國的百越，究竟屬於那一類的人種呢？以句踐的越爲例，史記和漢書固然說越君是漢族夏禹的後裔；但如說越的人民也是夏禹的子子孫孫，似乎是講不通的。我們贊同前輩學者的主張，越的人民大部分都是越族，因爲越人「文身斷髮」是漢族所沒有的野蠻風俗。林惠祥中國民族史列擧百越的人種有五種假設：一，法國沙畹謂即今越南人。二，呂思勉謂即今馬來人。三，梁啓超謂越和羣蠻同系，合稱苗越。四，李濟謂是撣族。五，林惠祥謂或和現在閩、粵江口的蛋民、海南島的黎人同原。林惠祥說：「今之閩、粵人之體質頗有類似於馬來人之處。其人之中頗有色棕、面短、眼圓、顴骨大、身材矮者，一見即令人覺與中原之人大異，而與馬來人相似。馬來人古代亦有由大陸南下者。今之臺灣番族尚有文身之俗，而其人屬馬來種，其人之容貌亦頗有與今閩粵人相類之處。」（註三〇）

民國凌純聲說：「越濮民族在大陸東南沿海者，古稱百越；散處西南山地者則稱百濮。臺灣土著系屬百越，很早離開大陸，遷入臺灣孤島，後來與外隔絕，故能保存其固有的語言文化；其留在大陸之越濮，則與南下漢藏系文化的漢、泰、苗、傜、藏、緬族混合，有的完全涵化，有的雖習用其語言，然仍保持有許多東南亞古文化的特質。」（註三一）凌氏並認爲臺灣的原住民在公元以前，由大陸移居臺灣；中國紀錄臺灣最古的書是三國吳沈瑩的臨海水土志，而且沈瑩親身追隨孫權在黃龍二年春天渡海征討夷州，回去後寫了那本書，夷州即今臺灣。

凌氏又說：「後來百越民族受了華夏系統的壓力而南退入海，形成今日南洋土著中的印度尼西安民族。西洋學者後來研究中南半島的歷史、考古、民族和語言，又發現今之緬甸人、暹羅人、安南人、老撾人等都是後來移入的民族；在他們之前，半島上較古的居民亦爲印度尼西安人。」（註三二）依凌氏的研究，認定中國古書所謂「百越」人，涵蓋非常廣大，直可包括今天整個中南半島、南洋羣島的各民族；他們有的從大陸遷去，有的原住在當地。

史記說：「（周）太王欲立季歷以及昌（文王），於是（季歷兄）太伯、仲雍二人乃奔荊蠻，文身斷髮，示不可用，以避季歷。太伯之奔荊蠻，自號句吳。荊蠻義之，從而歸之千餘家。」（註三三）千餘家的人口不是小數目。這是周初吳國的起源。唐司馬貞史記索隱：「荊者，楚之舊號，以州言之曰荊。

蠻者，閩也，南夷之名，蠻亦稱越。（吳）地在楚、越之界。顏師古注漢書，以吳言句者，夷之發聲，猶言『於越』耳。」可證明吳地的土著也是百越的一部分。太伯兄弟多少會帶漢人出來，當必和越人雜居，二族通婚是難免的。到春秋晚期，吳滅於越後，又形成再度混血。史記又說：「楚之先祖出自帝嚳。其後中微，或在中國，或在蠻夷。當周夷王之時，（楚）熊渠甚得江、漢間民和，乃興兵伐庸（今湖北竹山縣東南）、揚越（今江西省地），至於鄂（今湖北省地）。熊渠曰：『我蠻夷也！』」（註三四）春秋、戰國時，楚是非漢族中最強大的國家，據有今天湖北、湖南、江蘇、浙江、安徽、江西六省大部分的土地，甚至到達河南南部。戰國中期，楚又滅越。又經過一百十一年，楚纔爲秦所滅。在這些長時間裏，楚、越種族的混合也是很可觀的。

話雖這麼說，百越的人種問題到現在仍還沒有定論。中央日報在民國七十七年五月十六日轉載中共所作大陸各民族截至一九八二年爲止的統計資料：漢族九億三千六百多萬人。異族多達五十五種，六千七百多萬人，約占漢族的十四分之一。異族的衆多，令人吃驚。梁啓超在清末著中國歷史上人口之統計一文，謂周初一千七百萬，西漢末五千九百多萬，三國只有七百多萬，唐玄宗時五千二百多萬，南宋高宗時一千九百多萬，清乾隆時二億八千多萬。（註三五）照本文前面引述的周武王的伯祖父太伯時歸附他的荊蠻有千餘家，漢景帝時東甌擧國內徙江、淮間有一萬多人看，如加上其他沒有搬遷的七八千里廣闊地區的各越人口，最粗略的估計，百越民族的總數應有十數萬人以至數十萬人。前引中共的資料中，滿、蒙、回、藏、苗、猺、黎，人數較多，唯獨不見了越族。很可注意的是五胡的羌族還存在，有十萬二千多人住在今四川省。匈奴當和現在的蒙族有關。其他鮮卑、羯、氐也沒有了。這些中國古今種族的問題，應由這一方面的專家再作深入的研究。（前引林惠祥說，黎是百越的一支。）

明歐大任著有百越先賢志四卷，列擧自周至漢百越籍的傑出人士一百二十人，例如春秋文種、范蠡，西漢嚴助，東漢嚴光、蔡倫、王充、包咸、劉熙等都包羅其中。清紀昀四庫全書總目提要說：「書中所載，如趙煜以著述見收；而作越紐錄之袁康、吳平，事出王充論衡，而不見載。方技收徐登、趙炳、董奉、介象，而作參同契之魏伯陽，亦上虞人，名見葛洪神仙傳，復不見載。蓋大任多憑史傳，而不甚採錄雜書，其間有遺漏在此。」這批評自然中肯。筆者覺得，百越先賢志所記的人物多以地籍為準；但那些人物是否就是百越人種，很難認定，這是那本書的大缺點。

基於上面所討論，閩南人是古中原人和古越人的混合種，應無可疑。作為一個現代世界的人，胸懷應該闊大。凡屬人類，不分甚麼人種，都同樣具有人的尊嚴，以某種人種而自誇或為某種人種而自卑，都是毫無道理的。我們應當使這一類違背理性的錯誤觀念的時代完全成為過去。人類應該平等，人種應該互相尊重。筆者正是道地的閩南人；倘若說閩南人具有一半的野蠻人的血統，筆者不只不生氣，還很得意，高興能享受著運用方言的樂趣；讀古書時如發現有閩南語，又歡喜半野蠻話倒還有用。三百年前起，大量的閩南人移居臺灣，繁衍子孫，成了今天一千六七百萬的閩南籍臺胞。但是站在純粹學術正名的立場，「臺灣人」並不等於「閩南人」。理由是：就種族的傳承說，臺胞只是「古時閩南人的後代」；因我們不能說「目前的閩南人就是臺灣人」；但可說現在的兩種人是遠親。就居住的地理說，閩南和臺灣是二塊分開的土地，中間隔著臺灣海峽，自古到今我國和全世界的地理書與地圖也都賦與不同的分界和名稱，但却是同一國家的疆土。依據最起碼的常識和最淺薄的學術邏輯，唯有現在住在閩南地區一帶的人纔能稱爲「閩南人」。

大凡同在一個地區生存的人羣，包括同一種族或許多種族，時間一久，可能會妥協結合爲一個國家，形成某些共通的文化。經過百年或數百年，文化漸漸僵滯衰老，國家或民族也常隨著分崩離析。再經歷百年或數百年，不論是和平共處或武力征服，或者加入外來的新種族，注入新血液、新動力，於是國家民族恢復穩定，再造年輕和活潑，文化也開創另一個新穎恢宏的局面。國族的歷史演變，就是這樣的往復循環不斷。就中國來說，從黃帝到舜，不過是稍具規模的部落共主的社會罷了。經歷夏、商、周，建國的基礎逐次具備，文化大大提高，漸有共識，因此纔誕生了五經的深厚文化根源的結晶。以下分散爲春秋、戰國的戰亂，有破壞也有建設，周以來長期的惰性文化經過激盪攪和，血脈暢通，充滿活力，故能產生諸子百家的輝煌學術思想，中國在世界文化史上的地位建立了。秦、漢正式一統，武功文治都可觀。幾百年後到晉，再次瓦解爲五胡十六國和南北朝分裂，社會動盪更深刻，文化揉合更劇烈。隋、唐重新統一，唐的君主本有異族的血統，獷悍的蠻力配合漢族的深厚文明，所以能夠啓開唐朝偉大嶄新的勢面。宋朝成立以前，豈不也是經過五代的紛擾？元人下侵，宋室偏安江南，造成像晉代五胡亂華的民族大遷徙。傳國三百年的明朝成就有限；引來滿族入主華夏，年輕氣盛，幹勁十足，前半期國力的威隆，遠超過漢族的宋、明。滿清閉關，想要阻止中國史上所沒有的、所向披靡的強大西方文明，不止結果徒勞，又弄得民窮財盡，還貽遺自清末起到現在百年來國家破碎的境地。民國三十八年實在短暫，中共占據了大陸，國民政府前後帶領了一百多萬人來到臺灣，這一批人士當中，有虎豹熊貓，也有魚蝦蚯蚓，背負著中原暮氣沉沉的傳統漢文化，和臺灣以閩南人後裔爲主的七、八百萬古漢族、越族的混血兒文化作廣深的再交流。一番的蕩滌積滯，互補有無，遷就調適，絪縕孕育，於是光明的新機再現了。大陸人士的最大貢獻，在於文化和教育；臺灣同胞的最大功勞，却是一半古越族血液中的敢拚敢闖的巨大衝力。所以，四十年來，格局雖嫌小家氣，然而已能造成今天的前此中國歷史上所少見的高度經濟成就。回顧往史，瞻展未來，筆者敢斷言：有一天，如果大陸和臺灣眞的重歸統一，下開的，必然將是二度的大唐盛世來臨了。

百越已從青史上消失，他們的語言也隨著湮沒或轉移。漢劉向說：「（楚）君（襄成君）獨不聞夫（春秋楚）鄂君子晳之汎舟於新波之中也？越人擁楫而歌，歌辭曰：『濫兮抃草濫予昌枑澤予昌州州𩜱州焉乎秦胥縵予乎昭澶秦踰滲惿隨河湖。』鄂君子晳曰：『吾不知越歌，子試爲我楚說之。』於是乃召越譯。」（註三六）譯出以後，是越人贊頌鄂君子晳的話。其中的歌辭，是越語留在古書裏的很早記載，並且是語音的實錄。周禮地官司關「國凶札」鄭注引用漢鄭司農說：「越人謂死爲札」。漢揚雄方言也記載：「煦煆，熱也，乾也；吳、越曰煦煆。」這是越語除音以外兼有字義的保存。史記說：「越人莊舃仕楚執珪，有頃而病，楚王曰：『舃故越之鄙細人也，今仕楚執珪，富貴矣，亦思越不？中謝（官名）對曰：『凡人之思故，在其病也。彼思越則越聲，不思越則楚聲。』使人往聽之，猶尚

越聲也。」（註三七）可證春秋、戰國時的百越仍保持它們的方言。句踐所傳的越國在周顯王五年（公元前三六四）被戰國楚威王所滅，從此臣服於楚，正和孟子同時。孟子也看不起那時傳播神農學說的楚國人許行，用輕蔑的口氣批評是「南蠻鴃舌之人。」（註三八）可見楚、越的人在那時自詡爲諸夏的漢族的眼中都是蠻夷，語言也只是嘰哩咕嚕聽不懂的噪音而已。

論語述而篇載：「子所雅言，詩、書、執禮。」我們從這話得到暗示，雅言就是當時陝西周朝的官話。孔子是魯人，平常家居應兼說魯的方言，在誦讀詩、書或正式場合行禮時纔用「雅言」。因此我們推測孟子自己有時也講齊的方言。戰國時七國各自使用它們的方言，到秦、漢時原本七國的地區仍舊如此，故漢揚雄（或謂晉葛洪）作「方言」一書，收錄的範圍闊大，時間可上溯到周，解說各處方言的歧異。文字和語言關係密切，所以歷代學者寫的書或研究語文的專著，常常音、義並重，除了應用「雅言」（好比現在的國語），他們的籍貫方音也影響極大。漢鄭玄、何休是山東人，多用齊語；劉熙也是山東人，多用青、徐州語；許愼是河南人，多用汝南語。南北朝時，北周熊安生是河朔人，反切多用北音；梁沈約是吳人，多用吳音。甚至到唐朝，吳人的陸德明也多從吳音。由此可見方言勢力的偉大。除非人絕種，方言是難於消滅的。有人以爲方言是國家統一的障礙，這是一種似是而非的主張。現在大陸上五十多種異族方言的保持，即是確證。無論文字或說話，方言都能存留古語、古音，可供考古，否則這一方面那裏還有學術？這是短視近利的人所想不到的。

中國的文字實際上是一種「表意」的結構體，不像以字母拼音組成的西洋文字見字就能讀音，由讀音大體上可知道意義。中國文字既是音和字分途，故「象形」認形不容易，「形聲」讀音常錯誤，「指事」、「會意」可能陷於胡猜，「轉注」判斷難準確；字形不可以隨便更改，需要另外造字，或「假借」他字充當，以致錯綜複雜不堪，這是中國古書難讀的原因之一。各地有各地的方言和發音，同一字可以有不同的讀音，或據方音再造新字，別的地區對這新字又可能讀音歧異，連帶字義也糾纏不易辨別，這是中國古書難讀的原因之二。歸結說來，文字的意義可從古書裏學者的解釋而知道；字音雖也可依據古書的音注或韻書的切音，但它們還是用漢字注音，並非發音的符號，以致許多古音不明白，何況尚有不少的古代方言語音消失的部分。

到今天爲止，說閩南語的地區和人口，包括閩南漳、泉二州所屬的十多個縣市的居民，自古所繁殖下來的廈門、金門、澎湖、臺灣的移民，中南半島和南洋各地以及今日分散在世界各國的閩南籍華僑，一般估計的總人口當在三千萬左右。直到眼前，凡是居住或遊歷過全中國各省的大陸籍操國語的人士，除了對異族的語言不算，沒有不認爲方言中最難懂難學的就是閩南語的；因爲閩南語音確實太奇特而複雜了。原因在那裏呢？閩南人既然是古漢族和百越族混血的後代，他們的語言也一定兼有漢語和越語的成分。或者那時的越族因爲文化低，無法造字，加上漢族在政治上的絕對優勢，於是古閩南人不得不採用中國的文字爲文字。千百年以來，語音自然也以漢語的比例較大，但部分的古越語也必然雜用在其中，——這就是我們對今天閩南語文的歷史觀。閩南語的難懂難學，可從其中獲得消息。

按照大多數語言學家的共同看法，閩南語保存著許多中原的古音古語。例如，古漢語有入聲，現在國語前身的入聲約在元朝時消失，而閩南語保存。南北朝時中原有平、上、去、入四聲，這是受那時轉讀佛經所得的啓示。經唐到宋，分得更細，每字的四聲又再分上下，成爲上平、下平、上上、下上、上去、下去、上入、下入，共八聲；但上上和下上同音，實際上是七個聲調，也被今天的閩南語所保存（廣東話可讀出八聲）。國語早已聽不到入聲，只有陰平、陽平、上、去和輕音共五個聲調罷了。人類語言的發音，是依賴聲帶、喉、齦、齒、脣和空氣的作用，音的種類有限。西洋每一個文字可藉字母的變動組合發出幾個不同的音和別的字區別；中國文字原則上單字單音，音的種類既有限，只得依賴聲調的變化，賦予同一個文字或不同的文字，代表許許多多的意義。故西洋文字聲調變更對字義沒有影響，中國文字聲調變化便代表意義有不同。閩南語保存古語，如三千年前的周朝起到漢、魏時的一千四百年間，代名詞第二人稱單數都是「女」或「汝」，閩南語保存下來到今日，讀音（li上上）。國語「汝」只用在文章裏，通行的「你」字已遲至南北朝纔有。又如古時有「拚埽」（piã上去　sau上去）一詞，意思就是「清掃」，閩南語常講，國語也已不用。閩南語口語說「如此」爲（an上平　ni上平），筆者以爲即是「乃爾」二字。劉宋劉義慶世說新語德行篇說：「樂廣笑曰：『名教中自有樂地，何爲乃爾也？』」可證「乃爾」在古代是口語。國語除文言文外，「乃爾」的說話早已滅絕。閩南語保存古越語的例子，前文引用過揚雄方言中的「煦煆」，是「熱」或「乾」的意思。閩南語「煆」（ha上去）常用，正是指陽光、天氣或火邊的「熱」。「煦」（hu 上去）閩南語用作「貼靠」的意思較多，「熱」的意思較少；但人和人貼靠相擠，當然也「熱」起來了，目前還流行於金門。南朝梁任昉述異記說：「越俗以珠爲上寶，生女謂之珠娘，生男謂之珠兒。」「珠娘」就是「女性」，現在也還應用於金門，臺灣極少聽到。另外一些閩南語，稱男人爲「查哺」（tsa上平　pɔ上平），稱女人爲「查某」（tsa上平　bɔ上上），稱丈夫爲「尪」（aŋ上平），稱妻子爲「某」（bɔ上上），稱美麗爲（suí 上上）但無字可寫，歷來閩南語學者提出許多不同的寫法，爭論不休。筆者雖提不出佐證，却覺得這些話似乎是古越語的遺留，不一定是漢語。我們可以說，閩南語確實保存許多漢族的古語古音和部分的古越音越語。但不可以說，漢、越的古語古音都被閩南語所保存。也不能說，除了兩者，再也沒有其他種族的語言的成分在內。

同屬一種方言，或者因爲使用地域的遼闊或阻隔、交通的不便、流傳時間的久遠、外來語的羼入、發音的變異等等因素的影響，常可再區分爲許多支流。閩南語中，有漳州話、泉州話、廈門話、金門話、澎湖話、臺灣話等。這些話都可看成閩南語的分支。即使是臺灣話中，以地區說，又可分爲北部、中部、南部、鹿港、海口（如臺中縣梧棲、大甲、清水一帶）的不同。這些分支的差異，不只是說話腔調的不同，有時連聲母、韻母都改變了，話的講法也不盡相同。舉例說，金門有一句笑話俗語：「金門一隻豬（tï上平），經過廈門，到了漳州，變成蜘蛛（tï上平　tu上平）。」原因是，廈門人把「豬」叫做（tï上平），漳州有些地方的人將「豬」叫做（tu上平）。同是臺灣話，鹿港人稱稀飯爲「糜」（bə下平），臺北市稱爲（be下平），中南部稱爲（mue下平）。

許多人有一個不小的誤會，以爲「臺灣話」就是「閩南語」。這個誤會，是由「感情上的牽合」

所造成，也是一種籠統含混的觀念，就如同說「美國話」就是「英國話」一樣錯誤，在學術邏輯上是站不住的。筆者始終認爲，臺灣話只是閩南語的一支罷了。這樣說，完全是基於學問的良心和服從眞理的態度，以外絕無絲毫其他的含意。臺灣話和閩南語不同，例子太多了。撇開語音的聲母、韻母不談。臺語稱「祭鬼神」爲「拜拜」，有時稱「丈夫」爲「頭家」，稱「好」爲「臧」（時人借「讚」）（tsan 上上），有時稱「作工或上班」爲「作穡」（tsok 上入　sit上入）；這些說法，閩南語是絕對沒有的。閩南語稱「祭鬼神」的「祭」爲「孝」（hau上去），「頭家」一定指「老闆」，「好」直接說「好」或「上」（sion下去），「作穡」限指「耕田」。泉州南安縣人稱「草笠」爲「笠囝」（luek下入　kã 上上），稱「籃子」爲「籃囝」（na 下平　kã 上上），稱「美」爲「剔」（tíak下入），稱「豈不是嗎？」爲「不嗎？」（əm 下去　ma下平）臺語沒有。金門人稱「是」或「對」爲「正是」（tsiã 上去　si 下去）；臺語連「是」都很少說，全省通說「哼啊」（hẽ 下去　a下去）。其實「正是」是道地的古漢語，意思並非「剛好是」，而等於「是」或「對」；「正是」一詞在臺灣消滅了。筆者承認，構成語言最重要的因素之一是聲母和韻母。就這個觀點看，臺語中也可再分爲同於漳、泉、廈門話的聲母、韻母、聲調。但是移民到今三百年，已經形成臺灣語言的特色，和現在漳、泉、廈門、金門各地區的說話差別很大，包括字、詞、句法、聲調、腔調等很多方面。句法不同的例子，閩南語稱「睡不著」爲「𣍐睏得」（bue下去　kún上去　tet上入），臺語叫「睏𣍐去」（kún上去　bue下去　kí上去）。閩南語稱「看不懂」爲「看無」（kúã上去　bo

下平），臺語叫「看不別」（kʻuã上去 ə̄m下去 bat上入）。這一些問題雖然比較枝節，但仍不可忽視也是語言中的要素。我們可以試驗，臺胞到上述閩南各地觀光，開口說臺語，倘若說話速度快，當地人最多聽懂四五分；說慢，或者六七分，百分之百聽懂是不可能的。同樣，請當地人來臺灣探親，他們講的話，臺胞聽得懂的恐怕連四五分都不到。同是政府的轄地，金門人初來臺灣，講的話近似泉州，臺胞甚至有完全聽不懂的；住了幾年，金門人也纔能全部瞭解臺胞的說話。這是筆者所知道的千眞萬確的事實。如照「臺灣話」就是「閩南語」的見解，那麼，同是講閩南語，話裏那些相同的聲母、韻母、聲調的效用到那裏去了？竟然會互相聽不懂！這算甚麼邏輯呢？

自從清代音韻學者如顧炎武、江永、戴震、段玉裁、陳澧等繼步宋、明學者的努力，終於奠定中國語音研究的基礎。民國以來，西洋語言學的知識引進，現代學者如高本漢、馬伯樂、趙元任、林語堂、李方桂等利用最新的研究工具，將中國的音韻學推進到革命性的境界上；特別是到了董同龢，已運用國際音標，擬訂出了上古、中古、近代、國語、閩南語的聲母、韻母、聲調等最基本的準則。不過單就閩南語說，我們還是有幾點疑問。第一，有了聲母、韻母、聲調，是得到每一個漢字訂出它的閩南語讀音。它的根據，主要來自集中古及以前切韻系統大成的廣韻一書。但廣韻所收的單字，眞能涵蓋閩南語全部的語音嗎？因而據以歸納而出的聲母和韻母或者還有不完備的地方。第二，只是單字，不能成爲語言；集合許多單字作爲句子，纔能表達完整的意思。相信今天很多研究閩南語的專家一定會有一個同感，那就是：要使用漢字把閩南語音寫成句子或一篇短文，有時會寫不出來，因爲有音無字的情形還眞多，這要如何解釋？第三，閩南語中必然含有不少古越語的成分，這問題要怎樣解決？第四，近十幾年來，時賢研究閩南語的著作陸續發表，他們經由歷代的字書，發現一些閩南語的單字或複詞，但合計起來的總數還嫌太少，也細碎沒有系統。廈門音字典、閩南語字典、辭典也出來了，可惜大部分是已死的古文，活的口語較少；即使有了確切無疑的字、詞，又缺乏完整的、運用自如的、可應用在實際生活上的例句，距離「語文合一」還極遙遠。

筆者覺得，完整的閩南語研究工作不是三五個人辦得到或作得好的。須要：第一，由歷史學家尋出古漢族南遷的全部歷史過程，有多少批？人數多少？來自那一些地區？他們原本的語言是怎樣的？沿途經過何處？停留多久？到達閩南地方以後住了多久？第二，由語言學家找出這些南遷的漢族當時講的話的實際情形如何？沿途有沒有吸收摻進各地的方言？如果有，那些方言是怎樣？定居閩南地區後，歷代閩南語的演變情形又如何？（例如，我們總不能說，宋朝時的閩南語和現在的閩南語完全一樣。）今天的閩南語的音、義、句等應重新來一次全面的、徹底的調查，包含全世界所有講閩南語的區域。第三，由方志學家就和閩南語演進有關的各地區各時代的郡志、府志、州志、縣志等，發掘有無一些影響閩南語的成分？第四，由族譜學家就上述各地各時代各姓氏的族譜，進行各別的或交叉的比較考證，祛除僞造不實的部分，還它們本來的面目，從其中收集和閩南語有關的材料。第五，由精通現在安徽、湖南、江蘇、浙江、江西、廣東、廣西、雲南等省方言的專家，查出這些方言中有那些和閩南語有關的部分？（例如，吳語、粵語有些話是和閩南語相同的。）第六，分由精通中南半島、南洋羣島語言的專家，搜羅許多和閩南語有關係部分的說話，與閩南語作比較研究，做爲復原古百越語的基礎之一。因爲這些地帶古時的越族曾經住過，必定會有不少的百越語遺留。第七，由精通日本話的專家，採日本話和閩南語作比較研究。東晉孝武帝太元九年（公元三八四），論語一書傳入日本；唐朝時來中國留學的吉備眞備依據中文創造「片假名」、空海創造「平假名」，是日本有文字的開始，隨著中文同時輸入的極可能正是和閩南語關係最密切的晉、唐讀音。

筆者並不是專門研究閩南語的。只因生長在閩南，自少到老都講閩南話，平時讀書，如發現和閩南語相關的資料，便隨時筆錄，時間久了，累積的資料倒也不少。著手整理，印證現行活的語言，寫成本書，書後附錄「金門話考釋」，以便給對這些方言有興趣的人士作參考用。撰寫過程中，有了疑義，也翻查一些有關的字書、辭書相比勘。完稿以後，再回頭開始閱讀近人的閩南語專著，只用來比對。發覺拙著和這些大作所列的條目，相同的不超過十分之一，自已心裏十分的歡喜。那些和它們雷同的條目，大多是筆者從兒童時起經常掛在嘴裏講的話的片段，和它們的情感很深，想要放棄不用，於心不忍，也覺可惜，於是就不刪除了。書中所引據的古書資料也有和近人大作相同的，這在學術上常見。至於解說如和他們有不同，有時也辨正幾句話。

洪乾祐

中華民國七十八年十二月十一日

## 附　注

注　一：見漢書六十四嚴助傳淮南王劉安上武帝書。

注　二：見漢書二十八下地理志。

注　三：見史記四十一越王句踐世家。

注　四：學者有主張越族是由中國北方南徙的民族的。參閱羅香林百越源流與文化。

注　五：史記四十一越王句踐世家：「楚威王興兵而伐之，大敗越，殺王無彊，取故吳地至浙江，而越以此散，諸族子爭立，或爲王，或爲君，濱於江南海上，服朝於楚。」

注　六：淮南子人間訓：「（秦始皇）又利越之犀角、象齒、翡翠、珠璣，乃使尉屠睢發卒五十萬爲五軍，以與越人戰，殺西嘔君譯吁宋，（漢高誘注：『西嘔，越人。譯吁宋，西嘔君名也。』）而越人皆入叢薄中，而夜攻秦人，大破之，殺尉屠睢。乃發適戍以備之。」漢書一下高祖本紀：「十一年五月，詔曰：『粵人之俗，好相攻擊。前時秦徙中縣之民南方三郡，（唐顏師古注：「（三國）如淳曰：中縣之民，中國縣民也。秦始皇略取彊梁地以爲桂林、象郡、南海郡，故曰三郡。」）使與百粵雜處。會天下誅秦，南海尉佗（趙佗）居南方長治之，甚有文理，中縣人以故不耗減。粵人相攻擊之俗益止，俱賴其力，今立佗爲南越王。』」

注　七：三國志吳志四十七孫權傳：「（漢獻帝）建安五年，權分部諸將鎭撫山越，討不從命。」吳志五十二張昭傳：「昭子承出爲長沙都尉，討平山寇，得精兵萬五千人。」同書五十八陸遜傳：「丹陽賊帥費棧受曹公印綬，扇動山越作爲內應。」又同書六十四諸葛恪傳：「丹楊山險，民多果勁，屢自求乞爲官出之，三年可得甲士四萬。」

注　八：史記四十楚世家：「熊渠甚得江漢間民和，乃興兵伐庸、楊粵，至于鄂。乃立其長子康爲句亶王，中子江爲鄂王，少子執爲越章王，皆在江上楚蠻之地。」

注　九：漢書六十四下賈捐之傳：「駱越之人，父子同川而浴，相習以鼻飲。」

注一〇：史記一百十三南越尉佗傳：「陸賈至南越，王（趙佗）稱曰：『其東閩越千人衆號稱王，其西甌駱裸國亦稱王。』」

注一一：參閱羅香林百越源流與文化、古代越族考。

注一二：見史記一百十四東越列傳。

注一三：見漢書六十四嚴助傳。

注一四：見漢書六十四朱買臣傳。

注一五：假使古越族和東晉以下直到民國時期的福建、廣東的居民有血統關係，那麼閩、粵兩地人民械鬥風習的盛行，在全中國來講當居第一位，甚至延伸到清代的臺灣民間武鬥，史跡斑斑可考。這一點可爲淮南王的話作證。

注一六：從後世很多戰役來看，都可確證淮南王的話是千古不磨的道理。例如公元一九三七年起的中國對日抗戰，福建的福州、廈門、金門陷落日軍手中，但閩南內地大部分仍舊固守，並時常對日軍發動游擊戰，使八年間日方的占領區始終不得安寧。到了抗戰末期，我國由雲南昆明經過緬甸北部直達印度的雷多，建成滇緬公路，藉以獲得盟軍的軍事補給，對抗戰勝利居功極大。這就是憑藉古代越族的生息區域的有利地形而建功。又如公元一九六〇年代的美越戰爭，美軍雖然裝備優越，火力強大，但因不適於熱帶瘴癘的叢林沼澤作戰，終於陷入泥淖，傷亡的重大，軍事的耗費，都遠超過一九五〇年代的韓戰。這也和越南的地理有關連。

注一七：見三國志五十三張紘傳。

注一八：見五代史記六十八閩世家。

注一九：見劉知幾史通三書志篇後餘論。

注二〇：見晉書六十五王導傳。

注二一：見錢穆國史大綱四編十九章。

注二二：閩南一帶，遲至民國時期還保有一句古來的俗語：「山海歸士夫。」意思是，地方上的山地、海邊可養殖海產的淺海地帶，都歸於當地的士大夫所有，不須用錢向公私購買，並可由子孫代代繼承。大約從晉朝到清末，都是如此，無異是一種不成文的法令。

注二三：見明廖用賢尚友錄四。

注二四：見五代史記六十八閩世家。

注二五：見梁啓超國史研究六篇二中國歷史上民族之研究。

注二六：參閱梁啓超中國歷史上民族之研究、林惠祥中國民族史六。
注二七：見同注二五。
注二八：見林惠祥中國民族史六百越系。
注二九：見同注二五。
注三〇：見同注二八。
注三一：見民國四十一年學術季刊第一卷第二期凌純聲古代閩越人與臺灣土著族。
注三二：見民國四十三年學術季刊第二卷第三期凌純聲南洋土著與中國古代百越民族。
注三三：見史記三十一吳太伯世家。
注三四：見史記四十楚世家。
注三五：見中華書局版梁啓超飲冰室文集四。
注三六：見劉向說苑十一善說。
注三七：見史記七十陳軫傳。
注三八：見孟子滕文公上。

# 凡例

一、本書分爲十七章，共收錄閩南語字、詞二百七十條，金門話考釋七十六條，計三百四十六條，是許多值得作的專條研究的結集，絕非類書或字典、辭典。（如是類書應不論甚麼類的項目都有，如是字典、辭典應包容所有的字、詞，但本書不是。）篇首的目錄分類和篇末的筆畫檢字，只是要使讀者閱讀方便。

二、同一類條目以首字筆畫多少爲序排列。首字筆畫相同的，其排列依康熙字典的部首順序，以便檢查。

三、本書以考釋閩南語字、詞的意義爲主。注音爲輔，也較簡略，目的爲幫助讀者便於和說話相印證。

四、篇中所引據的古書包括各時代，以小說、戲劇、詩、詞、曲等最多，因這一類的資料大多是古人活的口語紀錄，不是死的文言文。但也並不表示古人那些紀錄都是用閩南語發音。

五、本書力求雅俗共賞，行文盡量使用白話，很適合一般社會人士查閱，學者、專家何妨也拿它作參考。

六、注音一律採用國際音標，因閩南語不是國語注音符號所能全部注音的。注音以單字爲準。超過一字的詞，不用合讀所生的變音。也不再注明屬於漳州音、泉州音、廈門音。聲調標明八聲，例如「單」字，讀法是：單（tan上平）、亶（tan上上）、旦（tan上去）、怛（tat上入）、壇（tan下平）、但（tan下上）、憚（tan下去）、達（tat下入）。（採自宋楊中修切韻指掌圖）

七、凡引據他書，他書作者的姓名和時代不嫌重復地指明，給讀者一看見就知道，省了再去翻查別種辭書找出某一部書的作者和時代的麻煩。

八、本書難免有錯誤，懇請讀者將你的寶貴意見通知出版社轉告筆者，以便在本書再版時改正。

# 第一章　天　時

**日頭**( lit 下入　tʻau 下平 )—太陽。

左桓二年傳：「三辰旂旗，昭其明也。」杜注：「三辰，日、月、星也。」說文：「頭，首也。」但「日頭」的「頭」是語助詞。晉崔豹古今注問答釋義：「(漢)董仲舒曰：『三王，三明也。』」三明亦指日、月、星。天地中，如果沒有日光照明，宇宙將永遠黑暗。

閩南語絕不說「太陽」，而說「日頭」。吳語亦稱「太陽」爲「日頭」。宋、明人也多稱「太陽」爲「日頭」。宋楊萬里誠齋集三十二山村詩之二：「歇處何妨更歇些，宿頭未到日頭斜。」明蘭陵笑笑生金瓶梅七十五：「婦人道：『今日日頭打西出來，稀罕往俺這屋內來走一走兒？』」

**沃雨**( ak 上入　hɔ 下去 )—淋雨。

說文：「沃，灌漑也。」段注：「自上澆下曰沃。」儀禮士昏禮婦至成禮：「婦尊西南面，媵御沃盥交。」鄭注：「御沃婦盥於北洗。」就是媵御(女侍)拿水往下澆淋，給新婦洗手。左僖二十三年傳：「奉匜（捧盥水器）沃盥。」禮記內則：「淳熬，煎醢（肉醬）加于陸稻上，沃之以膏，曰淳熬。」周禮夏官小臣：「大祭祀，朝覲，沃王盥。」唐賈公彥疏：「小臣爲王沃水盥手也。」

由上所述，可知「沃」是指「液體（特別是水）自上朝下澆淋」。閩南語稱「淋雨」爲「沃雨」。明鄭瑗井觀瑣言一：「各處方言，亦有暗合古韻者，亦有暗合字義者。如吾鄉（莆田）謂雨淋曰沃，此暗合字義者。」莆田雖屬福建，但莆田話閩南人聽不懂。閩南語又稱「澆花」爲「沃花」，「澆菜」爲「沃菜」，「沃」的意義相同。

## 暴（pák 下入）—曬（太陽）。

說文：「暴，晞也。从日廾米。」段注：「日出而竦手，擧米曬之，合四字會意。（周禮）攷工記：『晝暴諸日。』孟子（告子上）：『一日暴之。』」禮記檀弓下：「歲旱，（魯）穆公召縣子而問然，曰：『天久不雨，吾欲暴尫而奚若？』」鄭注：「尫者面鄉（向）天，覬天哀而雨之。」唐顏師古匡謬正俗七：「（晉）郭璞山海經圖讚曰：『騰蛇配龍，因霧而躍。雖欲登天，雲罷陸暴。』此即暴曬之暴有薄音矣。」

今按，說文「暴」的原義雖然是指「在陽光下曬米」，但「暴」字的意義可引申，凡是人或物在太陽下照曬，都可叫「暴」。北齊顏之推顏氏家訓書證：「古者暴曬字與暴疾字相似，惟下少異，後人專輒加傍日耳。」由此可見後起的「曝」字是俗寫。看顏師古的「暴」字注音，和現在閩南語的語音極接近。明鄭瑗井觀瑣言一：「各處方言，亦有暗合古韻者，亦有暗合字義者。如吾鄉（莆田）謂日曬曰曝，此暗合字義者。」福建莆田話和閩南語雖不相同，但對字義並無影響。

# 第二章 時空

**一霎久仔**（tsit下入　tiap上入　ku上上　a上上）—片刻。

霎，據宋徐鉉說文新附，意爲「小雨」。宋陳彭年大宋重修廣韻：「霎，小雨。山洽切。」二書解釋相符。

唐孟郊春後雨詩：「昨夜一霎雨。」一霎雨，即「一陣小雨」。下小雨，刹那間雨便停，故可引申指「短暫的時間」。宋陳造宿商卿家詩有句說：「蝶夢蘧蘧纔一霎。」「霎」即「片刻」意。閩南語也叫「片刻」爲「一霎久仔」或「一霎仔久」。

**下早起**（e下去　tsa上上　kʻi上上）—早上。參閱「早起」條。

**下晡**（e下去　pɔ上平）—下午三時到五時。

陳顧野王玉篇：「晡，申時也。」申時，換算現代的時間，即下午三到五時，是白天的最晚段的時刻；到了五時，就是黃昏了。因爲過了申時，便進入酉時（五至七時），屬於晚上了。戰國楚宋玉神女賦序：「王曰：『晡夕之後，精神怳忽，若有所喜。』」漢劉安淮南子天文訓：「日至於悲谷，是謂晡時。」清沈德潛編古詩源北周庾信對酒歌：「日曝山頭晡。」朱太忙注：「晡，晚也。」

閩南俗諺說：「日落，申。點燈火，酉。」這酉當指「酉時正」（七時）。故閩南語稱下午三時起到五時爲「下晡」。漢書天文志：「旦至食爲麥，食至日跌爲稷，跌至晡爲黍，晡至下晡爲菽，下晡至日入爲麻。」僞託黃帝內經素問七標本病傳論：「膀胱病，一日腹脹，一日身體痛，二日不已死，冬雞鳴，夏下晡。」唐王冰注：「下晡，謂日下於晡時，申之後五刻也。」可證閩南語平日所說的「下晡」一詞，古書中經常可見。參閱「早起」、「中晝」、「下晝」條。

**下晝**（e下去　tau上去）—午後。下午。

「下」是「過」意，「晝」是白天。古人以十二時辰中的卯（凌晨五、六時）、辰（七、八時）、巳（九、十時）、午（十一、十二時）、未（十三、十四時）、申（十五、十六時）代表白天。過了白天的一半，自然是下午了。明凌濛初拍案驚奇十一：「下晝時節，是有一個湖州姓呂的客人，叫我的船過渡。」是明人也有「下晝」的講話。

閩南語「下晝」兼指中午和過午不久的那一段時間。國語少有「下晝」的說法，都叫「中午」。

參閱「早起」、「中晝」、「下晡」條。

（三）不時（sam上平　put上入　si下平）—有時。時常。

宋蘇軾後赤壁賦：「婦曰：『我有斗酒，藏之久矣，以待子不時之需。』」不時，有時也，隨時也。用吳語寫作的清韓子雲海上花列傳六：「俚說那价是那价，還要三不時去拍俚馬屁末好。」「三不時」和「不時」同。閩南語中，金門地區流行的是「三不五時」，多一「五」字，它的意義仍相似，即「有時」或「隨時」。

**中晝**（tiɔŋ上平　tau上去）—中午十二時正。

說文：「晝，日之出入與夜為界也。」依說文的解釋，所謂「晝」，即日出起到日落止，也就是整個白天的時間，和現今國語「晝」——「白天」的意義完全相同。但在閩南語，「晝」卻是指整個白天的正中央——十二時正，稱為「中晝」或「中晝時」。參閱「早起」、「下晝」、「下晡」條。

**少停**（sio上上　tíŋ下平）—稍等。

「少停」國語和閩南語用法相同，都指「稍等」。元倪瓚詩：「芙蓉著花已爛漫，濁酒彈琴聊少停。」明馮夢龍警世通言十五：「少停莫道人到了，排設壇場。」「少停」即「稍停」，也作「消停」。

宋趙長卿落梅詞：「脫脫風塵，消停酸苦，終有成時節。」元王實甫雜劇西廂記：「夫人遣妾莫消停，請先生莫得推稱。」清曹雪芹紅樓夢四：「他們家的房舍極是寬敞的，咱們且住下，再慢慢的著人去收拾，豈不消停些？」看古人所用，「消停」雖含有「稍事休息消遣」意，但不能說和「稍等」毫無關係。

**在先**（tsai下去　sian上平）—在前。預先。

唐王建贈人詩：「每度報（赴）朝愁入閣，在先教示小千牛。」佛書阿毘曇毘婆沙論十：「已說在先所說受相應法中，其義云何？」明馮夢龍警世通言十一：「在先上本時，便有文書知會揚州府官。」是古人時用「在先」一詞。

閩南語「在先」使用極頻繁，但語音似訛爲（tai下去　siŋ上平）。

**早起**（tsa上上　kí上上）—早上。

閩南語稱「早上」爲「早起」、「早起時」；「起」字並非指起牀，而有「始」意。臺語叫做「下早起」；「起」字的音幾乎沒有讀出。按說文：「早，晨也。」「晨，早也。」二字互訓，即是天破曉起算，到午前爲止，這一大段時間，都叫做早晨。臺語「早」字前加「下」字；「下」是「過」或「後」意，天破曉過後，就是早晨。

古人用十二地支代表每天二十四小時。即：子（廿三、廿四時）、丑（淩晨一、二時）、寅（三、四時）、卯（五、六時）、辰（七、八時）、巳（九、十時）、午（十一、十二時）、未（十三、十四時）、申（十五、十六時）、酉（十七、十八時）、戌（十九、二十時）、亥（廿一、廿二時），共十二時辰。每一時辰，等於現代的二個小時。前一小時，稱爲「時辰初」；後一小時，稱爲「時辰正」。古人又把十二時辰共分爲一百刻，一刻約合於現代時間的十四分多些，稍比十五分少。

古人沒有鐘錶，除宮庭或官廳使用計漏器外，民間只能聽取公家所創設的鼓、梆、鑼等報更的聲音，或觀望天色爲準。所以閩南地區自古有俗諺說：「天光（亮），卯。日出，辰。」這是大概的說法；因四季日夜有長短，所以每一天天亮和太陽升起的時間也有遲早而不整齊畫一。

依上所述，閩、臺語所謂「早起」或「下早起」，約自卯時（淩晨五時）起，到巳時（早上十時五十九分五十九秒）止。明凌濛初拍案驚奇二十三：「夫人知道了，恐怕自身有甚山高水低，所以悲哭了一早起了。」足爲閩南語作佐證。參閱「中晝」、「下晝」、「下晡」條。

**往常時**（ɔŋ上上　siɔŋ下平　si下平）—平時。

閩南語叫「平時」作「往常時」，古人也曾這麼用過。明蘭陵笑笑生金瓶梅八十五：「一日，金蓮叫經濟到房中，說：『往常時我排磕人，今日却輪到我頭上，你休推睡夢裏。』」排磕，攻擊也。明阮大鋮燕子箋十一：「柰子花：三三春月日長天，往常時兀自慣煎，那禁閒事恁般牽挽，畫中人幾時相見?待見,纔能說與般般。」「往」有「過去」意,「常」是「經常」;故「往常時」即「平常時」,也就是「平時」。

**晏(uã上去)—晚。遲。**

「晏」字在平日的閩南語裏極常用。如說:「時候貞晏了,著喫飯了!」著,必須也。晏,宋陳彭年大宋重修廣韻:「晚也。於諫切。」晚,遲也。故閩南語又有「早晏」一詞,即遲早、早晚的意思。

「晏」字使用極早。論語子路:「冉子退朝,子曰:『何晏也?』對曰:『有政。』」禮記內則:「孺子蚤(早)寢晏起。」漢劉向新序刺奢:「從者食其國之桃,箕季禁之。小焉日晏,進糲食之食,瓜瓠之羹。」劉宋劉義慶世說新語雅量:「日晏漸罄,不復及精。」晏,都作「晚」或「遲」解釋。

後世舊小說中仍使用「晏」字。明蘭陵笑笑生金瓶梅五十三:「金蓮一把扯住西門慶道:『那裏人家睡得這般早,起得恁的晏;日頭也沈沈的待落了,還走往那裏去?』」明馮夢龍警世通言二十:「在家起晏睡早,躲懶不動。」明凌濛初拍案驚奇四:「今日晏了些,還可到得那裏嗎?」這裏所引「晏」字,都是口語,而不是文言文。

在臺灣,人民日常生活起居作息遲早的「遲」,也都說「晏」,和閩南地區居民的講法完全一樣。不過有時在別的事項當中,臺語的「晚」或「遲」卻改用「慢」字,而閩南人一律還是用「晏」。

例如「遲婚」，閩南語仍說「晏婚」，現尚應用於金門；臺語却說「慢婚」。臺胞告訴人自己遲婚，是說：「我因爲慢結婚，所以現在四十幾歲了，囝阿（gin上上 a上上）還細細漢。」囝阿，小孩也。細細漢，年紀幼小也。「漢」指「人身」。

**許（hia下平）—那邊。那裏。**

「許」作「處所」解，戰國初年的墨子已使用。墨子非樂上：「古者聖王，亦嘗厚措斂乎萬民，以爲舟車。既已成矣，曰：『吾將惡許用之？』曰：『舟用之水，車用之陸。』」清孫詒讓閒詁：「（清）畢（沅）云：『惡許，猶言何許。』」「何許」即「何所」。換現在的話說，「惡許？」就是「在那裏？」

從晉、南北朝到唐、宋，「許」字用作「處所」的意義已通行。晉陶潛五柳先生傳：「先生不知何許人也，亦不詳其姓字。」「何許」即「何處」。劉宋劉義慶世說新語文學：「孫（盛）安國往殷（浩）中軍許共論，彼我奮擲，麈尾悉脫落，滿餐飯中。」「殷中軍許」即「殷中軍處」或「殷中軍那裏」。同書同篇：「後孫（綽）與支（道林）共載，往王（羲之）許。」「往王許」，即「到王那邊」。唐李白楊叛兒詩：「何許最關人？烏啼白門柳。」宋呂本中伍胥祠詩：「丈夫遺恨竟何許？楚越句吳今是非。」宋姜夔法曲獻仙音詞：「喚起淡粧人，問逋仙今在何許？」其中「許」字，都指「處所」。閩南語中，「許」音讀（hia下平），意爲「那邊」或「那裏」。如說：「伊將錢存在郵局許。」

即是說：「他把錢存在郵局那裏。」又說：「汝今冥要睏這？還是要睏許？」即是說：「你今天晚上要睡這裏？還是睡那裏？」冥，晚上也。這，音（tsia下平），此處也。參閱「這（者）」字條。

這（者）（tsia下平）——這裏。這邊。

說文無「這」字。陳顧野王玉篇：「這，宜箭切，迎也。」可知「這」的本義是「迎」。可是到了唐朝，「這」字用作「此」的意義已通行。例如唐鄭棨開天傳信記：「裴諝為河南尹，有投牒誤書紙背者；判云：『這畔似那畔，那畔似這畔；我也不辭與你判。』」又如唐盧仝送好法師歸江南詩：「為報江南二三日，這回應見雪中人。」後蜀韋縠才調集載晚唐無名氏詩：「三十六峯猶不見，況伊如燕這身輕。」其中「這」都作「此」解。

以後各朝代也用「這」當指示詞。舊唐書史思明傳：「却罵曹將軍曰：『這胡誤我！這胡誤我！』」宋朱熹、呂祖謙合編近思錄為學：「須從這裏過。」元施耐庵水滸傳一：「這浮浪子弟門風幫閒之事，無一般不曉。」清劉鶚老殘遊記四：「這強盜一定在這村莊上了。」

另外，唐人也用「者」字作指示詞，意同「此」。唐齊已道林寓居詩：「青嶂者邊來已熟，紅塵那畔去應疎。」「者」和「那」相對，即「此」意。再看，到底「這」、「者」二字關係怎樣？宋郭忠恕佩觿：「迎這之這，為者回（之者）。其順非有如此者。」宋毛晃增注禮部韻略：「凡稱此箇為者箇，俗多改用這。」

者這二字雖被唐人同時使用，但觀郭說的語意，似乎「者」字在先，「這」字是借用字。毛說却直指「這」字是俗字，「者」字是正字。二人的主張暗相符合。清劉淇助字辨略三：「愚案，這，今借作者。」和古說同。

民國毛子水釋這一文說：「這個訓爲『迎也』的『這』字的『宜箭切』的音，和迎、逆、訝三字的音爲雙聲；『這』字可能是由迎字或逆字、訝字的方音而造出的一個俗字。」此可幫助說明「這」字造字的由來。

用「者」爲「這」，唐以後多承用。前蜀王衍醉粧詞：「者邊走，那邊走，只是尋花柳。那邊走，者邊走，莫厭金杯酒。」宋辛棄疾醜奴兒近詞：「只消山水光中，無事過者一夏。」宋僧慧開無門關：「只者一箇無字，乃宗門一關也。」

閩南語「這」字音讀（tsia下平）或（tse上平），前一音是「這裏」；後一音爲「這個」。此二讀法，都是極重要的日常用語。再對照閩南語音（tsia下平），實近於「者」，而不近於「這」。但「這裏」的「這」已經用了一千多年，和「者」互通；現在如要否認「這」字而改用「者」字，恐怕免不了驚世駭俗了。

闇（暗）冥（am上去　mi下平）—晚上。今夜。

閩南語稱「晚上」或「今夜」爲「闇冥」。說文：「暗，日無光也。」「闇」和「暗」通用，是「昏暗不明」的意思。冥，說文：「幽也。」幽也是「暗」意。詩小雅斯干：「噦噦其冥。」鄭箋：「噦噦，猶煟煟也。冥，夜也。」鄭玄直指「冥」就是「晚上」；噦噦和煟煟都是「寬明」；詩的整句是說：「君子所住的地方很寬敞，晚上燈火明亮。」秦呂不韋呂氏春秋具備：「使小民闇行。」漢高誘注：「闇，夜。」這裏仍直用「闇」作「夜」。可證閩南語稱晚上爲「闇冥」，來源極古。至於「今夜」也叫「闇冥」，是衍生的意思。

古書中，「闇冥」又指「暗昧不明」。禮記曲禮上：「孝子不服闇。」孔疏：「謂不行事於闇中也。一則爲卒有非常；一則闇中行事，好生物嫌；故孝子深戒之。」詩大雅桑柔：「維彼不順，征以中垢。」毛傳：「中垢，言闇冥也。」鄭箋：「征，行也。賢者在朝，則用其善道；不順之人，則行闇冥。」孔疏：「垢者，土處地中而有垢，故以中垢言闇冥。」可證「闇冥」是「暗昧不明。」

**竈腳**（tsau上去　ká上平）——廚房。

古人從事炊煮的事，多在「竈」進行。就閩南地區所見，甎土築造的竈眞是高大，高約三四尺，寬約五六尺，縱長約三四尺。竈面有二圓洞，放置大小銑鐵鍋各一個。竈的正面有二竈門，和竈面的二個洞相通。竈門內高一半的地方，各有一個平放的鐵栅架，以便供裝進架上的燃燒中的薪柴通風易燃，兼可漏落薪柴的灰燼到竈門內的底部。人蹲坐在竈門前添裝薪柴，閩南語稱爲「焚（hiã下平）

火」。

論語八佾：「與其媚於奧，寧媚於竈。」朱注：「媚，親順也。室西南隅爲奧，竈者五祀之一。凡祭五祀，皆先設主而祭於其所，然後迎尸而祭於奧，略如宗廟之儀。因以奧有常尊，而非祭之主；竈雖卑賤，而當時用事。」這些記載，可證明孔子時有祭祀竈神的習俗。

晉張湛僞託列子天瑞：「蝴蝶胥也化而爲蟲，生竈下，甚狀若蛻，其名曰鴝掇。」唐高適宋中遇楊山人詩：「簷前舉醇醪，竈下烹隻雞。」「下」和「腳」意相通；故「竈下」等於「竈脚」，指人站立在竈前從事烹飪；因竈高大，纔稱爲「下」或「脚」，就是「附近的地方」。

但閩南語「竈脚」却是指整個廚房，而不是單指竈。推究原因，應當是竈算得上廚房中的主體；其他擺列一旁的廚桌、砧刀、風爐、柴草，不過是配角罷了。竈實在是人維生的恩物，終年勞苦，故列爲五祀（門、戶、中霤、竈、行或井）的一種。舊式的竈，今日還應用於中國大陸和金馬臺澎的鄉村地區。自煤氣爐、電爐等炊具逐漸普遍而取代了竈，或者有一日竈將變成歷史上的陳跡，連帶「竈神」的神位或神像也必岌岌不能自保了。

# 第三章 鬼神

卜杯（puak下入　pua上平）—擲杯珓求神指示吉凶。

中國人要進行某種物事或處在某種情況下，無法預知是否可行和未來的結果好壞，於是上寺廟在神前擲杯珓占卜，請神明示，稱爲「卜珓」。珓或寫作校、簸、筊。說文沒有「珓」字，「筊」字却是指「竹索」。可見「杯筊」的「筊」是借用字。

據宋王明清揮麈錄記載：東漢嚴君平在成都替人卜筮，開始以錢擲卦，沒有使用竹製的杯珓。唐韓愈謁衡嶽廟詩：「手持盃珓導我擲。」似乎寺廟裏設有杯珓供人占卜，唐時已有。郡國雅談：「孟賓于華山神前卜珓，一年乞一珓，皆上吉，後六舉及第。」孟賓于是後晉人，知那時也盛行卜珓了。宋程大昌演繁露三：「問卜於神，有器名盃珓者，以兩蚌殼投空擲地，觀其俯仰以斷休咎，後人以竹木略斲削使如蛤形，而中分爲二。」這段文字可說明杯珓製作的演進。又依明張自烈正字通的解釋，卜珓的原理，和周易的陰陽交錯成卦是相通的。民國連橫臺灣語典二作「拔环」，引說文「拔，擢也。」筆者按：「擢」是「選擇」；凡占卜，吉凶是由鬼神表示，占卜者那有「選擇」的餘地？連說誤。

**孝**（hau上去）——祭拜。

在臺灣地區，臺胞稱一般鬼神祭祀爲「拜拜」；但在閩南一帶，多稱爲「孝」，而不叫「拜拜」；這是閩臺不同處。例如，臺胞的「拜天公」、「拜媽祖」、「拜祖先」、「拜地基主」等全是。閩南人也說「拜天公」或「敬天公」；拜或敬也都是祭祀的意思。然而閩南人除拜天公或拜玄天上帝、關帝可稱爲「敬」外，通稱祭祀其他鬼神爲「孝」；如「孝祖公」、「孝萬善爺」、「孝地主（即地基主神）」、「孝老大公（七月無主孤魂）」等。另有「孝旗脚」一種，這應是古代民間築壇立旗祭祀「社稷神」的遺俗，今日臺灣已罕見。

「孝」的意義極廣。孝經中，天子、諸侯、卿大夫、士、庶人等各種不同的階級身分，把自己的本分職責作到，都可稱「孝」。但基本上對父母盡孝道，却是人人相同；即孝經所謂「孝子之事親，居則致其敬，養則致其樂，病則致其憂，喪則致其哀，祭則致其嚴。」論語泰伯：「子曰：『禹，吾無閒然矣！菲飲食，而致孝乎鬼神。』」可知閩南人稱祭祀鬼神爲「孝」，來源較臺胞的「拜」要早，而又合於古義。

**咒詛**（tsiu上去 tsua下去）——立誓。

咒，這裏不指宗教上神祕有靈驗的歌咒，而是和「祝」相通，即「禱告」的意思。故「咒詛」即「祝詛」，也叫「詛祝」。

書無逸：「民否則厥心違怨，否則厥口詛祝。」孔疏：「以言告神謂之祝，請神加殃謂之詛。」周禮春官設有詛祝的官，據鄭注，是專司邦國中間的盟、詛、類、造、攻、說、禬、禜八種誓辭的祝號，以告於神明。春秋時，百姓如對政府感到不滿，有膽敢說話咒罵的；如左襄十七年傳載宋國皇國父爲平公築臺，妨礙農牧，築臺的民工故意唱歌表示反抗，官員子罕說：「宋國區區，而有詛有祝，禍之本也。」詛、祝，有毀有譽也。又如春秋晏子內篇諫上記載：「百姓之咎怨誹謗，詛君於上帝也多矣！」漢焦延壽易林六噬嗑之未濟：「夫婦呪詛，太上覆顚。」對私人也是；如劉宋劉義慶世說新語賢媛：「漢成帝幸趙飛燕，飛燕讒班婕妤祝詛，於是考問。」可見「咒詛」是在神前咒罵，並請神加禍殃給某人。又如清石玉崑七俠五義十八寫宋仁宗下聖旨責郭槐：「假詛咒進讒言，把氣昂昂一個余忠，替死梁間。」都是顯例。

閩南地區的風俗，如和人有瓜葛讎恨，雙方又互不相讓，可同到神前，擲破大碗或斬雞頭立誓，聲言：理屈的人的命運將如同這碗這雞一樣下場，請神執行；稱爲「咒詛」。

此外，「咒詛」的意義引申，在其他情況或場合，不論對人對己，吉事凶事，無須在神前，也可立誓，這立誓也稱「咒詛」。如說「伊咒詛一定要留學外國。」「伊咒詛要通過特種考試做官。」這類的「咒詛」，只是那人自己立誓，表示決心，非達目的不止；無關將來報應和涉及其他的問題。

**做醮**（tsue上去 tsio上去）—雇道士作法事祭祀鬼神。

魏張揖廣雅釋天：「醮，祭也。」竹書紀年上：「（黃帝）遊于洛水之上，見大魚，殺五牲以醮之。」戰國宋玉高唐賦：「醮諸臣，禮太一。」唐李善注：「醮，祭也。」是「醮」本有「祭」意。說文：「醮，冠娶禮祭也。」段注：「士冠禮：『若不醴，則醮用酒。』三加凡三醮。鄭（玄）曰：『酌而無酬酢曰醮。』士昏禮：『父醮子，命之迎歸。』鄭曰：『酒不酬酢曰醮。』依鄭說，非謂祭也。而許（愼）云『冠娶禮祭』。事屬可疑。」但段注又說：「蓋古本作『冠娶妻禮也；一曰祭也。』轉寫有奪。」照這樣講，說文仍解「醮」是「祭」，和前引廣雅釋天的解釋並無不合。清朱駿聲說文通訓定聲：「凡冠娶必于禰廟。漢書郊祀志：『益州有金馬碧雞之神，可醮祭而致。』」是朱氏直認冠娶在禰廟，必須行祭。故「醮」爲「祭」，說文不誤。

古代醮祭的詳細形式和內容怎樣，已無從知道。大概到東漢道教興起後，主持醮祭者當是道士。宋孔平仲續世說術解：「嘗於東都凌虛觀設醮，城中士女競往觀之。」隋書經籍志：「道經又有諸消災度厄之法，依陰陽五行術數，推人年命書之，如章表之儀，并具贄幣，燒香陳讀，陳設酒脯餅餌諸物，歷祀天皇太一，祀五星列宿，名之爲醮。」唐陸龜蒙和襲美贈南陽潤卿將歸雷平詩：「眞仙若降如相問，曾步星罡繞醮壇。」觀此可略見醮祭的梗概。明蘭陵笑笑生金瓶梅三十五：「遇閒時，在吳先生那裏一年打上個醮，答報天地就是了。」明馮夢龍警世通言五：「送與菴中打一壇齋醮。」是舊小說也留下「醮」的紀錄。

近世以來，閩南地區「做醮」風氣的興盛，甲於全中國，讀明、清閩南各府志縣志可知。閩南居民多在晉朝五胡亂華時起陸續南遷來的，保有很多那時代的中原民情風俗。臺灣文化是閩南文化的延續，因此臺灣、澎湖民間的「做醮」也極盛。大體上說，閩南、臺、澎地區醮的種類多至數十種，其中以酬神、平安、消災、除瘟等醮居多。有定期施行的，有臨時舉辦的。地點通常在廟宇，雇道士建立醮壇，羅列豐富的祭品，唸經作法，也有乩童、神輿等遊行，遠近信徒趕來參與，全鄉居民更須各在大門口設置香案致祭，祭畢請客飲宴，常耗費不貲，但民衆却樂此不疲。

# 第四章　稱　呼

**下女**（ha下去　li上上）—侍女。

臺語中常聽到「下女」一詞，多指旅社的女服務生。它的起源甚早。稱一般侍女爲「下女」的，如戰國屈原離騷：「及榮華之未落兮，相下女之可詒。」宋朱熹集註：「下女，謂神女之侍女也。詒，遺也。」又屈原九歌湘君：「采芳洲兮杜若，將以遺兮下女。」朱熹集註：「采香草以遺其下之侍女。」「遺」是「餽贈」的意思。

另外，春秋管子揆度：「上農挾五，中農挾四，下農挾三。上女衣五，中女衣四，下女衣三。」「挾」有「給」意；指生產能力強的上農，要能供給五個人民的糧食，餘類推；同樣的，手工巧捷的上女，也須會供給五個人民的衣服穿，餘類推。依此看，管子中的「下女」，意義似和屈原文中的不同。能從舊書中找到淵源的臺語，多半源自古時的閩南，但筆者一時尋不到證據。

**大哥**（tua下去　ko上平）——一羣人中的領袖。老大。

「大哥」本「長兄」意，如唐張九齡敕賜寧王池宴詩序：「上曰：『大哥好作主人，阿瞞但謹爲上客。』」在閩南語中，「大哥」有時是指一羣人中的領導人，包括非法集團或平常老百姓的一羣人都可；特別是帶頭指揮、出手花錢慷慨的。國語多叫作「老大」。明蘭陵笑笑生金瓶梅十一：「衆人見西門慶有些錢鈔，讓西門慶做了大哥。」可見古人也有這用法，正和閩南語「大哥」的涵義相符合。

**火計**（he上上　ki上去）—商家雇用的人員。

很多人在一起食宿，通常要喫大鍋飯。專門負責或輪流造飯的人，稱爲火夫或火頭。特別是古代的軍兵或結隊出遠門的商旅，都有火頭或火夫。因大家日夜共聚，故互相視爲火伴。南史何孫傳：「東方曼倩發憤於侏儒，遂與火頭倉子，稟賜不殊。」北朝無名氏木蘭詩：「出門看火伴，火伴皆驚惶。同行十二年，不知木蘭是女郎。」可證。「火」原本指「火食」；「計」有「計畫生計」的意思。「火計」又稱「火家」，見於元施耐庵水滸傳三、明蘭陵笑笑生金瓶梅六。至於「火」寫作「伙」或「夥」，似較後起，也可能是錯誤的寫法。

在閩南地區，一律稱商家所雇用的員工爲「火計」。火計者，公司行號內的火伴也。惟獨臺灣北部居民叫「女姘頭」爲「火計」，殊不可解；而把「火計」號作「辛勞」（即爲人工作換取薪水的人）。筆者後經細思：一個男人除了正式妻子以外，有了外遇同居；所同居的女子豈不是這男人的火伴兼負責煮飯燒菜的人嗎？極妙。參閱「客兄」條。

**外家**（gua下去　ke上平）—已嫁女子的娘家。

後漢書王符傳：「王符，字節信，安定臨涇人也。安定俗鄙庶孽，而符無外家，爲鄉人所賤。」清王先謙集解引惠棟說：「（儀）禮，妾子爲君之父母（服喪），從母服小功；而所生之母無文，是無服也。蓋妾賤，妾子不以所生之父母爲外祖父母，且無服也；故曰：『無外家』。」此指出王符是他父親的妾所生，加上他生母的娘家地位低，所以使王符受人瞧不起。

宋司馬光資治通鑑一百六十三梁紀十九：「（簡文帝）大寶元年，夏四月，（侯）景性殘酷，於石頭立大碓，有犯法者擣殺之。又禁人偶語，犯者刑及外族。」元胡三省注：「男子謂舅家爲『外家』，婦人謂父母之家爲『外家』；外族，外家之族。」這裏「外家」仍如前引王符傳，指男子的外祖父母家、未獨立的舅父家，其實也是母親的娘家；但又包括已獨立的舅父家。

可是在閩南語中，只有已嫁的女子纔可稱她們的娘家爲「外家」，男人不可以。這和古書的稱謂法顯有差別。

**白身人**（pek下入　sin上平　laŋ下平）—平民。

唐書選舉志：「白身視有出身，一經三傳皆通者，獎擢之。」唐高適送桂陽孝廉詩：「桂陽少年始入秦，數經甲科猶白身。」唐徐凝辭韓侍郎詩：「欲別朱門淚先盡，白頭遊子白身歸。」明凌濛初拍案驚奇二十二：「兄長不過是白身人，便弄上一個顯官，又無四壁倚仗。」以上所引的「白身」，都指「平民」。

民國以前，「白身人」一詞在閩南地區是常用的口語，指「一般的老百姓」。特別是公正廉明的官員，有時故意穿上平民的服裝，到處走動，不使人認出身分，稱爲「打扮白身人」（扮裝做老百姓），以方便深入民間探求民隱。「白身人」現在很少聽到，通常只在閩、臺的戲劇裏纔有。

**伊**（ㄧ上平）—他。她。

「伊」字用作人稱代名詞，首見於詩。如國風秦風蒹葭：「所謂伊人，在水一方。」伊人，就是「那個人」。這指第二人稱或第三人稱都可。另外，「伊」可稱男，也可稱女，全是單數。至於他她二字，古時先有「他」，男女都可用；「她」是近代新用的字。

戲曲中每用「伊」作第二人稱，意即「你」。元鄭光祖雜劇倩女離魂二：「你道我爲甚麼私離繡榻？待和伊同走天涯。」明高明南戲琵琶記二十二：「你艱辛萬分，是我耽伊誤伊。」此所引二例「伊」前面通常有「你」，故接用的「伊」字是一種暗示的第二人稱，意也是「你」，這可算是一種特殊的用法。

「伊」字習慣以用作第三人稱單數爲最廣，早盛行於南北朝。劉宋劉義慶世說新語識鑒：「使伊去，必能克定西楚。」同書方正：「江家我顧伊，庾家伊顧我。」唐白居易李德裕相公貶崖州詩之二：「擺頭撼腦花園裏，將爲春光總屬伊。」閩南語代名詞第三人稱單數必用「伊」，絕無如國語說「他」

或「她」的。「其他」的「他」雖可算例外，但通常作複數用。

**先生**（sian上平　sĩ上平）—醫生。

漢韓嬰韓詩外傳六：「問者曰：『古之謂知道者曰先生，何也？』『猶曰先醒也。』」就是泛指某些人在學識各方面有先知先覺。依這意義，故「先生」一詞可作爲老師、長老、父兄、年老致仕者、成人等多種稱呼。漢朝時，「先生」二字可分開單稱。如稱賈誼爲賈生，董仲舒爲董生；「生」非「書生」，却是「先生」。又如稱叔孫通爲叔孫先，張恢爲張恢先，第五元爲第五元先；「先」也是「先生」。

在閩南語，「先生」一詞使用最廣的，是稱呼老師；其次是醫生；再次是從事算命、卜卦、風水、拳術、打拳賣膏藥等職業的人。有時也簡稱「先」，接用在各職業的名銜後面，如看（算）命先、卜卦先、風水先、拳頭先、走街仔先（仙）等；或那人的名字後面，如松樹先、懷德先、天開先、鐵劍先等。明阮大鋮傳奇燕子箋十三：「請有一位女先生在此。」女先生，女醫也。清石玉崑七俠五義八：「那婆子道：『只因我媳婦身體有病，求先生醫治。』」先生，指醫生。直到今天，閩南人講要抱小孩去看醫生，仍是說：「我抱這囝阿去給先生看。」囝阿（gin上上　a上上），小兒也。

**在室女**（tsai下去　sik上入　li上上）— 處女。

說文：「室，實也。室屋皆从至，所止也。」段注：「室屋者，人所至而止也。」用現在的話說，「室」就是「家屋」。儀禮喪服傳：「女子子在室爲父（服喪），布總箭笄髽，衰（縗）三年。」清胡培翬正義引敖氏說：「在室，在父之室也。」故「在室女」即指住在父親家裏的女兒，包括未嫁的和已嫁而夫家發生變故又回娘家居住的。

但閩南語「在室女」的含義，是專指尚未結婚而待字閨中的女孩子說的，即是「處女」的意思。引申說：凡失去童貞，不管是否結過婚，都不可稱爲「在室女」。

閩南語又有「在室男」一詞，除性別不同，它的含義和「在室女」無異，故又可戲稱爲「處男」。

**汝**（lí 上上）—你。

中國人使用代名詞第二人稱「你」，最早而普遍的是汝、女、爾、若、而、乃，而非「你」。說文：「汝，汝水出於弘農盧氏，還歸山東入淮。」「女，婦人也。」可見「汝」和「女」本義都不是「你」。先有語言，後有文字；或者古人稱呼「你」的語音恰好和「汝」、「女」同音，故借這二字使用。

書康誥：「汝亦罔不克敬典。」詩大雅瞻卬：「人有土田，女反有之。」儀禮喪服「慈母爲母」傳：「妾之無子者，妾子之無母者，父命妾曰：『女以爲子。』命子曰：『女以爲母。』」禮記文王世子：「文王謂武王曰：『女何夢矣？』武王對曰：『夢帝與我九齡。』」春秋左僖二十四年傳：「呂郤畏偪，將焚公宮而弒晉侯（文公）。寺人披請見，公使讓之，曰：『蒲城之役，君命一宿，女即至；女爲惠公來求殺余，命女三宿，女中宿至，雖有君命，何其速也？』」春秋公羊襄二十七年傳：「甯殖病將死，謂（甯）喜曰：『黜公（衞獻公）者非吾意也，孫氏（林父）爲之。我即死，女固能納公乎？』」春秋穀梁僖三十三年傳：「師行，百里子與蹇叔子送其子而戒之曰：『女死，必於殽之巖唫之下。』」論語雍也：「子謂子夏曰：『女爲君子儒，無爲小人儒。』」孟子萬章上：「舜曰：『唯茲臣庶，汝其于予治。』」孝經開宗明義章：「仲尼居，曾子侍。子曰：『先王有至德要道，以順天下，民用和睦，上下無怨，汝知之乎？』」以上羣經所用的代名詞第二人稱，都用「汝」或「女」。

此外，爾、若、而、乃四字也作「你」解釋，原義也都和「你」無關，或因方言發音相同的關係而借用，古書裏這四字使用極多，文煩不備舉。前文所以要詳細徵引，目的在證明閩南語應用「汝」的時間很早而正確。閩南語絕不用「你」。除文章外，現今國語口語「汝」字已不用。

前述所錄，書和詩作於西周，距今已三千年。其餘各經，也在二千三百年以上。國語使用的「你」字，最早當始於南北朝。北史李密傳：「（宇文化及）乃瞋目大言曰：『共你（指李密）論相殺事，何須你作書傳雅語？』」兩相比較，國語用的「你」，晚出於閩南語用的「汝」達一千四百年。

民國五年，胡適作爾汝篇，列舉論語和禮記所用爾汝二字，以英文文法比較研究歸納，得通則五條：第一，「汝」是單數代名詞，可作主詞和受詞用。第二，「爾」是多數代名詞，可作主詞和受詞用。第三、第四，「爾」作所有格代名詞用，單、複數都可以。第五，爾汝二字，都可用於尊長稱呼晚輩或同輩相稱呼；單數用「汝」，有時也用「爾」。用「爾」時，一表敬意，一表疏遠；不如「汝」親切。

胡文的創見給予讀古書的人許多便利和啓發。但其中有二個小疏誤：一是，所引論語、禮記，「女」都誤作「汝」；二字雖可通用，原文不宜隨意更改。二是，說「孟子全書不用汝字。」並不確實；據前文所述孟子，確曾見「汝」字。

晉書五行志中：「百姓謠云：『昔年食白飯，今年食麥麩。天公誅謫汝，教汝捻嚨喉。』」唐蔣防霍小玉傳：「汝嘗愛念『開門風動竹，疑是故人來。』即此十郎（李益）是也。」唐韓愈左遷至藍關示姪孫湘詩：「知汝遠來應有意，好收吾骨瘴江邊。」可知中古時代，「汝」字仍然盛行的情形。

**老母**（lau下去　bu上上）—「母親」的第三人稱。參閱「老爸」條。

**老爸**（lau下去　pe下去）—「父親」的第三人稱。

閩臺居民向他人說起自己的父親，叫「老爸」（lau下去　pe下去）。直接稱呼父親，通常是叫「阿爸」（a上平　pa下平）；如只叫「爸」（pa下平），「爸」語尾另有「阿」（a上平）音；「阿」是語助詞。「阿爸」的「阿」，實際口音是「an上上」。

「老」是親暱的稱呼，不一定指年齡老。假如男子二十歲結婚，二十一歲生子，到他兒子也成年，這一長時期父親年紀都纔在二十幾到四十歲左右，決無「年老」的道理。同樣，閩南語母親的第三人稱，叫「老母」；「老」也只是親暱詞，並非年老，理由同前。漢書蘇武傳：「（李陵）老母已死，雖欲報恩將安歸？」當時李陵的母親過世，年歲確是老了；但「老母」一詞，是古人用作第三人稱的佐證。單一「老」字，有時也可指父母；如周禮地官司門：「以其財養死政者之老。」鄭注：「死政之老，死國事者之父母也。」閩南語中，父母也可稱「老的」（lau下去 e上去），第一、二、三人稱都可用；這又和周禮所用的第三人稱相同。

全唐詩二六四顧況囝詩：「囝別郎罷，心摧血下。」自注：「囝音蹇。閩俗呼子為囝，父為郎罷。」「囝」和今閩南語音（kiã上上）相近。顧詩「囝」和「郎罷」對舉，都是第三人稱；因此筆者懷疑「郎罷」應是「老爸」的譌音；因「郎罷」二字在字義上無從索解。宋陸游劍南詩稿六十五戲遣老懷詩之一：「阿囝略如郎罷老，穉孫能伴太翁嬉。」其中「阿囝」和「郎罷」也當如顧詩一般解釋。筆者按，顧況、陸游是江浙一帶的人，不懂閩南話，戲採閩南話入詩，以字狀音，故有「郎罷」一詞出現，實際應是「老爸」的誤用。另一理由是：雖經歷千百年，閩臺居民對至親如父子一類的稱呼，斷不致有所改變。

明陳耀文天中記人倫、清梁紹壬兩般秋雨盦隨筆七父母稱呼，都載有「郎罷」一條，以為是「奇特」的稱謂。陳、梁二人既不是閩南人，閩南語也不能通，自然無從理解了。

**吾**（guan上上）—我們。我們的。我的。

閩南語代名詞第一人稱多數「我們」始終找不到字可寫；一般社會人士和用閩南語寫作的人，常假借讀音相近的「阮」字使用，筆者時覺不安於心。「人稱」的稱謂在語言中何等重要，古人斷不可能讓它無字可寫，而且必然很早就造字。不久前重讀胡適吾我篇，感覺閩南語的「我們」當是「吾」（guan上上）字無疑。作單數所有格「我的」也是。

宋陳彭年大宋重修廣韻：「吾，我也。五乎切。」這反切和（guan上上）比較起來，雖然韻母生了變化，但聲母和聲調却相同。胡適吾我篇引用論語的文句爲例，定了八條通則說明吾我二字的用法。其中第二條，「吾」可用於主格，包括單數的「我」和複數的「我們」。第三條，「吾」可用於所有格，單、複數都可，等於「我的」或「我們的」。第四條，「吾」不可用於受格；論語中雖也有「吾」用於受格的例子，但胡氏直指爲例外，是由於錯寫或後人的變法，並列舉詩經的詩全用「我」作受格的證據。胡文的結論以爲他所發現的通則：「作論語時，（吾、我）其區別猶甚嚴。至孟子、莊子之時，此諸例已失其不可侵犯之効能。然有一條，終未破壞，則吾字不當用於賓次（受格）是也。秦漢以下，則並此區別而亦亡之矣。」

今按，古書中「吾」字作主格複數的，如左僖二十二年傳：「富辰言於（周襄）王曰：『請召大叔（王子帶）。詩（小雅正月）曰：「協（洽）比其鄰，婚（昏）姻孔云。」吾兄弟之不協，焉能怨諸侯之不睦？』」吾兄弟，我們兄弟也。用作所有格的，如孟子梁惠王下：「百姓聞王鐘鼓之聲，管籥之音，擧欣欣然有喜色而相告曰：『吾王庶幾無疾病與？何以能鼓樂也？』」吾王，我們的國王也。

用作受格的，如唐韓愈師說：「吾師道也；夫庸知其年之先後生於吾乎？」先後生於吾，年歲大或小於我們也。文中二「吾」字，一般都作單數「我」解；筆者認爲作複數「我們」解釋並無不可。

**序大**（si下去　tua下去）—尊長。長輩。

說文：「序，東西牆也。」「序」原指廳堂中兩廂的地方。段注：「按堂上以東西牆爲介。禮經謂階上序端之南曰序南，謂正堂近序之處曰東序、西序。周禮、儀禮序字注多釋爲『次第』是也。」古人會客或飲宴，堂上的座位和方向有尊卑平輩的分別，不同身分的人所坐的地方也有異；故「序」可引申爲「次序」的意思。

禮記中庸：「宗廟之禮，所以序昭穆也；序爵，所以辨貴賤也；序事，所以辨賢也；旅酬下爲上，所以逮賤也；燕毛，所以序齒也。」宋朱熹注：「宗廟之次，左爲昭，右爲穆，而子孫亦以爲序。爵，公卿大夫也。事，宗祝有司之職事也。旅，衆也。酬，導飲也。旅酬之禮，賓弟子、兄弟之子，各擧觶於其長；而衆相酬。燕（宴）毛，祭畢而燕，則以毛髮之色別長幼、爲坐次也。齒，年也。」

朱注的話，已很明白。但接下去中庸又說：「踐其位，行其禮，奏其樂，敬其所尊，愛其所親，事死如事生，事亡如事存，孝之至也。」孟子滕文公上：「序者，序長幼也。」以上這些話，都可看作中國古時一種尊賢敬老的社會教育。

歷經數千年的傳統文化薰陶，閩南語到今還保存「序大」和「序小」二詞。「序大」指「尊長」

或「長輩」，「序小」指「身分低者」或「晚輩」；故又稱「父母」爲「序大人」，「兒女」自稱或被稱爲「序小」。臺胞也保有這類的說法。今日民主時代，這些稱謂雖不再受重視，但可供考古。

**序小**（si下去　sue上去）—身分低的人。晚輩。參閱「序大」條。

**官人**（kuã上平　laŋ下平）—對男子的敬稱。

「官人」一詞，自春秋到唐，是指「有官位的人」。左哀三年傳：「府庫愼守，官人肅給。」戰國荀子榮辱：「是故三代雖亡，治法猶存，是官人百吏之所以取祿秩也。」後漢書和帝紀六年：「惟官人不得於上，黎民不安於下。」南史陳後主紀禎明二年：「始北齊末，諸省官人，多稱省主，未幾而滅。」唐杜甫逢唐興與劉主簿弟詩：「劍外官人冷，關中驛使疎。」唐韓愈王適墓誌銘：「一女憐之，必嫁官人，不以與凡子。」

到宋代起，「官人」也可指社會上一般有聲譽體面的男士。宋楊萬里至後入城道中雜興詩之三：「問渠田父定無飢，却道官人那得知？」清翟灝通俗編稱謂官人：「若（宋）周密武林舊事所載：『金四官人以棋著，李大官人以書會著，陳三官人以演史著，喬七官人以說藥著，鄧四官人以唱賺著，戴官人以捕蛇著。』（宋）吳自牧夢粱錄又有：『徐官人幞頭鋪，崔官人扇面鋪，張官人文籍鋪，傅官人刷牙鋪。』」已包羅各行各業在內。清顧炎武日知錄雜論官人：「南人稱士人爲官人。」元施耐庵水滸傳三：「史進忙起身施禮道：『官人請坐，拜茶。』」明馮夢龍警世通言二：「那婦人方纔起身，深深道個萬福：『多謝官人！』」奴僕也可稱主人爲官人。水滸傳七：「女使錦兒叫道：『官人尋得我苦，却在這裏。』」

閩南語「官人」多承用宋以來的意義，直到民國二三十年間還在使用，現在已聽不見。那時的奴僕稱呼主人「阿官」，不敢稱名。社會上對有聲望地位的男子，就在人的名字後面加個「官」字。參閱「舍（人）」條。

**舍**（人）（sia上去 laŋ下平）—官家子弟。

「舍人」原是周朝的官名，掌平宮中之政，分其財守以法，掌其出入；見於周禮地官之屬。歷代政府也多設「舍人」的官，它的職權各有不同，到清末纔廢除。戰國和秦漢初，王公貴官的侍從、賓客、左右等都叫「舍人」，如藺相如爲趙宦者令繆賢舍人，李斯爲秦相呂不韋舍人。史記商君列傳：「舍人不知其是商君也。」漢書高帝紀上：「南陽守欲自剄，其舍人陳恢曰：『死未晚也。』」都是明證。

自宋到清，「舍人」（或簡稱「舍」）一詞，仍用來稱呼官宦人家的子弟。這風習大多可在舊小說戲曲中看見；把「舍人」或「舍」加在某人的姓氏的後面。元張國賓雜劇羅李郎大鬧相國寺一：「老的，門首有人叫湯舍，討酒錢。」明馮夢龍警世通言十五：「王溜兒道：『那盧家在船裏，胡舍還在岸上接婊子未來。』」明抱甕老人今古奇觀十：「他父親一文不使，他却心性闊大，看那錢鈔便是土塊般相似。人道他有錢，多順道叫他爲錢舍。」清墨浪子西湖佳話：「一時有錢的舍人，往往要來娶他。」

民國三十年左右，筆者在金門還見到前清光緒福建學人洪作舟的大子，人人尊稱他「洪大舍」；因是大子，故稱「大舍」。那時他已九十多歲，筆者爲十歲，亦曾親口叫他「大舍伯」。可見時至民國，閩南風俗尚保存「舍人」或「舍」的用法。

**青盲**（tsĩ 上平　mi 下平）—瞎眼。

閩南語稱「眼睛瞎的人」爲「青盲」；這講法很古。後漢書李業傳：「是時犍爲任永君業及同郡馮信，並好學博古。公孫述連徵命，待以高位，皆託青盲以避世難。」後漢書是劉宋范曄作，故「青盲」一詞最遲在南北朝已流行。晉書阮籍傳：「阮籍不拘禮數，能爲青白眼。見禮俗之士，以白眼對之。嵇喜來弔，籍作白眼，喜不懌而退。喜弟康聞之，乃齎酒挾琴造焉，籍大悅，乃見青眼。」明周祈名義考：「人平視，睛圓，則青。上視，睛藏，則白；上視，怒目而視也。」漢劉安淮南子主術訓：「猶不能見其睛。」漢高誘注：「睛，目瞳子也。」「目瞳子」即「瞳仁」。人的眼球，有瞳仁和眼白二部分。人眼能見物，主要依賴瞳仁。漢族人的瞳仁，大體上是棕色或黑色；所謂「青眼」，就是指此。所謂「白眼」，即指眼白；但眼白不能見物。故「青盲」等於「眼瞎」。

詩大雅靈臺：「矇瞍奏公。」毛傳：「有眸子而無見曰矇，無眸子曰瞍。」孔疏：「即今之青盲者也。」所謂「眸子」，即指「瞳仁」或「眼球」。孔穎達是唐人，可知唐時也稱「瞎眼者」爲「青盲」。「盲」音本應讀（mɔŋ 下平）；讀（mĩ 下平）可能是譌音或變音。

說文：「瞑，翕目也。」「翕」是「合」；「瞑」即「合眼不視」，故俗有「死不瞑目」的話。但「瞑」亦可作「瞎眼」解。秦呂不韋呂氏春秋知接：「瞑士未嘗照。」晉山濤乞退疏：「臣耳目聾瞑，不能自勵。」這二「瞑」字都指「目不能見物」。

筆者曾懷疑閩南語稱「眼瞎者」或當作「睛瞑」；因這二字的讀音遠較「青盲」爲接近實際的口語；只可惜找不到「睛瞑」一詞的文獻上證據。

**客兄**（kʼék 上入 hiã 上平）—男姘頭。

中國是禮義之邦，國人素來注重主和客。客主會見與飲宴，各有各的座位和禮儀；儀禮一書，記載主客的禮節最稱繁複，歷代的典籍也處處可見。倘若喧賓奪主，這賓客就算不客氣了；不只違禮，更是無禮。

說文：「客，寄也。」可知賓客本是外來，不是主人家裏的人，只是短暫時間的訪客或暫時寄居在主人的家裏罷了。「客」字又指外來的寇盜；易繫辭下傳：「重門擊柝，以待暴客。」禮記月令孔疏：「起兵伐人者，謂之客。」醫書素問玉機眞藏論：「今風寒客於人。」「客」即是「侵入」的意思。

閩南語稱已嫁女人和丈夫以外私通的男人爲「客兄」，亦即「男姘頭」。世俗也有寫作「契兄」的。筆者按，「契」是「結義」意；如義父子稱「契父子」，義母女稱「契母女」，義兄弟稱「契兄弟」，義姊弟稱「契姊弟」，義姊妹稱「契姊妹」；可見「義兄妹」稱「契兄妹」，並無不妥。故稱「男姘頭」爲「契兄」，決不可用；應作「客兄」，纔是正確。參閱「火計」條。

**後生**（au下去　sĩ上平）—兒子。

在古書，「後生」有幾種意義。一指子孫；詩周頌殷武：「壽考且寧，以保我後生。」鄭箋：「王乃壽考且安，以此全守我子孫。」二指出生較遲者；爾雅釋親：「父之昆弟，先生爲世父，後生爲叔父。」昆弟，兄弟也。三指青少年人；論語子罕：「子曰：『後生可畏；焉知來者之不如今也？』」魏何晏集解：「後生，謂年少。」劉宋鮑照代少年時至衰老詩：「寄語後生子，作樂當及時。」明凌濛初拍案驚奇二：「望見了個花朵般後生婦人，獨立岸邊，又見頭不梳裹，滿面淚痕，曉得有些古怪。」清石玉崑七俠五義四十九：「見二個穿青衣的：一個大漢，一個後生。」

閩南語的「後生」語源當由前述數類來；但含義經過演變，已成爲「兒子」的專稱，不可兼有其他意義；而口語語音似乎譌爲「後生」（hau下去　sĩ上平）。

**珠娘**（tsu上平　niu下平）—女子。

凡是女性，不分老、中、少、幼，都叫「珠娘」；珠娘者，女人也。這講法通行於閩南地區；現在的金門人還在說，有時又加「人」字，叫「珠娘人」，意義仍是「女人」。臺灣似乎並未聽到。南朝梁任昉述異記：「越俗以珠爲上寶，生女謂之珠娘，生男謂之珠兒。」金元好問後芳華怨詩：「寒門憔悴人不知，枉爲珠娘怨金石。」清梁章鉅稱謂錄方言稱女：「閩小記：『福州呼女，亦曰珠娘。』」這麼說，便不止是閩南語稱「女人」爲「珠娘」了。按，福建本是周七閩地，自古爲越人所居，「珠娘」一詞當是越語；任昉所說，自可徵信。

**啞狗**（e 上上　kau 上上）—啞吧。不能說話的人。

閩南語稱「人不能說話者」爲「啞狗」，似乎有輕蔑的意思。明蘭陵笑笑生金瓶梅三十二：「桂姐道：『你不說這一聲兒，不當啞狗賣。俺每兩日沒往家裏去，媽不知怎麼盼哩。』」說法和閩南語同。

爲甚麼稱「啞吧」爲「啞狗」？將人比狗，毋寧是侮辱。閩南地區另有俗諺說：「狗咬不哮。」意爲「會咬人的狗是不吠的。」或者啞吧的人和別人意思溝通困難，又多自卑感，心機多而複雜，心態可能不平衡，常有些行爲出人意外，令人難於防備，故戲用「啞狗」稱呼。

**莊家**（人）（tsŋ 上平　ka 上平　laŋ 下平）—農家（人）。

七國春秋平話下：「孫子曰：『然。你敢打陣？』毅曰：『吾豈怕你莊家！』」元盧疎齋沉醉東風閑居曲：「共幾箇田舍翁，說幾句莊家話。」清洪昇傳奇長生殿進果：「東鄉一個莊家。」可證古人有「莊家」一詞。

「莊」是「農莊」或「村莊」的意思。在古代，常有同姓的族人大量聚居，以便於營生和聯繫親族的情感，生死苦難共相存惜；所以時有陳家莊、李家莊、許家莊等名稱出現在舊小說或實際的地方上。此外，古時的農民大多善良可欺，散居各處，又常是匪徒劫掠的對象。農民爲求安全，每每自願遷居到上述聚族而居的某家莊，或附近有土地或勢力的豪富村莊裏，自行依傍他人，甘作佃農，兼盡其他義務，以取得保護，故有「莊家」的名稱。

閩南語稱農家爲「莊家」，農人爲「莊家人」，和上述所論必有密切的關係。世俗亦有作「莊稼」或「莊脚」的；「稼」有「農」意，「莊脚」即「鄉下」，亦通。

**煙花**（ian上平　hue上平）—妓女。妓院。

花是天地間的美物，古今中外無人不稱贊。女人天生比男人嬌豔柔美，故世人以花譬喻女性。但我國爲何又隱喻「妓女」爲「煙花」？「煙」又寫作「烟」。女人的化粧品「烟脂」也叫燕脂、燕支、烟肢，同音通用。

史記匈奴傳：「後有所愛閼氏。」唐司馬貞索隱：「習鑿齒與燕王書曰：『山下有紅藍，足下先知不？北方人採取其花，染緋黃，挼取其上英鮮者作烟肢，婦人將用為顏色。』」是「烟脂」原為草的一種，採它的花作紅顏料，女人用它做妝扮品。因產於燕地，故世稱「燕脂」。前引匈奴傳，匈奴人稱妻子為「閼氏」，和「燕支」同音；以美妙的化粧品名稱稱「妻子」，這又可見匈奴人見識不差。

筆者初以為古人和閩南語叫「妓女」為「烟花」，就聯想到「燕脂」。繼想：良家婦女也用「燕脂」妝扮；纔覺聯想不妥。每當春日時，天空、山水、林樹、花草，多有雲煙繚繞，隱現變化，饒有情致，故「煙」字在古詩文中常用來描寫春景的美麗；如唐李白春夜宴從弟桃花園序：「況陽春召我以煙景，大塊假我以文章。」如唐杜甫清明詩之二：「秦城樓閣煙花裏，漢主山河錦繡中。」又如宋陸游小園詩：「小園煙草接鄰家，桑柘陰陰一徑斜。」都是。

一般來說，中國人戲稱「妻室」為「家花」，「娼妓」為「野花」；後者為逗迷顧客，打扮當然較前者要妖豔嬌媚，何況「煙」有「春」意，故用「煙花」影射「妓女」，十分合理。宋辛棄疾眼兒媚詞：「煙花叢裏不宜他，絕似好人家。」元張壽卿雜劇紅梨花：「我怕你迷戀煙花，墮了你進取之志，是我分付張千，則說謝金蓮嫁了人也。」明凌濛初二刻拍案驚奇九：「官人好不知進退！好人家兒女，又不是煙花門戶，知道你是甚麼人，面生不熟，說個一見再見。」以上「煙花」指「妓女」或「妓院」，和閩南語完全相同。

**該己**（kai 上平 ki上上）—自己。

說文：「該，軍中約也。」段注：「凡俗云『當該』者皆本此。」「當該」就是「理所當然」，也即是「應該」。明張自烈正字通：「該，俗借爲『該當』之稱；猶言宜也。凡事應如此者曰該。」「該」又有「此」意，用作指示代名詞；清曾國藩據保靖縣稟批：「聞該縣平日甚得民心，故復諄諄商議也。」「該縣」即「此縣」。

由右列所說，「該」有「本即是」的含義。「本即是」便是「自」。「己」是「己身」。故閩南語說「該己」，等於國語的「自己」。

**翦綹**（tsian上上　liu上上）－扒手。

閩南語不說「扒手」，而說「翦綹」。「綹」是絲或麻織成的線，古人有時用來綑束錢袋，藏在衣內；扒手以刀翦割斷了綹，盜去財物，故稱「翦綹」。元岳伯川雜劇呂洞賓度鐵拐李岳一：「這老子倒乖，哄的我低頭自取，你却叫有翦綹的，倒著了你的道兒。」明馮夢龍警世通言十七：「仔細看時，袖底有一小孔。那老者趕早出門，不知在那裏遇著翦綹的翦去了。」清翟灝通俗編雜字：「世每誤書綹爲柳，如水南翰記載唐皋詩：『爭奈京城翦柳多。』」可知「翦綹」一詞，遠較「扒手」爲古。

**頭家**（táu下平　ke上平）－老闆。

「頭家」一詞，閩南語意指工商界的老闆和一切以營利爲主的團體的主其事者。非閩南語的說法，却是指聚賭抽頭的人。明董斯張吹景集：「博戲者，立一人司勝負，爲頭家。」清曹雪芹紅樓夢十二：「寫一個賭錢輸了外人帳目，借頭家銀若干兩便罷。」

吹景集所謂「司勝負」，當是指專司賭具的人，這人也可不參賭，應是受雇於賭場主人，他的酬勞由主人給與；如參賭，或者本人即是主人，接受其他賭客下注以定輸贏者。這二種意義的主人，即是「頭家」。頭家供應場所、椅桌、賭具、燈火、茶水，自然有權向賭勝的人抽頭。

就廣義說，賭博又是投機生意的一種，有錢項的出入和虧損的風險；故閩南語採用主其事的「頭家」作爲營利事業的老闆的稱呼。至於臺灣地區另稱「丈夫」爲「頭家」，是屬於特別的用法，在閩南一帶是絕對沒有的。

**羅漢脚**（lo下平　han上去　ká上平）—男性無業遊民。

「羅漢」是佛家語「阿羅漢」的省稱，爲小乘佛教的極果。它的含義有三種譯法：一爲殺煩惱賊，一爲受人天供養，一爲永入涅盤（圓寂）不再受生死果報。

由以上三義，衍生閩南語稱「羅漢脚」一詞，指一種品德少可稱道、不事生產、無家庭和固定住所、到處遊蕩、無煩無惱、混喫混住、過一天算一天、終此度其一生的男人。其實這是譃稱。

明鄺露赤雅一書，是鄺居住在廣西猺峒時所著。書中記當地民俗說：「貴少賤老，染髮剃鬢，喜作羅漢。」若是眞和尙，就絕無蓄髮的道理，故是指品行不良的人。這可和閩南語「羅漢脚」的含義相印證。

臺灣自清初起便流行「羅漢脚」一詞。咸豐朝的福建擧人林豪著東瀛紀事，中有「賊黨陷彰化縣」句，自注說：「羅漢脚爲臺灣無業遊民之稱。」筆者按，林豪是金門人，即當年參撰金門志者。臺灣未建省時，隸屬於福建，故金門的吏民，或遷調，或輪戍，或經商，常來往臺灣、金門間。金門地區自數百年前起到今也有「羅漢脚」一詞，意卽指「男性無業遊民」。這詞是否傳自臺灣，現已無從考證。但有一點可斷言的，以「羅漢」戲稱人，決非始於清朝的臺灣；前引鄺露的書，即是明證。

# 第五章　人　事

**一世人**（tsit下入　si上去　laŋ下平）——一輩子。

漢無名氏古詩十九首：「人生寄一世，奄忽若飆塵。」元無名氏雜劇吳地塔：「我今不報冤讎去，枉做英雄一世人。」明抱甕老人今古奇觀十：「他也是一世人，我賈仁也是一世人。」這裏的「一世」和「一世人」並不指「全世界」和「全世上的人」，都是指一個人的「一生」。

閩南語也說「一生」，但較少數，是讀過古書的文雅人的講話。一般的民衆都說「一世人」。然而兩者皆絕不會如國語說「一輩子」。

**一味**（it上入　bi下去）——專趨向一方面。

在中藥處方中，通常須要多種藥材配合治病，有主有輔，如君如臣。但有時也僅用一種藥材單獨熬汁或製成丹膏丸散，叫做「一味」；例如一味黃耆湯、一味子芩丸、一味槐角膏、一味鹿角膠等都是。

又佛典裏，如來的教法，譬如甘味，教法的理趣，唯一無二，所以稱作「一味」。妙法蓮華經藥草喻品：「如來說法，一相一味。」明張鼎思瑯琊代醉編三十二，載歸宗自稱「一味禪」。

宋朝時，「一味」似乎已成了口語，如清李光地編朱子全書學：「力改故習，一味勤謹，則吾猶有望。」一味，等於「專趨向一方面」。在閩南語，「一味」極常用；例如責備兒女說：「汝書不愛讀，一味要𨑨迌（遊玩），那有希望考入大學？」但現今社會大衆在文字上竟然誤作「一昧」，實爲不詞，亟待糾正。「𨑨迌（tít上入　tó下平）」是新造的字。

**大志**（tai下去　tsi上去）—事情。

說文：「志，意也。从心、之。」段注：「今人分『志向』一字，『識記』一字，『知識』一字；古祇有一字一音。」就「志」的造字看，是由上面的「㞢」（之）和下面的「心」所構成；即「心之所之（向）」的意思。依段注，古時「志向」的「志」、「識（和「誌」音義同）記」的「識」、「知識」（認識）的「識」，三字可以通用，但都寫作「志」。

說文：「意，志也。」段注：「志即識，心所識也。『意』之訓爲測度、爲記：訓『測』者，如論語『毋意、毋必』，其字俗作『億』；訓『記』者，如今人云『記憶』是也，其字俗作『憶』。」

綜合說文「志」、「意」二字互訓和段注的解釋，可知「志」的含義是：牢記在人的心中、對它有相當認知、想要去達成的某一件目標。

詩大序：「詩者，志之所之也。在心爲志，發言爲詩。」這裏「志」是存於內心、尚未實現的志向。論語先進，孔子問高弟子路、曾皙、冉有、公西華的抱負，然後批評說：「何傷乎？亦各言其志也。」這裏「志」是各人的人生鵠的。左哀十七年傳：「（楚惠）王枚卜子良（惠王弟）以爲令尹，沈尹朱曰：『吉，過於其志。』」枚卜是只占卜人的吉凶，但不先講明所卜何事。「志」是被占卜者的願望，子良並不知道他被占卜要作令尹的大官，超過他本來的願望；所以仍不能成爲吉卜。此所引三則，可作爲上述筆者對「志」所下定義的參證。

筆者以爲「大志」一詞，可作爲「事情」的閩南語。「志」幾乎可包括人類所有的活動，亦即文化的全部。試想：假如把世上一切的「事情」抽走，必文化蕩然，毫無創造成就，那麼人類豈不是如同禽獸嗎？這是何等重大！「志」（事情）的前面加個「大」字，成爲「大志」。話流傳久了，「小事情」照樣稱「大志」。民國連橫臺灣語典二載志，引章炳麟新方言二「詩、書皆以『載』爲『事』」；加上「志」字，合成「載志」。此似比本條「大志」合理。但連氏說：「志亦事也。左傳謂之『鄭志』（隱元年）、謂之『宋志』（桓十九年），猶言『鄭事』、『宋事』也。」筆者按：左氏傳尚有莊七年的「齊志」和襄七年的「宋志」；這些「志字」，古今的注家都訓作「志意」的意思，並不作「事」解釋。故「載志」一詞，變成「事事」，涵義嫌重複；如「志」作「志意」解釋，前面既已有「載」（事），涵義變成「事志」（從事於事情的志意），又顯得冗長多餘。

閩南語既叫「事情」爲「大志」，有時甚至可省掉「志」，只稱「大」，「大」即「事情」。

**寸進**（tsún上去　tsin上去）──（事業）進步。

福建山多田少，開發也遲，因此閩南一帶的居民自古生活艱難；故自明、清時起，除讀書人留鄉寄望於功名外，年輕的男子多渡海到地理上接近的南洋謀生，營利所得，寄回家鄉安家置產。不論居鄉或渡海的農、工、商人，絕未敢奢望「一步登天」；就是「發洋財」，仍須等待時日。所以閩南語「寸進」一詞，意即「稍有進步」，已大歡喜慶幸。

唐柳宗元法華寺石門精室三十韻詩：「寸進諒何營？尋直非所枉。」唐王起墨子迴車賦：「諒無阡于寸進，寔是懲于跬步。」這裏「寸進」原指人身往前稍移；後世轉用為「進步」的意思，然而絕無「得寸進尺」的含義。明蘭陵笑笑生金瓶梅七十五：「荊都監道：『倘得寸進，不敢有忘。』」便是近於閩南語的用法。參閱「長進」條。

**干紀**（葛）（kan上平　ki上上（kat上入））──牽連。關係。

「干紀」一詞的最早含義，是「違犯法紀」。魏王肅孔子家語七五刑解：「有坐干國之紀者，不謂之干國之紀，則曰行事不請。」以後在說部中，意義變更。明馮夢龍警世通言十五：「只不是他緝訪來的，不去擔這干紀。」同書同卷：「金滿已脫了干紀，只有失盜事未結。」又同書十八：「雖然學問未充，養他一二科，年還不長，且脫了鮮于同這件干紀。」清吳沃堯二十年目覩之怪現狀十一：「師爺下次要出去，請把房門鎖了；不然，丢了東西，是小的們的干紀。」以上四例，「干紀」都指牽連、關係或責任。「紀」也作「葛」。在閩南語中，「干紀」、「干葛」意義相同，但口語的「干紀」或「干葛」的音似乎說成（kan上平　ke上去）。

**分疏**（訴）（hun上平　sɔ上去）—辯解是非。

閩南地區風俗：如家中有人患了怪病，請醫生診治無效，便時常懷疑是否遭到仇家在神前詈罵咒詛，神降災殃，以致得病。於是家人必到城隍廟，請和尚或道士寫一疏文，同時口頭向城隍爺和廟中的解冤司神分辯無辜，祝禱後將疏文焚化，求神明保祐病人早日康復。

這類風俗在舊小說裏也常見，或僅是祈福的一種，未必為了治病，亦不限於向城隍遞疏文。明馮夢龍警世通言十六：「只見一人相揖道：『今日是員外生辰，小道送疏在此。』原來員外但遇初一月半，本命生辰，須有道疏。」疏，即燒化給神明的疏文。同書十七：「夜間常在祖師廟、關帝廟、五顯廟這幾處棲身，或與道人代寫疏頭，趁幾文錢度日。」又同書二十二：「廟祝放下琉璃燈來，取火點燭，討文疏替他通陳禱告。」明抱甕老人今古奇觀十：「路經泰安州，恰遇聖帝生日，曉得有人要寫疏頭，思量賺他幾文，來央廟官。」上引所謂疏、疏頭、文疏，都是同一物，就是寫給神明的「分辨事情理由」的文字。

和前述的「疏」等類似而有關的，為「分疏」。常談考誤三：「分疏，今人為人誣構，自辨白其是非，曰分訴，非也。訴當為疏，平聲，讀轉為去聲者，亦非。漢書袁盎傳：『不以親為解。』顏師古注曰：『解者，若今言分疏矣。』北齊書祖珽傳：『高元海奏珽不合作領軍，並與廣陵王孝珩交結。珽亦求面見，帝令引入，珽自分疏。』皆音爲疎。」宋趙與時賓退錄分疏：「人之自辨白其事之是非者，俗曰分疏。」明馮夢龍醒世恆言一：「來到賈家，把這兩銀子交付與賈婆，分疏得明明白白。」學者和古書中雖多作「分疏」，但「分訴」一詞也同時通行。宋晁補之琴趣外篇四惜奴嬌詞：「漁火煙村，但觸目傷離緒，此情向阿誰分訴？」明蘭陵笑笑生金瓶梅九十一：「告爹行，停嗔息怒，你細細兒聽奴分訴。」

閩南人家常見：小孩犯錯，正被責打，旁人看見，就勸家長：「汝好心停一下，給這囝阿分訴則個！」囝阿，小孩子也。意即讓小孩辯解一下是非。進一步說，大人和大人衝突爭鬥，較弱的一方找機會向對方或第三者申冤，也叫「分訴」。

**心適**（sim 上平　sik 上入）—內心舒適快樂。成果豐碩。

戰國莊子達生：「忘足，屨之適也；忘要（腰），帶之適也；知忘是非，心之適也。」唐成玄英疏：「夫有屨有帶，本爲足爲腰；今既忘足腰屨帶，理當閑適；亦猶心懷憂戚，爲有是非，今則知忘是非，故心常適樂也。」人類穿鞋子是爲了保護脚部，繫腰帶是爲了使衣褲穿起來舒服合宜，兼有美觀的作用。但穿繫得過緊太鬆或根本不合用，反而有礙觀瞻或健康；妙在穿繫起來不覺得鞋和帶的存在，纔能使人達到愉樂的境界。心也同樣；能忘却一切是是非非的分別，那有煩惱，逸樂自然容易產生了。

秦呂不韋呂氏春秋適音：「人之情，欲壽而惡夭，欲安而惡危，欲榮而惡辱，欲逸而惡勞；四欲得，四惡除，則心適矣。」唐白居易隱几詩：「身適忘四支，心適忘是非。」這裏「心適」意和莊子的話相近。

閩南語「心適」一詞，固指「內心舒適快樂」。但另有一指，即不管從事那一門行業，如遇到大豐收，大得利，常爲人帶來「心適」（內心舒適快樂）；而這些「大豐收」、「大得利」本身，也稱爲「心適」，例如經商所得的暴利、果菜格外豐收、薪水階級的年終獎金等都是。

此外，又有「心適興」一詞，「興」讀去聲。例如願意去作某一件自己所喜歡的事物，通常說它是爲了「心適興」；也就是說，爲了做它必能獲得舒適快樂，纔有熱烈的興趣衝動去從事。

**比並**（pi 上上 piŋ 下去）—比較（人和人之間的貴賤、貧富、智愚、美醜、強弱等等）。

唐韓愈代張籍與李浙東書：「夫盲者業專，於藝必精；故樂工皆盲，籍儻可與此輩比並也。」元施耐庵水滸傳三十四：「江湖上聽得說，對影山有個使戟的占住了山頭，打家劫舍，因此一逕來比並戟法。」「比並」即「比較」。自古到今，閩南語「比並」是日常口語。

**央**（iɔŋ 上平）—請求。

明方以智通雅釋詁：「以言託人謂之訣，一作映，今俗作央。」唐曹唐小遊仙詩：「無央公子停鸞轡，笑泥嬌妃索玉鞭。」明高明南戲琵琶記二十六：「又無錢雇人，又無人得央靠，只得獨自搬泥運土。」明蘭陵笑笑生金瓶梅一：「武大便自去央了王婆子來，安排端正，都拏上樓來，擺在桌子上。」明馮夢龍警世通言六：「只得破兩貫錢，倒去陪他個不是，央及他動身。」明抱甕老人今古奇觀十七：「老泉見秦觀不到，反央人去秦家寓所致意。」清劉鶚老殘遊記三：「賢壻老爺，方才不是我敢大膽，是你老太太的主意，央我來勸你的。」此所引「央」字，都作「請求」解，和閩南語全同。

**扑拚**（pák上入　piã上去）—努力。奮鬥。

閩南語稱「努力或奮鬥去從事」，叫「扑拚」。「扑」寫作拍、撲、搏都可以，用閩南語發音，這些字的聲母和字義全相同；寫作「打」字，字義相同，讀音不合。

說文：「攴，小擊也。」段注：「此字從又，卜聲。又者手也。經典隸變作扑。」是「扑」本寫作「攴」。「拚」有二義：一是「兩手相擊」，一是「掃除」。故「扑拚」二字，就字面上說，有「動手打擊或收拾某事物」的含義。「拚」有寫作「拼」的，也勉強可通。在周代，打掃即叫「拚掃」。禮記少儀：「氾埽曰埽，埽席前曰拚。」現在閩南語仍保存「拚掃」的說法。

古書中找不到「扑拚」一詞，而有「打拼」。清李光地編朱子全書論語：「其餘若有千頭萬緒，是這一番一齊打拼掃斷了。」清翟灝通俗編行事打併：「朱子答呂子約書：『請打併了此，却須有會心處。』（宋）楊萬里詩：『打併人間名利心。』」伍稼青打雅：「打拚」猶言「打疊」，即「收拾安排」。以上所引的「打拚」、「打併」，自也含有「對某事物予以收拾、解決、安頓、清除等」的意義。元施耐庵水滸傳十八：「我和公孫先生兩個打弁了便來。」古今小說三十九：「一時手中又值空乏，打弁得五十兩銀子，分送與二人。」這裏所用的「弁」字，和前面的拚、併相同。

基上所述，是閩南語的「扑拚」和古書裏的「打拚」詞義上實相通。因「扑」即是「打」。閩南人少說聲母是（t）的「打」字，而多說聲母是（p‘）的「扑」字。如「打算」一詞，閩南語有讀成「扑算」的，即是明證。參閱「拚埽」條。

**生分**（sĩ上平　hun下去）—陌生。疏遠。

閩南語絕不說「陌生」，而說「生分」。分讀去聲。生分，陌生也。漢書地理志下二：「薄恩禮，好生分。」唐顏師古注讀「分」爲平聲，謂「父母在，而昆弟不同財產。」清王先謙補注修正顏說，謂「生分，蓋夫婦乖異。」

依筆者淺見，漢書地理志的「生分」實應作「疏遠」解較妥；「好」也該讀去聲，作「喜好」解。「好疏遠」，正和「薄恩禮」相對成文。明賈仲明雜劇對玉梳一：「別人家養女兒孝順，偏我家這等生分。」明蘭陵笑笑生金瓶梅七十二：「春梅便道：『這怎的這等生分，大白日裏借不出個乾燈盞來。』」同書七十四：「桂姐道：『五娘你不知，俺每這裏邊人，一個氣不憤一個，好不生分！』」清曹雪芹紅樓夢三十：「若等他們來勸偺們，豈不偺們倒覺生分了。」上述所引，「生分」都當作「疏遠」或「陌生」解。

**交代**（kau上平　tai下去）－叮嚀。託付。

漢書蓋寬饒傳：「及歲盡交代，自請願居留。」清文康兒女英雄傳五：「他既合安公子素昧平生，爲什麼挺身出來要攬這椿閒事？及至交代了一番話，又匆匆的那裏去了？」現在的國語和閩南語都說「交代」，就是「叮嚀」或「託付」的意思。但時人常誤作「交待」，應改正。

**各別**（kɔk上入　piet上入）－男女授受不親。

「各別」意指「各個分別」。唐玄奘譯世友尊者阿毘達磨品類足論三：「無慚云何？謂：不慚、不等慚、不各別慚。」按「各別」一詞，流行於金門地區，意思特指「男女不得混雜」。例如，父母不准女兒過於大方、外向、交男友、浪漫，丈夫不准妻子和別的男人談話、洽事、接近等，都叫做「各別」。同樣的，妻子不許丈夫風流也是。「各」國語讀去聲或陽平，「別」陽平；閩南語讀二字都是入聲。

**有**（u下去）－愛慕。

閩南語中，若說「王小姐心內有汝咧。」意思即是說「王小姐的心裏在愛慕著你咧。」相反的，一個男子愛上一個女子，也可說「有」。因爲人愛慕某人時，心中腦海必會時常浮現對方的人的影像，故可稱「有」。宋歐陽修鹽角兒詞：「暗消魂，重回首，奈心兒裏彼此先有。」明馮夢龍警世通言十六：「只因小夫人生前甚有張勝的心，死後猶然相從。」是古人早有此說法。

**有身**（u下去　sin上平）—懷孕。

詩大雅大明：「大任有身，生此文王。」毛傳：「身，重也。」鄭箋：「重，謂懷孕也。」孔疏：「以身中復有一身，故言重。」史記淮南厲王長傳：「厲王母得幸焉，有身。」可證「有身」一詞，使用很早。其他如有喜、懷孕、懷胎等說法，當較後起。閩南語一提到女子懷孕，必說「有身」，可見閩南語來源的古。

**收**（siu上平）—死人入棺。

閩南語稱「把死者的遺體大殮（即入棺）」爲「收」。這說法來源很早而有據。史記扁鵲傳：「扁鵲曰：『（虢太子）其死何如時？』（中庶子）曰：『雞鳴。』『至今日，收乎？』曰：『未也。』」劉宋裴駰集解：「收，謂棺斂。」漢劉向說苑權謀：「（齊）桓公死六十日，蟲出於戶而不收。」唐韓愈左遷至藍關示姪孫湘詩：「知汝遠來應有意，好收吾骨瘴江邊。」「收」都作「入棺」解。

## 作成（tsɔk上入　siŋ下平）──成全。

詩大雅鳧鷖：「公尸燕飲，福祿來成。」鄭箋：「祖考以福祿來成女。」「女」是「你」，指周成王祭祖；故孔疏說：「爲神所悅，以此致福祿而來成汝孝子。」詩國風鵲巢：「之子于歸，百兩成之。」鄭箋：「是子有鳲鳩之德，宜配國君，故以百兩之禮送迎成之。」「兩」爲「車輛」，這是諸侯嫁女給他國的諸侯，用一百輛禮車送走他的女兒；故孔疏說：「成之，謂成夫人。故易以百兩禮送迎成之。」以上二「成」字，都是「成全」意。

明清的說部，「成」多作「作成」，意義仍指「成全」。明蘭陵笑笑生金瓶梅五十三：「劉婆道：『是我看水碗作成你老頭子，倒不識好歹哩！』」明抱甕老人今古奇觀七：「一來是風花雪月，趁著多少受用；二來作成媽兒起個家事。」明馮夢龍警世通言十四：「陳三郎正在店中支分鋸匠解木，那人道：『三郎，我引個主顧作成你！』」明凌濛初二刻拍案驚奇十：「何苦作成別人肥了家去？所以不如一面收留，省了許多人的妄想。」清曹雪芹紅樓夢七：「寶叔叔果然疼小侄，或可磨墨滌硯，何不速速的作成。」

閩南地區有一句俗語：「有命可生，著有命可成。」「成」音（tsíã下平）。「可」音（táŋ上平），可以也。可生，可生下孩子也。著，必須也。成，成全孩子長大直到嫁娶成家也。就是說：做父母的人，既然生了兒女，一定要負起責任，養育孩子到長大成人，男的使他娶妻，女的使她嫁夫；這纔算是盡了做父母的責任。言外之意，暗示父母自身不可早死，丟下孩子；或只顧自己而不管孩子的死活和前途。這樣，父母對子女的人倫，纔算圓滿達成。參閱「看成（承）」條。

**別**（八）（pat上入）—認識。

國語問人「認不認識？」絕不可說成「別不別？」而閩南語却正是這麼講法，對人對事，都可使用。「別」音（pat上入），「不」音（m下去）。

說文：「八，別也。象分別相背之形。」段注：「此以雙聲疊韵說其義。」可見「別」和「八」意義相近。看說文的解釋，「八」字是抽象表示「左右二邊各走各的，方向相反，截然不同。」因此有「辨別」、「識別」的意思。因爲「彼」與「此」有所不相同。故「八」字的含義和「分別」的「別」實相通。

說文：「別，分解也。」「別」字造字，左邊是「冎」字的省形；說文解「冎」：「剔人肉，置其骨也。」右邊「刂」是「刀」。意爲「用刀把人肉從骨頭分開」；故有「分解」、「分別」的意義。

「八」字，宋陳彭年大宋重修廣韻注音「博拔切」，頗類似閩南語音「認識」的（pat上入）；較廣韻注「別」字音「方別切」爲接近。

「八」字古今實際上多用作數目字，「別」字是用爲分別、離別、明辨等意義。筆者倘若堅持閩南語中的「認識」是「八」字，恐未免驚世駭俗；故仍定爲「別」字，並說明「別」、「八」二字的關係如上。

穀梁襄六年傳：「家有既亡，國有既滅。滅而不自知，由別之而不別也。」唐楊士勛疏：「舊解云：『別猶識也。』」這可爲「別」字作「認識」解的確證；也可兼證明閩南語「別」字使用語源的古。

庇（致）廕（pi上去〔ti上去〕im上去）—庇護。保全。

說文：「庇，蔭也。」「蔭，草陰也。」看說文所解，意當指大熱天烈日炙人，人避到草木底下，立即可遮陽，獲得陰涼。「蔭」可通「廕」；說文：「廕，庇廕也。」意義相同。假如草木的枝葉零落稀疏，就失却了「庇蔭」的功用。爾雅釋詁：「毗劉，暴樂。」「毗劉」和「暴樂」是雙聲連字，意義相似。清朱駿聲說文通訓定聲：「（周禮地官）舍人注：『木枝葉稀疏不均，爲爆爍。』詩桑柔箋：『則葉爆爍而疏。』按，猶剝落也。」「爆爍」即「暴樂」。

基上所述，「庇廕」一詞用在人事，有「庇護」、「保全」的意思。左文七年傳：「公族，公室之枝葉也，若去之，則本根無所庇廕矣。」春秋左丘明國語晉語：「木有枝葉，猶庇蔭人，而況君子之學乎？」閩南語「庇廕」一詞也常用；但口語中似乎說成「致廕」（ti上去　im　上去），「致」有「達」意；致廕，提供庇護也。亦可通。

投（tau下平）—投訴。

後漢書張儉傳：「望門投止。」南史王懿傳：「有遠來相投者，莫不竭力營贍。」明凌濛初二刻拍案驚奇二十二：「你本富貴出身，故此價值多了。既已投靠，就要隨我使用。」清蒲松齡聊齋志異六宮夢弼：「媼勸往投女，黃有難色。既而凍餒難堪，不得已，如保定。」上舉四例，「投」都有「投靠請託」的意思。

閩南語裏的「投」字用法和前述的意義不同；是指受人欺凌或遭遇冤屈，找一位能主持公道的人「訴苦」或「申冤」，止於口頭上的傾訴，並不留宿，叫做「投」。

**依原**（ i上平　guan下平）—仍舊。

明馮夢龍醒世恆言三十五：「打罷起來，整一整衣裳，忍著疼痛，依原在旁答應。」閩南語「依原」常用，意爲「仍舊」。如說：「伊喫人的頭路，雖然眞扑拚，但是依原趁無啥錢。」喫人的頭路，從事受雇於人的職業也；扑拚，努力也；趁（ tán上去），賺也。

**定規**（ tiŋ下去　kui上平）—一定。

「定規」一詞由字面解釋，似爲「立定規矩」。漢崔駰扇銘：「晞露散霾，擬日定規。」這「定規」是「作成圓形」的意思。

閩南語「定規」却和「一定」同義。清韓子雲海上花列傳四：「耐定規要瞞仔倪才去做，倒好像倪吃醋，勿許耐去，阿要氣煞人。」海上花列傳是用蘇州土話寫成，屬於吳語。這裏「定規」也作「一定」解。由此看來，閩南語和吳語中間，在古時或有相當的關係。

**定著**（tiã下去　tiok下入）—固定。一定。

從字面解釋，「定著」原指文人學者「寫定著作」。如漢劉向校定羣籍，每成一書，謂「定著」爲若干篇。宋曾鞏陳書目錄：「館閣所藏，恐不足以定著。」宋朱熹中庸章句序：「既爲定著爲章句一篇，以竢後之君子。」以上「定著」都是「寫定著作」的意思。

但在閩南語中，「定著」的意思是指「任何事物已形固定或一定，不再改變。」和前引古書的含義雖類似，而範圍却廣闊許多。「著」閩南語音（tiok下入），義同「著落」的「著」，亦即「落定」；而非「著作」的「著」。明馮夢龍警世通言三十二：「至五鼓，十娘對公子道：『吾等此去，何處安身？郎君亦曾計議有定著否？』」這裏「定著」的用法和閩南語相同。

**姑成**（kɔ上平　tsã下平）—不得已成全事情。參閱「姑將」條。

**姑將**（kɔ上平　tsiɔŋ上平）—不得已。

書秦誓：「惟古之謀人，則曰未就予忌；惟今之謀人，姑將以爲親。」忌是語助詞。姑將，姑且也。春秋時，秦國國君穆公不聽老臣蹇叔的忠言，出兵伐鄭，被晉軍截擊打敗在崤山，深自悔恨，因作秦誓。前文意謂：「我不聽較早的傑出忠良人臣的話而取敗，現在這傑出忠良人臣離我已遠；目前朝廷裏還有一些謀臣，今後我姑且還要親近他們請教咧。」故「姑將」實有「不得已」、「無奈」、「退而求其次」等含義。

上列「姑將」和閩南語用法相同。但閩南語除了「姑將」外，有時也說「姑不將」，意義仍和「姑將」類似。

此外，閩南語又有「姑成」（kɔ上平　tsiã下平）一詞，意指「不得已而成全他人」；如說：「因爲伊一直勉強我，我纔姑成伊的要求。」但也可指自己的事情因不得已而「將就成全」。

**放雕**（paŋ上去　tiau上平）—揚言。放空氣。

在閩南語裏，和人發生糾紛，揚言將對對方不利，叫做「放雕」。清翟灝通俗編禽魚放雕：「放雕，（宋）朱子大全集多見之，猶言『使乖』也。今俗用刁字，非。」日本汲古書院明清俗語辭書集成續編第五輯：「放雕，俗語訐人私者，謂之放雕。按（宋陸佃）埤雅曰：『雕性刻，制其毛，能食諸鳥。』蓋雕性害衆，故以訐人私者比之也。又俗云『放雕把雁』者，譬獵者藉此以捕飛走，猶利己害物也。又蘇文曰：『呂惠卿雕，王安石用。』此雕字謂刻也。或云：刁者，狗之短尾者也。」由此看，古人和閩南語所說的「放雕」，含義雖有關聯而其實不同。

**爭差**（tsiŋ上平　tsá上平）——差錯。相差。

事物比對，有所差錯不同，閩南語都說「爭差」，極少說「相差」。「爭差」即「相差」；但「爭」字絕非「相爭」意。元無名氏賞花時：「忽見人來敢是他？只恐有爭差。」敢，豈也。元白樸雜劇梧桐雨三：「國家又不曾虧你半招，因甚軍心有爭差？」明阮大鋮傳奇燕子箋十二：「恐怕與南海水月，爭差不多。」明馮夢龍警世通言三十：「那兄弟二人聽罷，切切私語：『若子弟賢的，一般如凡人敍用；若有些爭差時，罪責却也不少。』」清洪昇傳奇長生殿驛備：「此奉欽遵，切休得有爭差。」上所引「爭差」，意即「相差」。

**育**（io上平）——生。

國語稱「孕婦產子」，通常是說「生孩子」、「生產」。「生」的說法比較直言無隱而不雅。在古老的閩南語裏，不說「生」而說「育」（io上平），意義仍是「生」，但較含蓄。故金門「生孩子」叫「育囝阿」（io上平　gin上上　a上平）；囝阿，孩子也。臺灣地區是直說「生」，和國語同。中國的舊社會素重「男女授受不親」，所以接生的人必用收生婆；直到距今的六十年前，全中國的孕婦寧可難產而死，也不願讓男醫師來接生。金門在宋朝時隸屬同安縣，大儒朱熹曾任同安縣主簿，金門受他的教化極深，民性淳樸敦厚，男女之防甚嚴。舉一例說，當地有俗諺說：「小叔不入兄嫂房。」頗類似數千年前的古禮「嫂叔不通問」（禮記曲禮上）以避嫌。經幾十年來的現代文明入侵，金門的許多良好民風已被破壞無遺。人人傾向聲色浮面的物慾追求，而純良可貴的精神生活早已歷劫難復了。朱熹地下有知，能不扼腕長嘆嗎？但單就生育說，現在再禁忌男醫師接生，當然不合理。

易漸卦九三爻辭：「婦孕不育，凶。」這裏「育」不作「養育」解，而是「生產」的意思，和閩南語合。閩南語說「養護孩子」也叫「育囝」（io上平　kiã上上）；這「育」字即指「養育」，而不是「生」。參閱「飼」字條。

**返**（tŋ上上）—歸。回。

說文：「返，還也。商書曰：『祖伊反。』春秋傳返从反。」魏張揖廣雅釋詁：「返，歸也。」閩南語絕不說「回家」，而說「返厝」（tŋ上上　tsú上去）。如說：「下班了後，我就要返去厝。」

**看成**（承）（kán上平　siŋ下平）—教養。關照。看待。提攜。成全。

「看」字讀平聲。閩南語裏，「看成」特指父母或長輩師友對子女或後輩的教養、關照、看待、提攜、成全。明湯顯祖傳奇還魂記僕偵：「自小兒，俺看成他快長。」明抱甕老人今古奇觀七：「朱十老因年老無嗣，又新死了媽媽，把秦重做親子看成。」是古人早有「看成」的說法。

一般辭書，雖另立「看承」一條，釋爲「看待」；其實「承」字是「承擔」意，和「成」義可相通。宋韓琦安陽集鈔和袁陟節推龍興寺芍藥詩：「問得龍興好事僧，每歲看承不敢暇。」宋辛棄疾中秋寄遠詞：「但願長圓如此夜，人情未必看承別。」明馮夢龍醒世恆言三十三：「小婦人嫁與劉貴，雖是個小老婆，却也得他看承得好。」上所引「看承」，和「看成」義極相近。

**看相**（kúã上去　siũ上去）—看在別人眼中。體面。觀瞻。

相，爾雅釋詁：「視也。」「看相」即「看視」。明凌濛初二刻拍案驚奇三十九：「嬾龍說罷，先到混堂把身子洗得潔淨，再來到船邊看相動靜。」這裏「看相」即「看視」，也就是「觀看」。但在閩南語中另有一義，所謂「看相」，即是「看在別人眼裏」的意思；引申說，含有「體面」、「觀瞻」的意義在內。明抱甕老人今古奇觀十七：「東坡望見，觸動靈機，欲待教他（秦觀）對了，誠恐小妹知覺，連累妹夫體面不好看相。」這裏「看相」便是閩南語的用法。

**苦毒**（kɔ́上上　tɔk下入）—虐待。迫害。恨毒。

三國志魏志涼茂傳：「曹公憂國家之危敗，愍百姓之苦毒，率義兵，爲天下誅殘賊。」苦毒，受迫害也。

在閩南語，「苦毒」特指後妻虐待丈夫和前妻所生的子女，故有諺語說：「後母苦毒前娘囝。」囝，宋丁度集韻：「九件切。」閩南音讀（kiã上上），兒也。此外，大人對大人，凡是強欺弱，加以虐待、迫害，也可叫「苦毒」。明凌濛初二刻拍案驚奇二十一：「那兒子頑到興頭上，那裏肯走？

年紀雖小，也到曉得些光景，便苦毒道：『你們自要入港，干我甚事？只管來礙著我！』」這裏「苦毒」是故事裏的那個小兒子曉得他母親和人私通，故意用「恨毒」的話來諷刺母親。

**苦憐大**（kɔ́上上　lian下平　tai下去）—很可憐的事。

閩南語稱「甚可哀憐」或「甚可憐惜」爲「苦憐」。

「苦憐」一詞似未見於載籍；但「苦」字和其他文字合用卻常見。在古詩詞戲曲中，「苦」每作「甚」解。唐秦韜玉貧女詩：「苦恨年年壓金線，爲他人作嫁衣裳。」宋柳永玉蝴蝶詞：「苦流連，鳳衾鴛枕，忍負良天。」金董解元雜劇弦索西廂：「不苦詐打扮，不甚豔梳掠。」以上三「苦」字，全是「甚」意。閩南語「苦憐」的「苦」字如不是「甚」意，極可能是「可」字的譌音造成。

「大」即「大志」，二者閩南語都是指「事情」。參閱「大志」條。

**風聲**（hɔŋ上平　siã上平）—傳聞。謠傳。

三國志蜀志許靖傳「文多故不載」劉宋裴松之注引魏略王朗與靖書：「時聞消息於風聲，託舊情於思想，眇眇異處，與異世無以異也。」南史五十一臨川靜惠王宏附子正德傳：「先是正德妹長樂主適陳郡謝禧，正德姦之，燒主第，仍與主通，呼爲柳夫人，生一子焉，日月稍久，風聲漸露。」宋書武帝紀中司馬休之上表：「臣兄子譙王文思，雖年少常人，粗免咎悔，性好交遊，未知防遠，羣醜交構，爲其風聲。」此所引「風聲」和閩南語同，都指「傳聞」或「謠傳」。

**（雇）倩**（kɔ上去　tsíã上去）－雇人（作事）。

閩南語稱「以酬勞雇傭他人作事」，叫做「倩」或「雇倩」。「倩」就是「雇」，「雇」就是「倩」。但「雇」字須和「倩」字合用，很少單獨使用；通常都只說「倩」（tsíã上去）。時人甚多知音而不知字，寫作「請」，這是不對的。

說文「倩」字段注：「（晉）郭（璞）云：『言可借倩也。』借倩讀七政、七見二切，蓋方俗語謂請人爲之。」漢王褒僮約：「有一奴，名便了，倩行酤酒。」漢劉向列女傳三魯漆氏女：「鄰人女奔隨人亡，其家倩吾兄行追之。」宋書謝方明傳：「悉發倩士庶，事旣寧息，皆使還本。」陳書文帝紀天嘉元年：「詔舟艦轉積，權倩民丁。」宋黃庭堅即席詩：「不當愛一醉，倒倩路人扶。」宋孟元老東京夢華錄八秋社：「市學先生預斂諸生錢，作社會，以致雇倩祗應白席歌唱之人。」明張居正文忠集八答應天巡撫宋陽山：「頃小兒回籍應舉，自行僱倩。」明馮夢龍醒世恆言三十五：「那牛兒可以耕田，馬兒可雇倩與人。」明抱甕老人今古奇觀五：「次早，擇了出行吉日，僱倩轎馬停當，十娘又遣童兒寄信別謝月朗。」「僱」是「雇」的俗字。尤可留意的，「倩」字在前引古書中，似乎文言和口語兩方面都能使用。

**衰**（sue上平）—倒楣。

古人叫「由盛入微」作「衰」；如論語微子：「楚狂接輿歌而過孔子，曰：『鳳兮鳳兮，何德之衰！』」「時運退落」叫「衰」；如漢桓寬鹽鐵論四錯幣：「大夫曰：『湯文繼衰，漢興乘弊，一質一文，非苟易常也。俗弊家法，非務變古也，亦所以救失扶衰也。』」「年老力弱」也叫「衰」；如唐韓愈左遷至藍關示姪孫湘詩：「欲爲聖明除弊事，肯將衰朽惜殘年？」閩南語引申「衰」字的意義爲「倒楣」。凡「倒楣」的事都說「衰」，這是常常掛在嘴裏說的。

**起**（kʼi上上）—建築。

國語說「蓋房子」，閩南語却說「起厝」（kʼi上上　tsʼu上去）。但閩南語較國語說法來得古。漢書武帝紀太初元年：「二月，起建章宮。」後漢書張楷傳：「皆起舍巷次，以候過往來之利。」北齊書祖鴻勳傳：「遭亂荒廢，今復經始，即石成基，憑林起棟。」上引三「起」字都作「建築」解。

「蓋」字本是「用白茅草編成的覆蓋物」。周代宗廟的屋頂即是編茅草作成的；如漢書藝文志諸子略敍：「茅屋采椽。」可爲例證。但「蓋」字是指「覆蓋物」的名詞說，本身並無「建築」的意思。左襄十四年傳：「乃祖吾離被苫蓋，蒙荊棘，以來歸我先君。」杜注：「蓋，苫之別名。爾雅曰：『白蓋謂之苫。』」其他如車蓋、篷蓋等物都可稱「蓋」。清黃六鴻福惠全書刑名部詞訟：「起蓋平房十間。」這裏「起」、「蓋」連用，纔是直接指「蓋房子」。故「蓋」字用作「建築」意，時代已很晚。

**停（定）當**（tíŋ下平〔tiŋ下去〕tɔŋ上去）—妥當。

說文：「停，止也。」「定，安也。」是「停」和「定」有「停止」和「安定」的含意。漢劉熙釋名釋言語：「停，定也。」是「停」又和「定」相通。可見「停當」即「定當」，也就是「妥當」。晉書庾翼傳：「臣等以九月十九日發武昌，以二十四日達夏口，輒簡卒搜乘，停當上道。」宋朱熹朱子文集五十八答謝成之書：「此中今年絕無來學者。只邵武一朋友，見編書說未備，近又遭喪，俟其稍定當，當招來講究。」明馮夢龍警世通言三十二：「次早，擇了出門吉日，僱倩轎馬停當。」明吳承恩西遊記四十一：「八戒慌了，道：『哥哥，不停當！這一鑽在火裏，莫想得活。』」清吳敬梓儒林外史二十三：「他做小司客的時候，極其停當，每年聚幾兩銀子，先帶小貨，後來就弄窩子。」窩子，鹽鋪也。

「停當」或「定當」，到今閩南語常用。國語只用在文字中，口頭很少這麼講；都說「妥當」。

**參詳**（tsám上平　siɔŋ下平）—仔細商量。

現今國語多說「商量」，少說「參詳」；閩南語偏相反，少講「商量」，多講「參詳」。其實，「商量」的含義只是「商討議論」；「參詳」却是「仔細商量」，比「商量」更進一步，兩者是稍有分別的。

梁書徐勉傳：「（梁武帝）天監元年，（何）佟之啓審省置之宜，敕使外詳。時尚書參詳，以天地初革，庶務權輿，宜俟隆平，徐議刪撰。」清石玉崑七俠五義九：「包公便對公孫策道：『聖上賜我御札三道，先生可替我細細參詳，不可大意，辜負聖恩。』」同書十四：「包公聽罷，叫將韓生並鄭屠寄監，叫人將公孫先生請來，彼此參詳此事，俱無定見。」京戲御碑亭十：「王有道（接唱）：『碑亭避雨寄難講，一時大意未參詳。』」可見古人「參詳」常用。

**唱喏**（tsíũ 上去 lia 上上）——彎腰雙手作揖行禮。

明周祈名義考六唱喏：「左傳（成十八年）：『使訓羣騶知禮。』（杜）注：『騶，喏喝聲也。』喏，（陳顧野王）玉篇：『敬言也。喝，訶也。』貴者將出，唱使避己，故曰唱喏。即孟子『行避人也。』」宋蘇轍欒城集四十五乞定差管臣僚劄子帖黃：「張利一任定州總管，嘗入教場巡教，以不得軍情，諸軍並不唱喏。」這是指貴人出現，部下呼喊敬禮。宋陸游老學庵筆記八：「按古所謂揖，但舉手而已。今所謂唱喏，乃始於江左諸王。方其時，惟王氏子弟爲之。故支道林入東，見王子猷兄弟，還，人問諸王何如？答曰：『見一羣白項烏，但聞啞啞聲。』即今喏也；故曰唱喏。」依此所記，「唱喏」是除了舉手作揖爲禮，口裏還要發出「啞啞」的歡呼聲。

單是兩手作揖行禮，也叫「唱喏」。宋無名氏僞託朱子家禮大成一：「問婚禮娶妻至家，壻先揖何也？曰：拱手著胸而已；非躬身唱喏也。當時女裝，有壽帕蔽面，尚未揭起，而壻豈遽然先揖乎？」元施耐庵水滸傳三十七：「張順在江心裏，見是戴宗叫他，赴到岸邊，爬上岸來，看著戴宗，唱個喏，道：『院長休怪小人無禮。』」明馮夢龍警世通言五：「見了呂玉，朝上深深唱個喏。」

在閩南地區以及臺澎，大家春節見面拜年時，互相拱手拜揖祝福，即是「唱喏」；只是行禮者未必知道這動作的名稱罷了。此外在拜鬼神時，雙手舉香作揖，不論口中有無禱辭，仍叫「唱喏」。插香進爐後，兩手空手再疊握或合十，人並彎身拜著，也叫「唱喏」。不過在實際口音，「喏」已譌成（hia下去）。

**專功**（工）（tsuan上平　kaŋ上平）——專心或專程（作事）。

閩南語中，如說：「我開車一點鐘久，就是專功要來找汝開講！」專功，專程也。開講，聊天也。清蒲松齡醒世姻緣六十九：「那老侯、老張又是兩個會首，又少專功走來照管，只得與劉嫂子做了一處。」是舊小說也有這用法。「功」、「工」通用，故「專功」寫作「專工」也可。

**張智**（置、致、緻）（tiũ上平　ti上去）——主意。機變。留心。

閩南語指對於某種可能發生的事故，應留意防範；或預立主意，到時好應付；稱爲「張智」，也作張置、張致、張緻。就字義說，「張」字本有「事先施設」意；其他智、置、致、緻四字，是各指

「以知識作適當安排」。例證在舊小說常見。元施耐庵水滸傳二十四：「那婦人自裝出許多奸僞張致。」明馮夢龍警世通言十五：「莫道人做張做智，步罡踏斗，念咒念符，小學生就舞將起來。」明抱甕老人今古奇觀七：「及至肯出幾兩銀子的女兒又嫌好道歉，做張做智的不肯。」古今小說四十：「你欺負我婦人家沒張致，又要指望奸騙我。」清蒲松齡醒世姻緣五十二：「誰知那心慌膽怯了的人，另是一個張智。」民國連橫臺灣語典四寫作「張遲」，「謂張目而待也。」筆者按：這釋義和「遲」字，都不大正確。

**掠**（liak下入）—捉（人）。

說文：「掠，奪取也。」左襄十一年傳：「納斥候，禁侵掠。」「強行擄捉奪取」叫「掠」。明馮夢龍警世通言十二：「隨夫避兵，不意中途發散，奴孤身被亂軍所掠。」同書同卷：「順哥脚小伶俜，行走不動，被賊兵掠進建州城來。」清石玉崑七俠五義五十四：「郭彰悄悄問女兒增嬌道：『你被掠之後，在於何處的？』」這三「掠」字，全指「抓人」，而非「搶奪財物」，和閩南語「抓人」的「掠人」（liak下入　laŋ下平）完全一致。

閩南地區民間傳說：凡上吊或溺水死的鬼魂，過一時期，必要抓一個「替身」，迷使那人上吊或溺水死了；然後自己纔可再度轉世出生作人，叫做「掠交替」（liak下入　kau上平　túe上去）；「掠」即「捉」，指「捉去作鬼的替身」。

民國臺灣學者連橫臺灣語典一：「扐，捕也，捉也。（宋丁度）集韵：『（扐）音力，縛也。關中語。』」

連氏以「扐」為「捉」的說法雖也可通，但在文獻上佐證罕見。

**理會**（li 上上 hə 下去）—處理。交涉。

「理會」作「處理」或「交涉」解，不只閩南語，古人文字、口語和舊小說也常用。宋歐陽修文忠集十四奏北界爭地界：「今已縱成其計，却欲理會，必須費力。」元施耐庵水滸傳二：「如若強人自來，都是我來理會。」明馮夢龍醒世恆言六：「王臣心中想道：『便叫起主人開門出走，那毛團已自定了，砍他不著，空惹衆人憎厭，不如弩著鳥氣，來朝却又理會。』」以外，「理會」又和閩南語另一詞「分會」（hun 上平 hə 下去）類似，意為「爭辯」或「口角」。

**貫**（kuan 上去）—拿手。熟練。

爾雅釋詁：「貫，習也。」詩國風猗嗟：「舞則選兮，射則貫兮。」毛傳：「貫，中也。」鄭箋：「貫，習也。」秦呂不韋呂氏春秋不二：「無術之智，不教之能，恃彊速貫習，不足以成也。」孟子滕文公下：「我不貫與小人乘。」漢趙岐注：「貫，習也。」意義實和「慣」同，即「習慣」。清俞萬春蕩寇志一百十五：「衆獵戶道：『唐裔內不可造次，還讓我們慣家在此把守。』」慣即貫也；「慣家」即「熟手」。金門地區有俗諺說：「貫者為師。」意思就是：熟練精通某一技藝的人，在此一技藝的範疇裏，他是有資格作別人的老師的。參閱「慣習」條。

**造化**（tso下去　hua上去）—運氣。幸運。

「造化」原指「創造化育」。漢劉安淮南子原道訓：「乘雲陵霄，與造化者俱。」漢高誘注：「造化，天地。一曰：道也。」等於現代人所說的「大自然」或「造物者」。「造物者」是萬能的；人如得天獨厚，自可稱爲「造化」，就是「幸運」或「運氣」的意思。

宋無名氏京本通俗小說菩薩蠻：「紹興年間，三擧不第，就於臨安府衆安橋命鋪，算看本身的造化。」元李潛夫雜劇灰欄記一：「我如今過去問他討些盤纏與你。若有呵，你也休歡喜；若無時，你也休煩惱；只看你的造化。」清曹雪芹紅樓夢三十二：「襲人笑道：『當眞的？這可就是我的造化了！』」

閩南語中，「造化」即指「幸運」。金門人祝禱好運氣，稱爲「造化是。」即「凡事幸運」。

**陵**（凌）**遲**（liŋ下平　ti下平）—使人連續喫苦頭。

戰國荀子宥坐：「三尺之岸，而虛車不能登也；百仞之山，任負車登焉，何則？陵遲故也。」唐楊倞注：「遲，慢也。陵遲，言丘陵之勢漸慢也。」「陵遲」也作「陵夷」。夷，平也。含意相近。是指山脈的形勢，由高聳逐漸低緩，最後到達平地。故可移稱國家或文化的由盛而衰。詩王風大車序：「禮義陵遲，男女淫奔。」即是這意。

「陵遲」既是自高而低，從有到無，故可指一種剮肉的酷刑，使犯人慢慢受盡痛楚纔死去。遼史耶律牒蠟傳：「牒蠟不降，陵遲而死。」「陵遲」又作「凌遲」。元馬端臨文獻通考刑制考：「凌遲之法，昭陵（宋仁宗）以前，雖兇強殺人之盜，亦未嘗輕用。熙、豐（宋神宗）間詔獄繁興，口語狂悖者，皆遭此刑。」宋史刑法志：「凌遲者，先斷其支體，乃抉其吭。」清錢大昕潛研堂文集三十一跋（宋陸游）渭南文集：「今法有凌遲之刑，蓋始於元、明，而不知其名之所自。後讀（陸）放翁奏狀有云：『五季多故，以常法爲不足，於是始於法外特置凌遲一條，肌肉已盡，而氣息未絕；肝心連絡，而視聽猶存；感傷至和，虧損仁政，實非聖世所宜遵也。』」直到清末纔廢。讀此，凌遲處死的慘酷，可以想見。

唐顏師古匡謬正俗八：「案陵爲陵阜之陵；而遲者，遲遲微細削小之義；今俗語猶然。」是唐時已有「陵遲」的俗語，但當是指山勢、國勢、家運、人運等而說，不是剮刑。

閩南語「陵遲」，意指叫人「連續喫苦頭」，語源即可能來自前述的酷刑；特別用在小孩整天廝煩父母，父母忍受不住所說的責罵或戲謔語。但大人對大人仍然適用。

**壹著**（it上入　tio上去）—疼愛。關心。

說文：「一，惟初太極，道立於一，造分天地，化成萬物。」天地未分以前，是渾沌爲一的狀態，故稱爲「一」。但「道」（太極）的特色是往前動的，否則宇宙就停息了。既往前動，「一」從此纔分爲「二」，就是「天地」（陰陽）。故春秋老子四十二說：「道生一，一生二，二生三，三生萬物。」

「三」是由「二」演變出來的一個綜合體，以後萬物即從此繁衍而生生不息。因此「一」又是數目的開始。一即壹也。故「壹」有「首要」的涵義。

閩南語有「壹著」一詞，意指「對某人很疼愛或關心」。例如，父母疼愛子女，好喫的食物總要留給子女喫，好玩的事物總要分給子女享用，稱爲「壹著囝兒。」囝兒，兒女也。「壹著子女」，意思是「把子女放在第一位置」。「壹」是動詞，「著」是語助詞，組成動詞片語；「壹著子女」等於「疼上了子女」。對其他任何人很好，也可叫「壹著」，包括夫妻或情侶在內。甚至對於某項癡迷的事物，一直想要得到，也叫「壹著」，就是「深深的疼愛著或關心著」。

**循序**（sun下平　si下去）—平安。順利。

漢劉向新序雜事：「今之人循序，欲左者右。」這裏「順序」原指「依序遵行」；但閩南語却用作「平安順利」的意思。如在神前祈福時，常祝禱說：「一切循序。」即希望神明保祐凡事不會遭遇逆境或災難，以達吉利的目的。有時也說「一切循序序。」多一「序」字，意義仍相同。

**插定**（tsák上入　tiã下去）—娶親前夕，男方向女方再次送聘禮鐵定婚事。

在金門地區，自古以來，男女訂婚分二次送禮。婚事議妥，男方請媒人以禮物向女方訂婚，叫「壓定」（tek上入　tiã下去）。「壓」有「下」意。到結婚的前一日，又向女方二度送禮，禮品通常是聘金若干、首飾一批、帶骨的生豬肉數百斤、綵花、喜燭一類，叫做「插定」。經此禮後，雙方對婚事不得再有異議。若只送第一次禮，不論時間遲早，男女兩方均可翻悔退婚。行「插定」禮後，女方依例將所有禮物收下，但豬肉的骨頭必須剔除，送還男方，當地俗諺說：「肉給人喫，骨不讓人嚙。」金門這些風俗，到現在仍保存。

考「插定」一詞的來源，當始於宋代。宋吳自牧夢粱錄二十嫁娶：「兩親相見，謂之相親。如新人中意，即以金釵插于冠髻中，名爲『插釵』。若不如意，則送綵緞二匹，謂之『壓驚』，則婚事不諧矣。」宋孟元老東京夢華錄五娶婦：「若相媳婦，即男家親人或婆，往女家看中，即以釵子插冠中，謂之『插釵子』。」二書所述大同小異。

明馮夢龍警世通言十四：「自從當日插了釵，離不得下財納禮，奠雁傳書。」「奠」是「進」意。「奠雁」是周朝時代訂親用雁鳥作禮物；用雁，意思是這種候鳥能「順陰陽往來」。警世通言「奠雁」只是作譬喻，因後世已不用。明蘭陵笑笑生金瓶梅七：「婦人道：『多謝你奶奶掛心。今已曾留下插定了。』」同書九十七：「春梅這裏備了兩檯茶葉，饊餅羹果，教孫二娘坐轎子往葛員外家插定女兒。」「插定」兩字，竟和金門話毫無二致；不得不令人驚嘆越是偏僻閉塞的地區，方言的保存可達千百年的久而不改變。

**棄嫌**（kʻí上去　hiam下平）——嫌惡捨棄。

閩南語中有一個很文雅得體的說話，即「棄嫌」一詞，通常用在講話者本身的謙虛，如說：「汝若無棄嫌，我要來幫忙，為汝出力。」若，讀（na下去），如果也。「棄嫌」，現今國語說「嫌棄」，意義相同，但和古書相異。明高明南戲琵琶記義倉賑濟：「休恁推，莫棄嫌。」明抱甕老人今古奇觀二十：「婆娘道：『我央你老人家為媒說合，若不棄嫌，奴家情願服事你主人。』」所用和閩南語同。

**棘心**（kiak上入　sim上平）—煩惱。

詩邶風凱風：「凱風自南，吹彼棘心。棘心夭夭，母氏劬勞。」宋朱熹集傳：「南風謂之凱風，長養萬物者也。棘，小木，叢生多刺難長，而心又其稚弱而未成者也。夭夭，少好貌。」詩序說：「凱風，美孝子也。衛之淫風流行，雖有七子之母，猶不能安其室。故美七子能盡孝道，以慰其母心而成其志爾。」這是指七個孩子難於挽回還想要嫁的母親，故七子以「棘心」比喻自身，兼用自責。閩南語以「棘心」為「煩惱」，雖未必出自此詩，但荊棘本多刺，世人稱事情難辦為「棘手」，即「如刺刺手」；同樣，心裏煩惱難過，也可喻作「如刺刺心」。

**開化**（kái上平　hua上去）—想得開。

「開化」一詞，原指「開啓化導」，如晉竺法護譯阿惟越致遮經上：「為人講說，度無極法，開化愚冥，歸命三寶，受命五戒。」文化上的啓發也叫「開化」，如宋書顧愷之傳定命論：「夫建極開化，樹聲貽則，典防之興，由來尚矣。」

閩南語以「開化」用作「凡憂愁事想得開」意，是否產生於晉南北朝時，不敢確定。

**開使**（kái上平　sai上上）—隨便花錢。大量浪費金錢。

閩南語「開使」又作「開銷」，都是隨便花錢的意思。有時說成「大開大使」。京戲裏也有「開銷」一詞，意為「處置」。明馮夢龍警世通言三十二：「初時李公子撒漫用錢，大差大使，媽媽脅肩諂笑，奉承不暇。」「大差大使」即「大開大使」。「差使」原指派遣某人去作某事，含義和支出金錢作某用途類似。上面所說京戲中的「開銷」，也同這意思相近。

**搬戲**（puã上平　hì上去）—演戲。

按「搬」字，本讀音「速」。明梅膺祚字彙：「搬，掌斟也；醜行之貌。」又說：「今俗音般，作搬移、搬演字。」人或物遷來移去，都叫做「搬」；演戲的脚色和情節全是假的，故和人或物遷來移去不固定的意義相通，故稱「演戲」為「搬戲」。此說法今天的閩南語還保存，國語似乎已經沒有這種講話了。

宋孟元老東京夢華錄八中元節：「自過七夕，便般目蓮經救母雜劇，直至十五日止，觀者倍增。」「般」即是「搬」。元高文秀雜劇遇上皇一：「搽花抹粉學搬唱，剃頭削髮為和尚。」明馮夢龍警世通言二十四：「老鴇要生心科派，設一大酒席，搬戲演樂，專請三官玉姐二人赴席。」可見「搬戲」作「演戲」解，自宋到明都通行使用。

**歇困**（hiok上入　kún上去）—休息。

說文：「歇，息也。」唐白居易賣炭翁詩：「牛困人飢日已高，市南門外泥中歇。」歇，歇息也。清曹雪芹紅樓夢八：「至晌午，賈母便回來歇息了。」「歇息」即「休息」。

世人一見「困」字，莫不以為是「困難」；其實「困」也常作「疲倦」解。後漢書二十一耿純傳：「世祖（光武）勞純曰：『昨夜困乎？』」困，疲乏也。魏張揖廣雅釋言：「困，悴也。」晉書簡文帝紀：「干戈未戢，公私疲悴。」悴，勞苦也。前引白居易詩的「牛困」，正是「牛疲勞」。

基於以上的解釋，閩南語「歇困」確是「因疲憊而休息」的意思，和古義完全相合。

**歇腳**（hiok上入　ká上平）—路過某處，藉以休息或住宿。

宋無名氏京本通俗小說十：「崔寧指著前面道：『更行幾步，那裏便是崔寧住處，小娘子到家中歇腳，却也不妨。』」明抱甕老人今古奇觀七：「秦重沿湖而行，走了一回，身子困倦，轉到昭慶寺右邊，到個寬處將擔兒放下，坐在一塊石上歇腳。」「歇腳」一詞，是閩南語的日常說話。

**號**（hu上平）—喪事哭禮的一種。

說文：「號，嘑也。」「嘑」即「呼」字。段注：「如今云高叫也。」按說文的解釋，只是普通的呼叫。

戰國莊子養生主：「老聃死，秦失弔之，三號而出。」這裏「號」字是一個特別的呼叫，即是喪事中的一種哭禮。禮記喪大記孔疏：「號呼之聲三徧。必三者，一號於上，冀神在天而來也；一號於下，冀神在地而來也；一號於中，冀神在天地之間而來也。」

在閩南地區，喪禮中有所謂「號」（hu上平）的禮節。常見的，例如女婿哭奠岳父母的喪事，就須行「號」禮，現尚遵行於金門。「號」的哭法獨特，不一定限於喪禮。明蘭陵笑笑生金瓶梅五：「原來但凡世上婦人哭有三樣：有淚有聲謂之哭，有淚無聲謂之泣，無淚有聲謂之號。」金門「號」的哭禮的哭法正和這裏第三種相同。

**路用**（lɔ下去　iŋ下去）—用途。用處。

說文：「路，道也。」段注：「（爾雅）釋宮：『一達謂之道路。』此統言也。周禮（地官遂人）：『澮上有道，川上有路。』此晰言也。」可知「路」的本義即是「道路」。道路是人要自此到彼、達到目的地非走不可的一條途徑。

詩大雅生民：「實覃實訏，厥聲載路。」鄭箋：「覃謂（后稷為嬰兒時）始能坐也；訏謂張口嗚

（叫）呼也，是時聲音則已大矣。」可見「路」是「大」意。戰國屈原離騷：「彼堯舜之耿介兮，既遵道而路。」唐李善注：「路，正也。」孟子公孫丑上：「夫子當路於齊，管仲、晏子之功，可復許乎？」宋朱熹注：「當路，居要地也。」宋嚴羽滄浪詩話詩辯：「路頭一差，愈騖愈遠，由入門之不正也。」路頭，路子也。由上所引證；可知「路」又具有寬大、正直、重要途徑的意思。「路」既是人開或走出來的，自然也有偏僻歪斜的小路。

閩南語稱「用處」爲「路用」，即指某一種事物，人可使用它以達到特定的目的；也就是此一事物的「用處」了。故閩南語也稱「有用處」作「有路用」，「無用處」叫「無路用」。

另外，閩南語又叫「職業」爲「頭路」；「頭」是「首」，即「首要」意。人類爲求生存，必須謀生。不論那種行業，只要可獲利，就能得到生存的憑藉，這憑藉便是「路」（途徑）。故所謂「頭路」，便是「維持生存的主要途徑」。於此更可見閩南語語詞含義的明確和合理。

**過身**（ke上去　sin上平）—逝世。

清吳沃堯二十年目覩之怪現狀十：「自從你祖老太爺過身之後，你母親就跟著你老人家運靈柩回家鄉去。」古人諱言「死」，今人也相同；同樣指死，換另一個較含蓄的詞彙來講，聽起來較雅馴而不刺耳，閩南語「過身」就是一例，舊小說裏常用它。

**搆（覯）人怨（kɔ上去　laŋ下平　uan上去）—到處惹人討厭。**

戰國荀子勸學：「邪穢在身，怨之所構。」唐楊倞注：「構，結也。」「構怨」即「結怨」。左僖三十三年傳：「（秦）文嬴（晉襄公之母）請三帥（秦之三將），曰：『彼實構吾二君；寡君若得而食之，不厭。』」構，構怨也。孟子梁惠王上：「抑王興甲兵，危士臣，構怨於諸侯，然後快於心與？」漢劉安淮南子人間訓：「兩人搆怨，廷殺宰子，簡公遇殺，身死無後。」「搆」和「構」同。閩南語稱「到處惹人討厭」爲「構人怨」。「怨」不一定是「怨恨」，而是「討厭」或「嫌惡」。指一個人缺點太多，不受人歡迎，容易遭到拒斥。筆者拙著閩南語長篇小說夢棋緣中也使用，作「覯人怨」。說文：「覯，遇見也。」清朱駿聲說文通訓定聲：「覯，假借爲構。」故「覯人怨」亦通。

**飼（tsʻi下去）—餵食或養活（人或動物）。**

今人初看「飼」字，必認爲是「飼牲畜」；豈知古時「飼」也可指「以食物養人」，而且絕無輕蔑意，和「餵」或「養」通用。

說文「飼」作「飤」。段注：「按以食食人、物，其字本作『食』，俗作飤或飼。許（愼）云：『䬴，食馬穀也。』不作飤；此篆（飤）淺人所增。」唐釋玄應一切經音義二：「飤，從人仰食也；謂以食供設與人也。」

筆者按，大概俗字「飼」字流行久遠，故爲廣大民衆所接受。現今國語似乎不可以「飼」用在人方面。自古以來，閩南語少說「養」（iũ 上上），相反的，而全說「養飼」或「飼」。說「養飼」，多半指「養育子女」；說「飼」，對任何人都可講，也包括動物在內。例如說：「伊須要養飼一大陣的囝兒。」陣，羣也。囝兒，兒女也。意指「他必須養活一大羣子女。」又如說：「伊扑拚趁錢，不但飼爸飼母，也飼某飼囝。」扑拚（pák上入 piã上去），努力也。趁（tán上去），賺也。某，妻也。意指「他努力賺錢，來養活父母妻子。」甚至一個男人在外面和女人姘居，也叫「飼查某」；負擔她的全部生活，叫「包飼」。查某，女人也。

此外，「飼」又常作動詞「餵」解。餵小兒喫奶，叫「飼奶」；餵稀飯，叫「飼糜」；至於餵貓餵狗叫「飼貓飼狗」，更不消說了。

**撏撦**（tsím下平 tsía 上上）——緊追密查。

說文無「撏撦」二字。漢揚雄方言一：「撏，取也。衞、魯、揚、徐、衡之郊曰撏。」宋丁度集韻：「撏，取也，或作探。撁，摘也，或从尋。」閩南語稱「以手伸入衣服口袋裏或箱籠中搜物」，叫「撏」，特別是指搜尋財物方面；日前金門地區仍在使用。方言錢繹箋疏：「今俗以指摘物曰撏。」正可幫助說明閩南語的用法。

撦，通「扯」。明張自烈正字通：「（洪武）正韻：『撦扯本作撦。』」「撏扯」，清李光地編朱子全書：「甲說如此，且撏扯住甲，窮盡其辭；乙說如此，且撏扯住乙，窮盡其辭。」撏扯，執定也。

「搨扯」又作「搨撘」。宋劉克莊題跋：「耆卿（柳永）有教坊丁大使，意態美成，頗偷古句，溫（庭筠）、李（商隱）諸人，困於搨撘。」宋劉攽中山詩話：「楊大年、錢文僖、晏文獻、劉子儀爲詩皆宗義山，號西崑體，後進多竊取義山詩句。御宴，優人有爲義山者，衣服敝敗，告人曰：『吾爲諸館職搨撘至此！』」這裏「搨撘」意指「拉雜摘取」。

現在閩南語中，「搨撘」却指「緊追密查」，特別是人兩造鬧意見時，盡量尋求對方的缺失，以吹毛求疵；或不斷打聽對方的弱點，以便加以打擊，使我方獲勝。

**鋪排**（pɔ́上平　pai下平）—特別優待。裝飾場面。

明蘭陵笑笑生金瓶梅六十六：「早有玉皇廟吳道當差了一個徒弟、兩名鋪排來，在大廳鋪設壇場。」清曹雪芹紅樓夢四十：「賈母道：『就鋪排在藕香榭的水亭子上，借著水音，更好聽。』」這二個「鋪排」，前者指「專司陳設道場的人」，後者指「陳設」。清方以智通雅四十九諺原鋪頒鋪排：「（漢揚雄）方言：『東齊曰鋪頒，猶秦、晉言抖藪也。』郭璞曰：『謂斗藪，舉索物也。』今治辦鋪設，亦有鋪頒、鋪排之語。」

閩南語對「鋪排」一詞的使用意義有變更。如說：「伊這回對汝，是眞正鋪排。」這裏「鋪排」是「特別優待」意。又如說：「正月初一，有人客要來，咱厝內須要鋪排一下。」咱（lan上上），我們也。這裏「鋪排」指「裝飾場面」。

**擔帶**（tam上平 tai上去）—擔當。承擔。

「擔帶」一詞，閩南語特指男人既娶了女人作妻妾，就應該負起作丈夫的一切責任，不可有所虧待；意即「擔當」或「承擔」。擔亦寫作耽、躭，帶亦寫作待、戴。

古戲劇和舊說部所見，「擔帶」的使用對象不必限於丈夫對妻妾，意義或兼有「寬容」。明無名氏雜劇王矮虎大鬧東平府三：「我權時擔待你，須信我情性莽，若不是當著社會受伏降，我這其間著你去見閻王！」清曹雪芹紅樓夢二十：「彼時，黛玉、寶釵等也過來勸道：『媽媽，你老人家擔待他們些就完了。』」清魏子安花月痕九：「晚上感冒，發起寒熱，今日本不能來，緣老爺吩咐，不准告假，早上掙扎，到這會纔能上車，求老爺們擔待罷！」清吳敬梓儒林外史三十七：「蕭金鉉三個人欠了店帳和酒飯錢，不得回去，來尋杜少卿躭帶。」平劇一捧雪中，陸炳叫頭：「雪豔哪，莫仁嫂！你若有此意，拚著老夫這頂烏紗不要，也要與你擔戴擔戴！」

**窵遠**（tiau上去 uan上上）—遙遠。遠隔。

陳顧野王玉篇：「窵，深也。」明馮夢龍警世通言十一：「山東王尚書窵遠無干，不須推究。」明抱甕老人今古奇觀十八：「本是西粵人氏，只為與京師窵遠，十分孤貧，不便赴試。」清黃六鴻福惠全書錢穀部漕項：「四鄉距城窵遠。」閩南語也叫「路途遠隔」或「遙遠」為「窵遠」。

**應卯名**（iŋ上去　bau上上　miã下平）—虛應故事。敷衍了事。

民國以前的軍營和官廳，吏員差役必須在清早卯時（現在的凌晨五時）開始上班，聽候點名，不到的要受處罰；故稱爲「應卯」或「畫卯」。但時日一久，逐漸變成一種形式，執行並不十分嚴格，甚至還有冒名頂替的。元施耐庵水滸傳二十四：「次日，武松清早出去縣裏畫卯，直到日中未歸。」清曹雪芹紅樓夢九：「妙在薛蟠如今不大上學應卯了，因此秦鍾趁此和香憐弄眉擠眼。」清黃六鴻福惠全書錢穀部革保歇圖差：「歇之者，因現年居鄉，必入城覓寓爲歇，以使應卯。」不過民國以來，閩南語「應卯名」已逐漸成爲「虛應故事」或「敷衍了事」的代名詞了。

**講古**（kaŋ上上　kɔ上上）—說故事。

唐柳宗元答嚴厚輿論師道書：「言道講古，窮文辭以爲師。」其中「講古」一詞，是「講論古道」的意思。明馮夢龍警世通言四十：「符使稟曰：『孽龍多久遁去，眞仙須急忙追趕，途路之上，且不要講古。』」這裏「講古」應即「講故事」。大凡故事有二特色：一是事情必發生在過去；二是故事的內容必寓有某種「道理」，可能包含許多方面的價值，例如道德、箴言、智識、祕聞、藝術、功夫、娛樂等等。故前引柳宗元語，也難說和「講故事」全無關係。閩南語極少說「講故事」，多說「講古」。在舊日的農業社會裏，每逢農閑，茶餘酒後，聚衆聽「講古」，是最通俗的娛樂，大人小孩都高興。

夏天晚上，男女老幼齊集在鄰里的寺廟前，聽村中的老先生「講善書」，用來勸世，是從前民間的一種社會教育；「講善書」即「講古」，在閩南一帶尤其普遍。

**豁拳**（huat上入　kun下平）—猜拳。

豁拳，五代時已有。新五代史史弘肇傳：「他日會飲（王）章第，酒酣，爲手勢，令宏肇不能爲；客省使閻晉卿坐次，宏肇屢教之。蘇逢吉戲曰：『坐有姓閻人，何憂罰爵？』」此記「豁拳」很古而清楚。閩南語也叫「豁拳」。

「豁」有「開」意。飲酒間，二人同時各伸開自已的手指頭，以猜中兩方手指頭合計的數目者爲勝，而罰敗者喫酒，又名「拇戰」。清江藩國朝漢學師承記朱筠河：「拇戰分曹，雜以諧笑。」「豁」通「搳」，也作「搳拳」或「划拳」，因「划」有「撥迎」的意思。清曹雪芹紅樓夢六十三：「（寶玉）和芳官兩箇先搳拳。」清石玉崑七俠五義八十八：「忽見燈光一閃，急忙奔至臨近一看，原來是個窩鋪，見有二人在那裏豁拳吃酒。」以上這些記述都是例證。

**蹊蹺**（kʻí上平　kʻiau上平）—可疑。不由正道。暗中作怪。

「蹊」是「小徑」。蹺，宋丁度集韻：「舉趾謂之蹺。」即是「舉足而行」。「蹊蹺」又作「蹺蹊」或「蹺敧」。「敧」有「傾側」意。故「蹊蹺」就是「行小路」。將意義引申，以上數詞都含有反面的不良暗示，「蹊蹺」在閩南語的用法正是這樣。

宋陳亮甲辰答朱元晦書：「曹孟德本領一有蹺欹，便把捉天地不定，成敗相尋，更無著手處。」宋無名氏京本通俗小說十一：「便是郡王府裏喚去半日，未晚就回，又不在府中宿歇，此奸從何而來？內中必有蹺蹊。」元岳伯川雜劇鐵拐李岳四：「這厮說話，有些蹺蹊，你是甚麼人？」元施耐庵水滸傳十九：「宋江見了這個大漢走得蹊蹺，慌忙起身趕出茶房來，跟著那漢走。」明馮夢龍警世通言二十一：「公子道：『蹊蹺作怪！這裏是出家人住處，緣何藏匿婦人在此？』」以上「蹊蹺」和閩南語用法同。

**穩當**（un 上上　taŋ 上去）—妥當。

唐杜牧宣州留贈詩：「爲報眼波須穩當，五陵遊客莫知聞。」清李光地編朱子全書學：「解文難，下字最難。某解書所未定，常常更改者，只爲無那恰好底字，仔細來把看，又見不穩當，又著改幾字。」這裏朱子的話是口語的紀錄。「穩當」即「妥當」。著，必須也。可見宋人這二詞都同於閩南語的說法。杜牧詩中的，也和白話接近。

**體面**（tè 上上　bian 下去）—面子。

「體面」一詞的使用，當始於宋。作「體統」解，如朱熹與魏元履書：「廩窮亦是州縣間合行事，似不必聞之朝廷。朝廷每事如此降指揮，恐不是體面。」如明張居正答松江兵憲蔡春臺書：「僕上惜國家體面，下欲爲朋友消怨業，知公有道君子也，故敢以聞。」作「禮貌」解，如元秦簡夫雜劇東堂老勸破家子弟一：「我媳婦來見叔叔，我怕他年紀小，失了體面。」如明馮夢龍警世通言二：「那田氏怒中之言，不顧體面，向莊生面上一啐。」作「面子」解，如元施耐庵水滸傳四十一：「宋江戰戰兢兢，怕失了體面。」如警世通言三：「蘇爺却全他的體面，用手攙住道：『徐掌家，不要行此禮。』」作「美觀」解，如清曹雪芹紅樓夢十：「省出來的，你又愛穿件體面衣裳。」如清韓子雲海上花列傳二十三：「蠻體面個二少爺，難看俚阿好出來做人？一個奶奶跑到堂子裏拉客人，賽過野雞哉啘！」

閩南語常用「體面」一詞，但多指「面子」說的，其次爲「美觀」；其他的就絕少用到。

# 第六章　各業

**了錢**（liau 上上 tsĩ 下平）—虧本。花錢。

魏張揖廣雅釋詁：「了，訖也。」「訖」有終、畢、盡的意思。後漢書四十九仲長統傳損益：「人遠則難綏，事總則難了。」了，了結也。劉宋劉義慶世說新語排調：「桓南郡（玄）與殷荊州（仲堪）語次，因共作了語。顧愷之曰：『火燒平原無遺燎。』桓曰：『白布纏棺樹旒旐。』殷曰：『投魚深淵放飛鳥。』」了語，是把人、事、物了結的話說到最盡處。故「了」即「盡」，既然已盡，即不再回頭。宋黃庭堅與黨伯舟書：「餘尚有二三十册，若臘中趁得了當，亦一佳事耳。」這裏「了當」即「了結」。明吳承恩西遊記四十一：「若不是老豬救你啊，已此了帳了。」「了帳」也是「了結」。

以上所引數則的「了」字，它的涵義應和閩南語稱「虧本」或「了錢」的「了」相同。因為作生意「虧本」，金錢損失出去了，此刻為止，錢已無法追回，故有終、盡、畢的意思。再說，不論為何種原因而「花錢」，錢一花出去，亦無法追回，故也是終、盡、畢的意思。

**生理**（siŋ上平　li 上上）—生意。

戰國莊子天地：「物成生理，謂之形。」唐成玄英疏：「物得成就，生理具足，謂之形也。」可見「生理」的本意，是指「生物的生生不息之理」。唐張九齡感遇詩：「欣欣此生意，自爾爲佳節。」這裏「生意」是指蘭桂花木蘊藏展露的生機。生物因具有生生不息的本能和充沛不絕的生機，纔能不斷生存和繁衍種族。後世或由此引申爲「謀生計」的意思。故凡一切謀求生活的人，特別是商業上的行爲，目的都在以母生子，以本生利，以少生多，也就是所謂「作生意」。但明代以前的文獻並未見「作生意」語。

閩南語只說「生理」，絕不如國語說「生意」。稱「作買賣」爲「生理」，似較稱「生意」爲早。明馮夢龍警世通言二十二：「就是這隻船本，也值幾百金，渾身是香楠木打造的。江南一水之地，多有這行生理。」明抱甕老人今古奇觀七：「朱十老因年老無嗣，又新死了媽媽，把秦重做親子看成，改名朱重，在店學做賣油生理。」上二書可代表明朝人的說法。清曹玉崑七俠五義五：「本是緞行生理，只因乘驢回家，行李沉重。」又清黃六鴻福惠全書雜課部牙稅：「惟暗查排門煙戶冊，看其生理而摘發之。」是清代人也說「生理」。「做生意」一詞確始於何時，尚待進一步的研究。

**交關**（kau上平　kuan 上平）—交易。

說文「交」字段注：「凡兩者相合曰交。」又「關」字段注：「凡立乎此而交彼曰關。」史記佞幸傳序：「公卿皆因關說。」唐司馬貞索隱：「關，通也。」是「交關」二字，最初當指「交相通往」。後漢書西羌傳：「武帝通道玉門，隔絕羌胡，使南北不得交關。」大概在漢代，「交關」一詞，除作「交通」的意思外，多有「不正當的交結相通」的含義，上引佞幸傳和後漢書光武紀、周章傳、孔融傳，三國志魏志司馬芝傳、曹爽傳、董卓傳等，都有「交關」二字，全是指「言辭毀謗」或「不軌的計策行動相互交往」的意義較多。

作「商業貿易」解，「交關」似不如「交易」古。孟子滕文公上：「何爲紛紛然，與百工交易？」易繫辭下傳：「日中爲市，致天下之民，聚天下之貨，交易而退，各得其所。」「交關」作「貿易」解，當以見於南齊書沈憲傳「少府管掌市易，與民交關。」爲最早。指和財務有關的，如唐長孫無忌唐律雜律疏義：「若監臨官共所部，交關強牽。」是指官員強制接收民衆債務者的財產。事實上，前引史記、後漢書、三國志的「交關」除作爲地理上或人事方面等的交相往來以外，似乎也不能說全和金錢財物毫無關係。

可見「交關」二字，自古即含有「互相交換需要與好處」的意思。閩南語稱「交易」爲「交關」，是商業界的常用語。

**考校**（kó 上上 kau上去）—科舉時代的考試。

民國以來已無科舉制度，但古時士子參加考試的所謂「考校」，仍應用於地方戲劇中，特別是閩南的七子班、高甲戲、南管戲、臺灣歌仔戲都是。考「考校」一詞，始見於禮記學記：「比年入學，中年考校。」鄭注：「鄉遂大夫閒歲則考學者之德行道藝。」比年，每一年。中年，每間隔一年。考校，考試比較也。周禮寫作「考教」。地官小司徒：「若國大比，則考教、察辭、稽器、展事，以詔誅賞。」鄭注：「考教，視賢能以知道藝與否。」賈疏：「謂三年大比之時，則鄉師考教學之官，知其道藝進不。」不同的，禮記是考學子，周禮是考教師。「校」和「較」通；今人多用「較」，古人多用「校」。北史房彥謙傳：「比見諸州考校，執見不同。」新唐書選擧志下：「且吏部甲令，雖曰度德居任，量才授職，計勞升敍。然考校之法，皆在書判簿歷、言辭俯仰之間。」以後，「考校」自然也可指筆試。清石玉崑七俠五義二十二：「天子終是仁慈，便降旨道：『義民展昭，著包拯帶領引見於耀武樓，考較武藝。』」是武科科擧的耍刀弄棒，仍算「考校」的一種。

**作穡**（tsok 上入　sit上入）─務農。

說文：「稼，禾之秀實爲稼。一曰：在野曰稼。」「穡，穀可收曰穡。」段注：「周禮司稼注曰：『種穀曰稼，如嫁女以有所生。』」「毛傳曰：『斂之曰穡。』」

「稼穡」二字合用，是農業的總稱。如依說文和段注所解，稼、穡含義顯然不同。書洪範：「水曰潤下，火曰炎上，木曰曲直，金曰從革，土爰稼穡。」僞孔傳：「種曰稼，斂曰穡。」可見「稼」是「播種」，「穡」是「收成」。這和前引說文及段注的意義相符。

「作」是「從事」，俗字寫爲「做」。漢揚雄上林范令箴：「范范大田，芃芃作穀。」作穀，耕田所得之穀。魏書北海王詳傳：「自今而後，不願富貴，但令母子相保，共汝埽市作活也。」「作活」即「幹活」。

閩南語有「作穡」一詞，意指人「從事農耕」。在臺灣地區，「作穡」除指務農外，其他如勞工每天辛苦勞作，也叫「作穡」；這裏「穡」變成「職業上的差事」，當是引申義。這說法在閩南一帶是沒有的。至於稱「農民」爲「作穡人」，閩、臺相同。

**走水**（tsau 上上　tsui 上上）—由水路作生意。

清蒲松齡醒世姻緣二十五：「薛三槐兩個輪著，一個掌櫃，一個走水。」「走水」一詞，閩南地區特指「從水路販運兩地價格差額很大的貨物圖利」。一九三七年到一九四五年中日戰爭期間，金門和廈門都被日軍占領。日人管制兩島的物資，民間不得來往販運買賣，防止物價波動。但金門居民興起「走水」生意，即藉旅行爲名，由金門攜帶（有時用夾帶）農村出產的民生必需品，乘渡輪經過只數十海里的水路到市場較大的廈門市販賣，可得厚利，稱爲「走水」，蔚爲風氣，成爲少數金門人謀生的另一途徑。

**店頭**（tiam 上去　tấu 下平）—商店。

宋范成大春日田園雜興詩：「溪頭洗擇店頭賣，日暮裏鹽沽酒歸。」又大寧河詩：「荊箱擾擾攔街賣，紅皺黃團滿店頭。」自注：「北人謂道上聚落爲店頭。」現在的國語都說「店鋪」或「鋪子」。但閩南語「店頭」即泛指一般的商店，而非范成大所說的道上聚落。「頭」是語助詞。

**趁食**（tán上去　tsiat 下入）—掙食。謀生。

明張自烈正字通：「趁，隨及也。」就是「追趕某事物希求有所獲得」的意思。北魏賈思勰齊民要術雜說：「凡秋收了，先耕蕎麥地，次耕餘地，務遣深細，不得趁多。」明馮夢龍警世通言十五：「金滿管庫，又不曾趁得幾多東西。今日平白地要賠這兩百兩銀子，甚費措置。」同書六：「過龍門令：『舉不成名歸計拙，趁食街坊。』」清黃六鴻福惠全書刑名部盜賊上總論：「多犇走趁食之役。」趁食，謀生也。

在閩南地區，凡「謀求生活」，都叫「趁食」，這是就廣義來說。如果是一些社會低階層的民衆，特別是苦力、小販、靠小技藝爲生者、有上一餐不知下一餐在那裏的人，全被稱爲「趁食囝」（tán上去　tsiat 下入　kiã上上），這詞有同情和低賤的含義。這裏「囝」非指小孩，卻是「人」意。

在臺灣，「趁食」一詞有時另有所指，即出賣靈肉維生的女人，稱「趁食查某」。查某，女人也。元施耐庵水滸傳二十九：「但有過路妓女之人，到那裏來時，先要來參見小弟，然後許他去趁食。」是宋、元時代的人，也有這樣的說法。參閱「趁錢」條。

**趁錢**（tʻán上去 tsĩ下平）—賺錢。

唐釋玄應一切經音義引纂文：「關西以追物爲趁也。」宋陳彭年大宋重修廣韻：「趁，趁逐。」說文趁和邅互訓。「邅」字段注：「按趁、邅即（易）屯六二『屯如邅如』；（漢）馬融云：『難行不進之貌。』馬部作『驙驙』，馬載重難也。」屯卦六二象曰：「匪寇婚媾，女子貞不字，十年乃字。」「十年乃字」即表示有困難。孔疏：「此爻因六二之象，以明女子婚媾之事。即其餘人事，亦當法此。」是「趁」字有「追逐某種目的須歷經困難得失」的意思。如世俗趕船稱「趁船」，趕車稱「趁車」，掙食稱「趁食」，趕早稱「趁早」；都含有困難得失的成分在內，因它們亦有可能「趁不上」。明高明南戲琵琶記蔡公逼試：「你趁早依我之言，收拾行李，即日起程。」可知明人有這說法。元施耐庵水滸傳三十一：「他有一座酒肉店在城東快活林內，甚是趁錢。」明阮大鋮傳奇燕子箋八：「終日波波，能趁幾貫蚨？」蚨，錢也。都可證明元、明時「掙錢」稱「趁錢」，和閩南語完全相同。

「趁錢」又叫「轉錢」，來源更古。史記仲尼弟子列傳：「子貢好廢擧，與時轉貨貲。」唐司馬貞索隱：「（孔子）家語『貨』作『化』。（魏）王肅云：『廢擧，謂買賤賣貴也。轉化，謂隨時轉貨以殖其資也。』」所謂「轉貨貲」，就是「作生意買賣，轉手獲取財利。」明蘭陵笑笑生金瓶梅六十八：「這王姑子口裏喃喃吶吶罵道：『他印造經，轉了六娘許多銀子。』」

「轉」又作「賺」。說文：「賺，重賣也。」清鄭珍說文新附考：「重賣者，賣物得價信（伸）於常値。」信，多也。多於平常的價値，當然能贏得買進和賣出兩者的差額。明張自烈正字通：「俗謂相欺誑曰賺。」商業交易，本含有以賤賣貴、欺價得利的情事，於義也合。

「賺」又稱「撰」；「撰」也有「掙」意。明馮夢龍警世通言三十七：「陶鐵僧自道：『我若還不被趕了，今日我定是同去搬擔，也有百十錢撰。』」清黃六鴻福惠全書錢穀部解給：「暫延時日撰利補解者。」參閱「趁食」條。

**頭路**（ táu下平　lɔ 下去）—職業。參閱「路用」條。

**賺**（轉、撰）**錢**（ tsuan 上上　tsĩ下平）—作生意而得財利。參閱「趁錢」條。

# 第七章 情狀

**了然**（liau上上 lian下平）—明白。看破。

古書中常可見「了然」一詞。「了」即「瞭」；故「了然」就是「明白」或「明瞭」的意思。唐白居易睡起晏坐詩：「了然此時心，無物可譬喻。」宋司馬光資治通鑑魏紀：「明帝青龍元年，選曹尚書陸瑁上疏曰：『若（公孫）淵狙詐，與北未絕，動衆之日，脣齒相濟，若實了然，無所憑賴，其畏怖遠迸，或難卒滅。』元胡三省注：「了然，猶言曉然也。」「曉然」即「明白」。

在閩南語中，「了然」除作「明白」解外，還有另一層用法，即人遇到大打擊，徹底「明白」命運，反把事件看得淡，兼有「看破」（心灰意冷）的含意。

**上**（siɔŋ下去）—最。

說文：「上，高也。」古書以「上」爲「最」意，似以書爲最早；禹貢：「厥田惟上上。」上一「上」字，最也。漢劉安淮南子氾論訓：「而今行爲上。」上，最也。明蘭陵笑笑生金瓶梅三十六：

「叫了媒人，你分付他好歹上緊替他尋著。」上緊，最快也。同書六十二：「李瓶兒道：『你上緊著人請去。那廝但合上眼，只在我根前纏。』」同書八十七：「婦人道：『既要娶奴家，叔叔上緊些。』」又同書九十五：「吳月娘道：『累及哥哥，上緊尋個路兒。』」金瓶梅用山東土白寫成，文字讀音雖不同，但「上緊」字面上竟和閩南語毫無兩樣。清石玉崑七俠五義二十九：「只聽武生道：『六槐，我們要上好的酒，拿兩角來！』」「上好」也和閩南語相同。

在金門地區，還有一個很特別的說法，即任何物品若是「很好的」，都叫「眞上」（tsin 上平 sioŋ 下去）；「上」即「最」意。在臺灣，「很好」叫「眞讚」（tsin 上平 tsan 上上），（tsan）有音無字，「讚」是借用字，但意義不可通；依筆者的意見，或是「臧」字。

## 小可（sio上上 kúa上上）—輕微。少量。

小可，閩南語用作「輕微」或「少量」意，古書中也常見。宋無名氏宣和遺事：「且說那晁蓋八個劫了蔡太師生日禮物，不是尋常小可公事。」元白樸雜劇裴少俊牆頭馬上一：「慚愧這一場喜事，非同小可，只等的天晚，却來赴約也。」元馬謙齋小令柳營曲：「曾審約，細評薄，將業兵功非小可。」明馮夢龍警世通言十一：「若是不打殺他時，又不是小可利害。」明抱甕老人今古奇觀九：「先生道：『此卦非凡，有百十分財氣，不是小可。』」

另有「輕可」（kin上平 kúa上上）一詞，也是閩南語日常講的話，意義和「小可」相近而實有別，多指「簡單易辨的事」。元尚仲賢雜劇氣英布劇一：「楚將極多，漢軍微末，眞輕可，戰不到十合，早已在睢水邊廂破。」是「輕可」一詞，元人也應用。

**含眠**（ham下平　bin下平）——夢囈。夢遊。

閩南語有「含眠」一詞，意指人還在睡眠當中，雙眼緊閉，却能開口講話，有時所說的話還具有條理而不錯亂；甚至能安穩走路外出，登高臨險，四處遊蕩一番後，再返回家裏牀上睡覺。這些狀態，閩南語都叫做「含眠」。在此情狀下，人可能正在作夢，有時沒有；但夢中的情境和實際的狀況並不相符。國語稱爲「夢囈」或「夢遊」，但其實不一定在「夢中」，故比不上閩南語叫「含眠」合理。如國語的「夢」字是作「睡」解釋，爲何不乾脆稱爲「睡囈」、「睡遊」呢？說文：「含，嗛也。」「嗛，口有所銜也。」「含」和「銜」通。民國連橫臺灣語典二寫作「陷眠」，說：「則壓眠也。陷，入也；謂入於夢境。方言：『壓眠，內不祥也。』」筆者按：人夢囈或夢遊，已經處在「睡夢」的狀態裏，怎可再叫作「陷入於夢境」？連氏說不可通。又所引的書實出於晉葛洪字苑，而非方言；引字和斷句也錯誤。

**沒采**（bo下平　tsái上上）——可惜。

明馮夢龍警世通言十七：「但是早行遇著鈍秀才的，一日沒采，做買賣的折本，尋人的不遇，告官的理輸。」這裏的「沒采」似指「倒楣」意。閩南語「沒采」却是指「可惜」；如說：「伊的一個好好的查某囝，想無到去嫁給一個鱸鰻，眞沒采！眞沒采！」「查某囝」（kiã　上上），女兒也；

鱸鰻，流氓也；眞沒采，很可惜也。

**見笑**（kian 上去 siau 上去）—慚愧。害羞。

國語「見笑」一詞是指「遭人取笑」，古書用法相同。如戰國莊子秋水：「今我睹子之難窮也，吾非至於子之門則殆矣，吾長見笑於大方之家。」見笑，被笑也。又如清孔尙任桃花扇題畫：「見笑，見笑。就求題詠幾句，爲拙畫生色何如？」見笑，受笑也。

但在閩南語，「見笑」的含義和前述不同，是指「慚愧」或「害羞」。如說：「我今日去百貨公司買物件，物件包好算帳，纔發現錢帶了無夠，當時我感覺非常的見笑。」物件，物品也；見笑，慚愧也。又如說：「伊做人十分古意，每一擺和小姐講話，常常見笑到面紅起來。」古意，忠厚也；每一擺，每一次也；見笑，害羞也；到（ka 上平），至於也。

**到**（ka 上平）—至。

爾雅、說文、宋陳彭年大宋重修廣韻，都釋「到」爲「至也。」漢劉向編戰國策齊策：「雖隆薛之城到於天，猶之無益也。」史記越王句踐世家：「至楚，莊生家負郭，披藜藿到門，居甚貧。」唐杜荀鶴山中貽同志詩：「君貧我亦貧，爲善喜爲鄰。到老如今日，無心愧古人。」唐張繼楓橋夜泊詩：「姑蘇城外寒山寺，夜半鐘聲到客船。」以上的「到」字，全是「至」的意思。

筆者所以要提起這一個簡單的字，是發覺使用閩南語寫作的人，誤會「至」的意思的音（ka 上平）無字，其實就是「到」字。閩南語「到」（ka 上平）的用法，例如，「來到這（tsia 下平）」、「食（tsia下入）到老」、「看到飽」、「扑（pák上入）到死」等，其中的「到」字，通常讀的是（ka 上平）音，而不讀（kau上去）。

**受氣（siu下去　kí 下去）—生氣。**

國語說「受氣」，是遭到別人或外來的因素加在自已身上，有「因憤憤不平而惱怒」的含義；但閩南語說「受氣」，即等於「生氣」，這「氣」除了外來，還可包括自已生自已的氣在內。

說文：「𠬪，物落也。上下相付也。」「受，相受也。」段注：「以覆手予之，以手受之，象上下相付。𠬪者自此言，受者自彼言，其爲相付一也。」依段注，「𠬪」近於「授」，是「授與」；「受」是「接受」。

筆者按，不論「授與」或「接受」，必有雙方，纔能成立。故「授」和「受」實可通用。易咸卦象曰：「咸，君子以虛受人。」這裏「受」是「接受」。宋書坦護之傳：「若空棄滑臺，坐喪成業，豈是朝廷受任之旨？」這裏「受」是「授與」。照此解釋看，閩南語的「受氣」雖包括對自已「生氣」，但生氣必有原因，這「原因」（或許是自已造成），也即是「授與」自已「生氣」的「另一方」了。

**垃圾**（lap上入　sap上入）—骯髒。

大陸版辭源：「垃圾，髒土和扔棄的破爛雜物。本作攋㧼，拉攋雙聲，用畚箕斂拾東西叫圾。因屬髒土之類，字又改從土旁，寫作垃圾。宋吳自牧夢粱錄十二河舟：『更有載垃圾糞土之船，成羣搬運而去。』」以後「垃圾」二字，泛指人類從住所中所清出的無用廢棄物。清平山堂話本快嘴李翠蓮：「大丈夫若是假乖張，又道娘子垃圾相。」垃圾相，謂面貌醜陋不起眼，和無價値的丟棄物相同。

垃圾，閩南語稱爲「糞埽」或「畚埽」。本條「垃圾」一詞，閩南語意爲「骯髒」，雖然和前述國語的含義有關連，但意義相差極遠，閩南語絕無叫「無用的廢棄物」爲「垃圾」的。參閱「糞（畚）埽」條。

**知影**（tsai 上平　iã 上上）—知道。

說文：「景，日光也。」段注：「日月皆外光，而光所在處，物皆有陰光如鏡，故謂之景。」北齊顏之推顏氏家訓書證：「尚書（大禹謨）曰：『惟影響。』周禮（地官大司徒）云：『土圭測影，影朝影夕。』孟子（外書）曰：『圖影失形。』莊子（齊物論）云：『罔兩問影。』如此等字，皆當爲光景之景。凡陰景者，因光而生，故即謂爲景。淮南子（俶眞訓）呼爲『景柱』；廣雅（釋天）云：『晷柱挂景』；並是也。至晉世葛洪字苑，傍始加彡。」自此，景、影二字通用。後世「景」多用爲「景色」，「影」多用爲「影像」。

今人見「影」字，會聯想是「虛幻的光影」，其實不然。南史梁長河宣武王懿傳附蕭猷：「與楚王廟神交歡，至一斛，每酎祀，盡歡極醉，神影亦有酒色。」影，神像也。梁蕭統賦書帙詩：「擢影兔園池，抽莖淇水側。」影，自然界風物的容貌。這二「影」字，都指實物。

後漢書朱浮傳：「引鏡窺影，何施眉目？」影像顯現在鏡中，但這影像却是眞人照鏡得來，故人體和影像實爲一體的兩面。三國志魏志陳思王植傳：「形影相弔，五情愧赧。」先有了實體的「形」，然後纔有藉光線照出來的「影」，可見「影」是「形」的另一半；虛幻的「影」的背後，藏有實體的「形」在。明馮夢龍醒世恒言九：「把一團美意看做不良之心，捉雞罵狗，言三語四，影射的發作了一場。」影射，指桑罵槐也。「影射」是一種看不見的「事象」，但背後也必有人物的實體。

閩南語稱「知道」爲「知影」（tsai 上平 iã 上上），初看似不通，仔細推究實可通。以「知」作首字的詞彙，如知道、知識、知覺、知曉、知情、知事，第二字也全都是抽象的事物，有誰能說這些詞彙不通？其次，閩南語「眞的」叫「有影」（u下去 iã 上上），「不是眞的」叫「無影」（bo 下平 iã 上上），「完全不是眞的」叫「無影無跡」（bo 下平 iã 上上 bo 下平 tsiak 上入），可互作佐證。

（腹肚）枵（pak上入 to 上上 iau上平）—（肚子）餓。

說文：「枵，木貌。春秋傳曰：歲在玄枵；枵，虛也。」段注：「枵，木大貌。木大則多空穴。襄廿八年左氏傳曰：『玄枵，虛中也。枵，耗名也。』爾雅曰：『玄枵，虛也。』」玄枵是星座名，古人認爲當它運行到「子」的方位，表示地上將有饑荒的災難。故左傳原文又說：「宋、鄭必饑；土虛而民秏，不饑何爲？」可見「枵」是「空虛」意。

閩南語有一句日常用語「腹肚枵（iau上平）」，等於國語「肚子餓」。明張自烈正字通：「枵，凡物虛耗曰枵，人饑曰枵腹。」新唐書九十殷開山傳：「糧盡衆枵，乃可圖。」宋陸游幽居遣懷詩：「大患元因有此身，正須枵腹對空囷。」宋范成大除夜感懷詩：「匏瓜謾枵腹，蒲柳無貞姿。」以上都可作閩南語說法的確證，但「枵」字閩南語應讀（hiau上平），現在讀（iau上平）應是譌音。

**若**（na 下去）—如果。

左昭十三年傳：「若入於大都，而乞師於諸侯。」儀禮士相見禮：「君若降送之，則不敢顧，辭遂出。」閩南語極少用「如果」，都是叫「若」（na 下去）。例如說：「汝若（na 下去）答應，我纔要來。」筆者有意提到這樣淺近的字，是顧慮可能有人以爲（na 下去）有音無字。

**清**（tsʻin上去）—冷。

說文：「清，寒也。」陳顧野王玉篇：「清，冷也。」禮記曲禮上：「凡爲人子之禮，冬溫而夏清，昏定而晨省。」元陳澔集說：「溫以禦其寒，清以致其涼。」戰國莊子人間世：「吾食也執粗而不臧，爨無欲清之人。」唐陸德明經典釋文：「清，七性反，字宜從冫；從氵者，假借也。清，涼也。」

民國章炳麟新方言釋天：「福州謂寒爲清。」今按，在閩南語中，「清」（tsín 上去）和「寒」（kuã下平）、「冷」意義相通，和說文、玉篇合。閩南語稱冬天天氣「寒冷」叫「寒清」；熱的食物「冷了」，叫「清了」；「出冷汗」，叫「流清汗」（lau下平 tsín 上去 kuã下去）；「天氣涼爽」，叫「秋清」（tsíu 上平 tsín 上去），但不一定在秋天。

**狼犺**（lɔŋ上去 kɔ́ŋ上去）—龐大。

「犺」又寫作「伉」。狼犺本是獸類的一種，體態似猿。猿比猴大，故又用爲笨大的形容詞。明抱甕老人今古奇觀九：「若不是海船，也著不得這樣狼犺東西。」同書同卷：「主人登舟一眼瞧去，那船裏狼狼犺犺這件東西，早先看見了。」明吳承恩西遊記二十四：「自家身子又狼犺，不能彀得動，只等行者來，與他計較。」清曹雪芹紅樓夢八：「今註明此故，方不致以胎中之兒口有多大，怎得啣此狼伉蠢大之物爲誚。」

閩南語「狼犺」或「狼狼犺犺」是日常用語，形容衣服、房子太大，叫「狼犺」。臺語稱尚未隔間的大廳大房爲「狼犺間」（lɔŋ上去 kɔ́ŋ上去 kiŋ上平）。

**俅睬**（tsíu 上平 tsái 上上）—理睬。

俅亦寫作揪、瞅，睬亦寫作采、倸、採。「俅睬」一詞，詞曲、舊小說、閩南語都常用，都作「

理睬」或「理會」解。

宋張鎡南湖集十初秋詞：「起來沒個人偢采，枕上越思量。」明騷隱居士吳騷合編仙呂一王百穀題情：「呑聲寧耐，欲說誰偢採。」元關漢卿雜劇蝴蝶夢四：「貪荒處孩兒落了鞋，喚著越不揪採。」清孔尚任傳奇桃花扇閒話：「竟沒人偢睬。」清洪昇傳奇長生殿疑讖：「撐著這醒眼兒誰偢倸。」明蘭陵笑笑生金瓶梅六：「原本婦人自從武大死後，把武大靈牌丢在一邊，一張白紙蒙著，羹飯也不揪採。」同書三十八：「金蓮坐在床上，半日說道：『那沒時運的人兒，丢在這冷屋裏，隨我自生兒由活的，又來揪採我怎的？』」又同書九十二：「這經濟每日只和唱的睡，把大姐丢著不去瞅睬。」可知古人使用口語「偢睬」一詞，和講閩南語的人一樣頻繁。

**淡薄**（tam下去　pok下入）—少量。

禮記中庸：「君子之道，淡而不厭。」鄭注：「淡，其味似薄也。」詩小雅小旻：「如臨深淵，如履薄冰。」薄，不厚也。易繫辭下傳：「德薄而位尊，知小而謀大。」薄，微也。基上所引，「淡」和「薄」含義一致。故「淡薄」合用，意指「少量」或「清淡」。

另有「淡泊」一詞。說文：「泊，淺水也。」漢官修東觀漢記鄭均傳：「淡泊無欲，清靜自守。」明馮夢龍警世通言二十五：「施公道：『園邊有田十畝，勤於樹藝，儘可度日。足下倘不嫌淡泊，就此暫過幾時何如？』」明凌濛初拍案驚奇二十九：「方纔老員外與安人的意思，嫌張家家事淡泊些，說道：『除非張官人中了科名，纔許他。』」按「淡泊」似源於道家的清靜寡欲、與世無爭。但「薄」和「泊」可通用；如漢王充論衡率性：「氣有厚泊，故性有善惡。」泊，薄也。故「淡泊」實和「淡薄」相近。

閩南語「淡薄」是掛在嘴上的每天用語，不論精神、物質方面都可適用，意指「少量」。「淡薄」一詞雖未必由上引古書來，但取義實相貫通。

**眮**（taŋ上去）—怒目看人。

說文：「眮，吳、楚謂瞋目顧視曰眮。」眮音讀如（taŋ上去），意指「怒目看人」，目前還盛說於金門地區。用生氣的眼睛看人，固可稱「眮」。但另有一種人，天然生成的眼光瞻視，雖然不在發怒，可是在別人的感覺，他却好像在發怒或不悅對人的樣子，金門人稱這種眼睛叫「眮目」（taŋ上去　bak下入），意即「怒目」。參閱「瞋」字條。

**細膩**（se 上去　li 下去）—客氣。小心。

古書中，「細膩」多指「精細」意。如唐元稹內狀詩寄楊白二員外詩：「彤管內人書細膩，金奩御印篆分明。」又如宋黎靖德編朱子語類七十八尚書一：「書序恐不是孔安國做，漢文麤枝大葉，今書序細膩，只是六朝文字。」「細膩」有時也指「溫存」。如明馮夢龍警世通言六瑞鶴仙詞：「飽餐羊肉滋味，重教細膩。」又如清曹雪芹紅樓夢二十二：「打疊起千百樣的膩語溫言來勸慰。」都是顯例。

但在閩南語，「細膩」並不含有上引古書的意義，而是「客氣」或「小心」。如俗語說：「海龍王辭水，假細膩。」「假細膩」即「假客氣」。如口語說：「汝出門，坐車、搭船、歇旅社，凡事要細膩。」細膩意爲「小心」。

**脫髆體**（tŋ́ 上去 pak上入 té 上上）—上身不穿衣。

說文：「髆，肩甲也。」段注：「單呼曰肩，累呼曰肩甲。甲之言蓋也，肩蓋乎衆體也。」明張自烈正字通：「膊，肩膊也。」清朱駿聲說文通訓定聲：「膊，叚借爲髆。」是「膊」爲「髆」的假借字。故「肩髆」又叫「肩膊」。宋宋慈洗冤錄清許槤注：「近肩者爲肩膊，近脅者爲胎膊。」胎同脅，指「肋骨部位」。「膊」字清徐灝說文箋：「今人謂去衣爲赤膊，因之謂肩臂爲膊。」唐李賀贈胡僧詩：「背經來漢地，袒膊過冬天。」元施耐庵水滸傳六十七：「原來李逵但是上陣，便要脫髆，全得項充、李袞蠻牌遮護。」同書八十一：「燕青只得脫膊下來，李師看了，十分大喜。」上引的「袒膊」、「脫髆」，是指露出肩背或上身不穿衣，而非全身裸體。國語說的「打赤膊」、閩南語的「脫髆體」都和古書的意義相同。

**攲**（kí 上平）—傾斜。

國語說：「強烈地震以後，牆壁龜裂，樓房傾斜一邊。」傾斜，古人却說爲「攲」、「傾攲」或「攲傾」。閩南語只說「攲」，絕無說「傾斜」的，和古人一致。漢王延壽魯靈光殿賦：「亂曰：連拳偃蹇，崘菌踡嵼，傍攲傾兮。」南唐李煜喜鶯遷詞：「無語枕頻攲。」宋蘇軾觀潮詞：「西興渡口帆初落，漁浦山頭日未攲。」閩南語的「攲」而且日常掛在嘴上講，並不是文言，意即「傾斜」。

**款**（kuán 上上）—種類。項目。

「款」字在閩南語中應用極廣，指人、事、物都可以，但非如國語作「款式」解，而是「種」或「項」的意思。如「那一種？」叫「啥款？」，「這種」叫「這款」，「別種」叫「別款」。「種」字也常用，似乎沒有「款」字頻繁。清曹雪芹紅樓夢四十四：「今兒當著這些人，倒做起主子的款兒來了！」清吳敬梓儒林外史五十三：「鄒泰來笑道：『這成個甚麼款？』」「款兒」同於「樣兒」，仍是「款式」。「甚麼款」却較接近閩南語的用法。

**會使得**（e下去　sai上上　tit上入）—可以。可行。

國語說「使得」，意爲「可以」或「可行」。如明抱甕老人今古奇觀十五：「盧柟道：『今若以私報之，正所謂：故人知我，我不知故人也。如何使得？』」便是一例。但閩南語從來不這樣說。通常在「使得」的前面加一「會」字。例如，「可以」或「可行」，說「會使得」（e下去 sai上上 tit上入）；反之，說「𣍐使得」（bue下去 sai上上 tit上入）。「𣍐」（bue下去）字是新造字，即「不可」或「不會」意；筆者懷疑，它或是「勿」或「莫」的音變讀法。

**煞**（suak上入）—結束。終止。

宋丁度集韻：「殺，說文：『戮也。』或作煞。」故「煞」有「止斷」意。元曲裏的結構有一煞至五煞，用來結束一套曲中的音樂和唱辭，又叫「煞尾」。

在閩南語，凡表示結束、最後、終止，都稱爲「煞」。戲演完，叫「煞戲」；最後所生的兒女，叫「煞尾囝」；勸止別人雙方的紛爭，常出口說：「無啥嚴重，煞煞去啦！」母親餵兒喫飯，常逗樂說：「來來來，碗底還剩一塊肉，給汝煞嘴尾！喫完就無了。」意謂已經喫飽，怕孩子貪嘴又要喫，所以說「煞嘴尾」，就是「止嘴尾」。

**會赴**（e下去 hu上去）—來得及。

閩南語說：「剩十分鐘了！汝行（kiã下平）路去車站坐火車，已經𣍐（bue下去）赴了！坐計程車去，還會赴。」𣍐，不會也。若，如果也。這裏「赴」是「來得及」；和國語「赴宴」、「赴會」的「赴」——「去參加」的含義顯然不同。

說文：「赴，趨也。」段注：「一心趨向之也。」禮記少儀：「毋拔來，毋報往。」鄭注：「報讀爲赴疾之赴。拔、赴皆疾也。人來往所之，常有宿漸，不可卒也。」「卒」是「匆促」。依鄭注，「赴」有「趕上」的意思，恰和閩南語用作「來得及」意相近。漢韓嬰韓詩外傳十：「楚丘先生曰：『惡（何）君謂我老？意者，將使我追車赴馬乎？』」赴馬，是「趕上奔跑中的馬匹」。

**著力**（tiok下入　lat下入）—吃力。費力。

「著」有加、受、置的意思；故「著力」即「吃力」，這是閩南語的說法。南齊書高帝紀上：「（宋廢帝）元徽四年七月，太祖（蕭道成）威名既重，蒼梧王（即廢帝劉昱）深相猜忌，幾加大禍。陳太妃（劉昱之父宋明帝之妃）罵之，曰：『蕭道成有功於國，今若害之，誰復爲汝著力者？』」南史四齊本紀上作「誰爲汝盡力？」就上引史書看，「著力」的含義雖近於「用力」或「戮力」，但和「吃力」的閩南語「著力」（tiok下入　lat下入）的意思仍可相通。

**較**（ká　上平）—比較。

說文：「較，車輢上曲銅也。」段注：「惟較可辜搉尊卑，故其引申爲計較之較。」大陸版辭源：「較，車箱兩旁橫木，跨於輢上者。其長與車箱等，平底築孔，以納軨子，謂之牝服。前端有曲鉤，謂之耳。棧車無軨，故無較。命士以上一較，卿以上重較，重較則重耳。」古人身分不同，所乘坐的車輛裝飾也不同。這可幫助說明段注「較可辜搉尊卑，引申爲計較之較。」又可用作「比較」的「較」。宋陳彭年大宋重修廣韻：「較，古孝切。又音覺。」閩南語很少使用「比較」二字，常單用「較」，如說：「這枝筆較好，但是這張紙較薄。」這二「較」字，本應讀（kau上去）；依筆者推測，或因年久，已譌爲（ká 上平）。常見臺灣的報章雜誌使用閩南語入文，多借同音的「卡」字。這是不可以的。錯誤的原因，是作者不知道原本有正確的「較」字。

**對**（tui上去）—從。由。向。

「對」字是閩南語的日常用語。問人「從那裏來？」叫「對啥所在來？」問人「是否由高雄來？」叫「是不是對高雄來？」告訴人「向這條路一直走就是車站。」叫「對這條路直直行（kiã下平）就是車站。」在國語言，閩南語這種說法是不可思議的。

按「對」有「向」意。史記萬石君傳：「子孫有過失，不譙讓（責），爲便坐，對案不食。」對，向也；面對也。「向」和「嚮」同；魏張揖廣雅釋詁：「對，嚮也。」所謂「向」，必有主客二個方向對向，故「向」又有「從」、「由」的含義；可幫助說明閩南語「對」字的用法不誤。

**慣習**（kuan 上去　si上去）—習慣。

閩南語把「習慣」說成「慣習」，世人或誤以爲說倒了；其實古人正是說「慣習」。晉葛洪抱朴子勗學：「夫斲削刻畫之薄伎，射御騎乘之易事，猶須慣習，然後能善。」北齊顏之推顏氏家訓勉學：「伎藝則沈思法術，武夫則慣習弓馬。」以上「慣習」雖有「嫻熟其事」或「不斷演練」意，實兼有「適應」的含義。唐杜甫前苦寒行詩：「秦城老翁荊揚客，慣習炎蒸歲絺綌。」這「慣習」即「習慣於」的意思，簡直和閩南語的用法相同。從此可見閩南語和晉、南北朝、唐的語言關係的深密。

**精神**（tsiŋ上平　sin下平）—睡覺醒來。

人睡醒，國語說「醒過來」或「睡醒」；閩南語卻說「睏醒」或「精神」。人在睡眠中，一切不知道。故閩南語稱「睡醒」爲「精神」，是指「人的神志或心神回復蘇醒的狀態」。戰國莊子列禦寇：「彼至人者，歸精神乎无始，而甘冥乎无何有之鄉。」「精神」即指人的「神志」或「心神」。

閩南語「精神」另有一義，是指一個人的精神狀態眞健旺，警覺性很高，周圍的一切情況，他都瞭如指掌，稍有異狀，立即發覺，反應極快，就像生龍活虎一般。

**輕可**（kín上平　kúa上上）—簡單易辨。參閱「小可」條。

**瞋**（gin　下平）—怒目斜視對人。

說文：「瞋，張目也。」宋陳彭年大宋重修廣韻：「瞋，怒也。」宋丁度集韻：「瞋，恚也。」

由上三釋義，可知「瞋」是人發怒或不滿，對某特定的他人張大怒目看視，或斜目盯視。三國魏阮籍能作「青白眼」，其中的「白眼」，當即是「瞋」。阮籍對人喜時用「青眼」，「青眼」是目瞳子在眼球中央，目光分明正常；對人怒時用「白眼」，「白眼」是把目瞳子移到眼角，眼球的眼白盡露，目光詭異反常。

閩南語「瞋」是常用字，現在的讀音（gin下平）或是譌音。「瞋」有時和「眮」合用，稱「目瞋目眮」（bak下入　gin下平　bak下入　taŋ上去），形容盛怒對人，眼光毒恨；流行於金門地區。「瞋」和「眮」的分別：「瞋」是「白眼」；「眮」是「怒盯不放」；兩者都狀眼色。參閱「眮」字條。

**興頭**（hiŋ上去　táu下平）——熱中。興致。興味。

興，讀去聲。高興或興趣從事，叫「興」。明凌濛初二刻拍案驚奇四：「去年有個雲南朋友到這裏來，要他尋表子，不要興頭的，只要老成的。」清曹雪芹紅樓夢四十三：「你瞧，他興的這個樣兒。」清吳敬梓儒林外史五：「一個叫王德，是府學廩膳生員；一個叫王仁，是縣學廩膳生員；都做著極興頭的館。」這裏「興頭」是「得意」。

「興頭」的「頭」是語助詞。故「興頭」即「興」，就是「興致」或「熱中」。閩南語中也有這講法。如說：「伊對冤家鬧事，眞興。」意指「他對吵架鬧事，很有興致。」又如說：「伊對做官或者是競選民意代表，眞有興頭。」即是「他對做官或是競選民意代表，非常熱中。」

**橫直**（huaĩ下平　tit下入）—左右相同。不論怎樣。反正。

清曹雪芹紅樓夢二十一：「橫豎自然也要過的，便權當他們死了。」清文康兒女英雄傳十四：「你娘兒們先不必急，橫豎不出三日，一定叫你們見著十三妹，如何？」閩南語中，不說「橫豎」，而說「橫直」，同爲「左右相同」、「不論怎樣」、「反正」意。

**歸**（kui 上平）—整個。

閩南語稱「整個人」叫「歸個人」（kui上平　e下平　laŋ下平）。「整天」叫「歸日」或「歸工」。「工」等於「日」。因古人無論農、工，清早開始勞作，到黃昏休息，等於一天，故把「一天」稱「一工」。左宣十一年傳：「今縣陳，貪其富也。以討召諸侯，而以貪歸之，無乃不可乎？」歸，終也。「終」有「盡」或「竟」意，即是整個、終歸、全部的意思。詩邶風終風：「終風且暴，顧我則笑。」宋朱熹集傳：「終風，終日風也。」民國胡適遠東版胡適文存四談談詩經：「清代王念孫父子把『終風且暴』來比較『終溫且惠』（邶風燕燕），『終窶且貧』（邶風北門），就可知『終』字應當作『既』字解。」話雖如此，「既」仍有「已經怎樣」意，還是脫不了「終歸」的意義。故閩南語用「歸」作「整個」解，當爲合理。

# 第八章　傷病

**不好**（ɐm 下去　ho 上上）——生病。

戰國屈原離騷：「吾令鴆爲媒兮，鴆告余以不好。」這「不好」是指「不善」。說文：「好，媄也。」「媄」即「美」，美好也。引申說，人身體健康，亦可稱身體好；相反的，「不好」即「不健康」，而有病痛了。這當是閩南語稱「人生病」爲「身軀不好」的理由。明蘭陵笑笑生金瓶梅十一：「桂姐道：『俺媽從去歲不好了一場，至今腿脚半邊通動不得，只扶著人走。』」同書八十五：「月娘路上風霜跋涉，著了辛苦，又吃了驚怕，身上疼痛沈困，整不好了兩三日。」這二「不好」，和閩南語語意「生病」完全相同。

**咿唔**（ĩ 上去　ɔ̃ 上去）——講話口齒不清。

「咿唔」又作「伊吾」，原指「讀書的聲音」：如宋黃庭堅夜聞元忠誦書詩：「南窗讀書聲伊吾，北窗見月歌竹枝。」是「伊吾」形容讀書之聲。類書纂要：「咿唔，讀書聲也。不聰慧者，口訥讀書，故有此聲。」是對「咿唔」的意義已有引申，表示對書裏的字音讀得不準確，變聲走調。在閩南語，「咿唔」是指「講話口齒不清」；有時也可綽號那個人本身，叫「咿唔的」。

**狷（siau 上上）——發瘋。**

陳顧野王玉篇：「狷，狂病。」宋陳彭年大宋重修廣韻：「狷，狂也。出文字集略。」「狷」字現代國語已不用，專用「瘋」字。閩南語正相反，專用「狷」而不用「瘋」。例如人有了神經病或發瘋，閩南語通稱「起狷」。（kí 上上　siau 上上），又綽號那人叫「狷的」（siau 上上　e 上上去）。更有俗諺說：「狷的驚扑。」（siau 上上　e 上去　kiã　上平　pák 上入）意思是「瘋子最怕人唬著打他，立刻聽話。」由上引古書，可知閩南語「狷」字的使用可追溯到南北朝。

**病囝（pĩ 下去　kiã　上上）——女子害喜。**

女人懷孕，會引起身心雙方面的變化，例如心情鬱悶或喫物過多過少和口味偏好等現象，閩南語叫做「病囝」，類似玩笑的話。囝，孩子也。「病囝」，即由懷了孩子以後的許多不適，有如病中，其實不是病。在初期，常會無故反胃，想吃酸鹹甜澀等的蜜餞之類；情緒上也較希望獲得丈夫或家人的關懷照料等都是。臺灣在清代時就有民歌「病囝歌」，唱出孕婦自懷胎一至十月，各月喜愛吃用的食物都不同，情緒也變化不定，內容極純眞可喜而傳神。近十幾年來，臺語歌曲已不再能產生像「望春風」、「白牡丹」、「燒肉粽」等優美的藝術作品。代之而起的全都是粗鄙下流不堪入耳的歌曲調。至於民國六十年以來的所謂國語熱門歌曲，更可怕了，骨格全無，不過噪音一堆罷了。

**著傷**（tiok下入　siɔŋ上平）——受傷。

著，有「中」或「受」意。故閩南語稱受傷叫「著傷」。舊小說中很常見。如明蘭陵笑笑生金瓶梅三十三：「月娘忍不過，趁西門慶不在家，使小廝叫了劉婆子來看。婆子道：『你已是去經事來著傷，多是成不的了。』」又如清石玉崑七俠五義九十二回目：「小俠揮金貪杯大醉，老葛搶雉惹禍著傷。」著，受也。

**瘸脚瘸手**（kʻe下平　kʻa上平　kʻe下平　tsʻiu上上）——手脚傷殘。

宋丁度集韻：「瘸，手足病。」閩南語稱手有病活動不靈的叫「瘸手」；脚傷殘走動不自如的叫「瘸脚」或「擺脚」，因爲走起路來一搖一擺的緣故。另有俗語說：「瘸脚破相（kʻe下平　kʻa上平　pʻua上去　siũ上去）」，有「破了相貌」意，但這俗語仍指「瘸脚」。「擺脚」的「擺」（paĩ上上）也可能是「跛」的譌音。

宋王闢之澠水燕談錄九雜錄：「（錢塘）諺謂『跛』爲『瘸』。」元岳伯川雜劇鐵拐李岳三：「却怎生鬅鬙著頭髮鬅著個嘴，剗地拄著條粗拐瘸著條腿。」可見「瘸」字古人也常用。

# 第九章　褒　貶

**才調**（tsai 下平　tiau 下去）——本事。才能。

「才調」二字原指「文人的才華格調」。晉書王接傳：「王接才調秀出，見賞知音，惜其夭枉，未申驥足。」南齊書到撝傳：「才調流贍，善納交遊。」隋書許善心傳：「徐陵大奇之，謂人曰：『才調極高，此神童也！』」唐蔣防霍小玉傳：「因謂生曰：『素聞十郎才調風流，今又見儀容雅秀，名下固無虛士。』」明抱甕老人今古奇觀十：「（秦）少游已看見了，雖不是十分美麗，卻也清雅幽閒，全無俗韻，但不知他才調眞正如何？」

在閩南語中，將古人所用的加以引申，「才調」泛指人的一切本事和才能。參閱「本事」條。

**本事**（pun　上上　su　下去）——才能。本領。

「本事」原指「根本之事」。古人生存的根本依賴農耕，故「本事」即指「農業」。春秋管子權修：「上不好本事，則末產（工商之業）不禁。」戰國荀子王制：「務本事，積財物。」是「本事」

都作「農業」的代稱。

農業發達，生活必趨富裕，能致富裕，豈不是由「才能」而來？故後世就「本事」加以引申，就可用來泛指人的許多「本領」和「才華」。元無名氏雜劇賺蒯通一：「我想韓信，淮陰一餓夫，他有什麼功勞？甚麼本事？」明馮夢龍警世通言四十：「忽見龍王三太子叫曰：『許遜，許遜，我今日與你賭賽一陣，纔曉得我的本事！』」其中的「本事」，全指「才能」或「本領」；閩南語也正是這樣用法，相當於「才調」。參閱「才調」條。

**好否**（ho 上上　pái上上）——好壞。

長久以來，筆者頗懷疑臺灣的書報雜誌把閩南語的「好壞」寫作「好歹」很有問題。第一，「歹」字說文原作「歺」；「歹」是世俗的誤寫。第二，「歹」的字義，說文說：「列骨之殘也。」是指「破碎的殘骨」，和「壞」的意義相差極遠。宋丁度集韻：「歺，牙葛切。」換成國音，應讀（ㄜˋ）。世俗讀（ㄉㄞˇ）是誤讀。第三，民國楊樹達高等國文法一言語之變遷說：「『歹』字來從蒙古。」不管它詳細的解釋，單就說文「歺」的音義，已可斷定閩南語的「好壞」、「壞人」、「壞命」、「壞運」，決不可寫作「好歹」、「歹人」、「歹命」、「歹運」。第四，國語中的「好歹」，當然可指「好壞」；如清曹雪芹紅樓夢三十七：「我憑怎麼胡塗，連個好歹也不知，還是個人嗎？」又可指「不論如何」；如元石君寶雜劇魯大夫秋胡戲妻三：「我把這一餅黃金，與了這女子，他好歹隨順了我。」更可指「歹徒」的「歹」；如元施耐庵水滸傳九：

「你這廝原來也恁的歹，且吃我一刀！」筆者推測，這些「歹」字的使用，當由於約定俗成或長期積非成是所致。第五，閩南語「壞」的意義的音（ṕái 上上），和「歹」字的閩南語音（tai 下去）相差太多。

易有「否卦」，象曰：「天地不交，否。」「否」國音讀（ㄅㄧˇ），是「閉塞不通」，有「不吉」意。和「否卦」相反對的有「泰卦」，象曰：「泰，小往大來，吉亨，則是天地交而萬物通也。」故「否」可謂「壞」，而「泰」可謂「好」。詩大雅抑：「於乎小子，未知臧否。」「否」音「鄙」。「臧否」即「善惡」，也就是「好壞」。書堯典：「岳曰：『否德，忝帝位。』」左昭五年傳：「一臧一否，其誰能當之？」這些「否」字，都是「不良」意，「不良」即是「壞」。「臧」即是「好」。

用閩南語的讀書音讀古文，「否」應讀（ṕí 上上），和「壞」意義的語音（ṕái 上上）較爲接近。故在閩南語裏，好壞、壞人、壞命、壞運，宜寫作好否、否人、否命、否運，比較合理。

進一步說，臺語（閩南未聞）稱「好」爲「讚」（tsan 上上），是勉強找字來充當的字，於義不可通。筆者按，或者「臧」字竟是（tsan 上上）的正確寫法，也有可能。

**有禮無體**（u下去 le 上上 bo 下平 te 上上）——表面重禮，內裏却全無體統。

「有禮無體」，是閩南語嘲笑日本人禮貌周到却可以有並非夫妻的男女共浴的無禮習俗。中國和日本雖早在秦、漢時已有往來，日本在唐朝又大量派人來華留學；但畢竟中國人對日本的文化和人民的風俗習慣瞭解並不多。到明代，倭寇常勾結中國海盜侵犯閩南一帶地區，但多來去飄忽。直至清朝中日甲午戰爭後，臺灣割讓給日本，臺胞和日人接觸時間久而密切，對大和民族纔有較深的認識，於是產生「有禮無體」一詞的譏誚評語。不過在明、清時期，也有不少閩南人來往中日兩國通商的，對日人的生活方式當有印象，故「有禮無體」一詞仍有可能創自閩南地區。以後該詞變成閩南俗語，意義也引申。凡人外表斯文，其實並不注重男女間的禮節，或者是隨意暴露身體的，都叫「有禮無體」，不分國籍男女。

唐孔穎達禮記正義「禮記」題下疏：「周公攝政六年，所制之禮，則周官、儀禮也。鄭（玄）作序云：『禮者，體也，履也。統之於心曰體，踐而行之曰履。』禮雖合訓體履，則周官爲體，儀禮爲履。」禮記內則：「禮始於謹夫婦，爲宮室辨內外，男子居外，女子居內。不敢共湢浴。」「湢」是「浴室」。不敢共湢浴，即「不可以同一浴室洗澡」。同書禮器：「禮也者，猶體也。」鄭注：「若人身體。體不備，君子謂之不成人。設之不當，猶不備也。」由此可見「有禮無體」一詞是淵源於中國的經典，不僅古奧，而又莊諧兼出，當初發明這詞的人，才華學識高極了。

**伶俐**（liŋ下平　li˙ 下去）——形容女子氣質高貴、喜好雅潔。

伶俐，一般都指「爲人聰明慧巧」。如宋黎靖德編朱子語類三十九論語十一：「有一等伶俐人，見得雖快，然只是從皮膚上略過。」「伶俐」又作「怜悧」：如宋朱淑眞自責詩之二：「添得情懷轉蕭索，始知伶俐不爲癡。」日本汲古影印明周夢暘常談考誤一：「靈利，今稱年少穎敏者爲伶俐，字無所出。偶見蘇子由集與人書云：『貴眷令人各無恙，張僧比來少病，旣長且健，情亦靈利，將來或有成立。』子由博雅，其用必有據。凡稱伶俐者似當從此。」但前面朱子的話旣作「伶俐」，自然可和「靈利」並用。

閩南語「伶俐」並非古書或國語「爲人聰明慧巧」的意義，而另有所指。它常用來形容女人的氣質高貴，衣著鮮潔，打扮得體，喜愛乾淨，不分時地都能給人美好的印象。「伶俐」形容男人似乎未聽過。

**快活**（ k'uĩ 上去　uak 下入）——有錢。生活過得好。工作輕鬆不勞苦。

「快活」原指「快樂」或「愉快」。北齊書和士開傳：「陛下宜及少壯，恣意作樂，縱橫行之，即是一日快活數千年。」唐李肇翰林志：「梅詢爲翰林學士，一日書詔頗多，見老卒甚適，歎曰：『暢哉！』徐問之，曰：『不識（字）。』梅曰：『更快活也！』」唐白居易想歸田園詩：「快活不知如我者，人間能有幾多人。」明抱甕老人今古奇觀十六：「便依他們胡做一場，倒也落得半世快活。」

然而在閩南語，「快活」却另有所指。如說：「伊家庭快活。」是指「有錢」或「物質生活過得好」。又如說：「伊目前的頭路，還算快活。」是指「工作輕鬆不勞苦」。頭路，職業也。相反的，貧窮、物質生活難度、職業工作勞累不堪，叫做「艱苦」（ kan 上平　k'ɔ̃ 上上）。爾雅釋詁：「

艱，難也。」漢書淮南厲王長傳：「高帝蒙霜露，沐風雨，以爲子孫成萬世之業，艱難危苦甚矣。大王不思先帝之艱苦。」這裏「艱苦」指「事業勞苦」。甚至人身心各方面的「不舒服」，閩南語都可叫「艱苦」。有將「快」讀成「看」，可能是譌音。

**恔**（gau 下平）——賢能。能幹。擅長於（某事物）。

宋陳彭年大宋重修廣韻無「恔」字，有「㤼」字，注：「快也。」這裏說的「快」，是指「愉快」還是「快速」？含義不清楚。按說文：「爻，交也。」「交，交脛也。」是「爻」「交」意相通。故「㤼」當是「恔」的異體字。說文：「恔，憭也。」「憭，慧也。」是「恔」本作「聰慧」解。那麼廣韻爲何釋「㤼」爲「快」？這疑是承漢揚雄方言來的。「恔」字段注：「按方言：『恔，快也。』東齊海岱之閒曰恔。』孟子（公孫丑下）：『於人心獨無恔乎？』趙（岐）注：『恔，快也。』快即憭義之引申。凡明憭者，必快於心也。」清朱駿聲說文通訓定聲「恔」字下說：「駿按，孟子借（恔）爲『儌幸』也。喪禮戚，何謂快？」孟子原文意思是：只要金錢上作得到，應籌備良好的棺木替他母親辦喪，一方面盡了做兒子的孝心，一方面也可保護遺體不致和泥土接觸，這樣的葬法，對當代澆薄的人心難道無一點點「僥倖」的意思嗎？「僥倖」，冀望也。歷代的孟子注家全都釋「恔」爲「快意」，獨朱駿聲別具卓見，發千古所未發。

今按，陳顧野王玉篇：「恔，黠也。」宋丁度集韻：「恔，慧也。」玉篇書中，必收集許多文字的古義，再看前引說文「恔」即「憭」、「憭」即「慧」的解釋，和玉篇同，那麼「恔」字應爲「聰慧」的意思無疑。至於方言「快」的說法，只行於局部地區。自趙岐取以注孟子，二千年來，「恔」字纔成爲「快意」，應屬不妥。段注說「快即憭義之引申。凡明憭者，必快於心也。」恐怕有曲說的嫌疑。

「恔」或「恔」（都音 gau 下平），閩南語使用極廣。向人說早安叫「恔早」，稱贊人能幹叫「眞恔」，嫌人不聰明叫「無恔」，責人作事推拖失信叫「做大志（事情）眞恔拖」，誇獎小孩長得快叫「恔大」，贊美田徑選手跑得快叫「恔走」，欣賞人口才好叫「恔講話」，贊頌人金錢收入多叫「恔趁錢」。幾乎凡頌揚人的本事，都可叫「恔」。

**沒頭神**（bo 下平　t́au 下平　sin 下平）——精神散漫的人。

元施耐庵水滸傳三十八：「宋江却又來尋問黑旋風李逵時，多人說道：『他是個沒頭神，又無家室，只在牢裏安身。』」同書四十三：「爲頭的一個叫做踢殺羊張保，當日正見他（楊雄）賞賜得許多緞疋，帶了這幾個沒頭神，喫得半醉，却好趕來要惹他。」這裏「沒頭神」當是指破落戶子弟、沒脚跟的人、流浪漢一類。

在閩南語，「沒頭神」意指精神散漫、健忘或沒頭沒腦的人；和水滸傳的含義頗有差別。但水滸傳「沒頭神」也有東西游移、飄忽不居、令人捉摸不定等意思在內，故和閩南語的用法也有共通的地方。

**拗蠻**（au 上上　ban 下平）——執拗頑劣、不可理喻。參閱「蠻」字條。

**長進**（tɔŋ上上　tsin上去）——（學識、人品、事功）進步。

三國志吳志張昭傳：「長子承勤於長進，篤於物類。凡在庶幾之流，無不造門。」宋書前廢帝紀：「世祖（孝武帝劉駿）西巡，子業（即廢帝）啓參承起居，書迹不謹，上詰讓之，子業啓事陳謝；上又答曰：『書不長進，此是一條耳。』」劉宋劉義慶世說新語言語：「王長史與劉真長別後相見，王謂劉曰：『卿更長進！』」明馮夢龍警世通言三十七：「大伯道：『合哥，你只管躲懶，沒箇長進，今日也好去上行些箇山亭兒來賣。』」上行，批發。山亭兒，一種泥製玩具。閩南語也有「長進」一詞，意義和古書所說相符。參閱「寸進」條。

**勇健**（iɔŋ上上　kiã下去）——健壯。健康。

閩南語稱「人身體健壯」爲「勇健」。這裏「勇」仍是「健」意，而不是「勇敢」。一個身體極健壯的人，可能他的膽量很小，遇事畏縮不前，既是膽小，豈能稱爲「勇敢」？相反的，一個多病或身體衰弱的人，他或者膽量很大，何事都敢作，可稱「勇敢」，但決不能叫「勇健」。其次，只要人身體健康少病，雖不強壯，但經得起操勞，閩南語也叫「勇健」。在金門地區，人大病痊癒以後，老一輩的人就引用當地的俗諺說：「糜飯會喫，人就會勇。」糜，稀飯也；飯，乾飯也；糜飯即指三餐。勇，健也。是說：「病好後，只須食慾好餐食喫得下，人的身體定會逐漸恢復健康。」但「勇」絕非指「勇敢」。宋丁度集韻：「勇，健也。」正和閩南語的語義相同。此外，凡任何物品，構造牢固經久耐用，閩南語也叫做「勇」。

說文：「勇，气也。恿，古文勇从心。」段注：「气，雲氣也。引申爲人充體之氣之稱。力者筋也，勇者氣也。氣之所至，力亦至焉。心之所至，氣乃至焉。」孟子公孫丑上：「不得於心，勿求於氣。夫志，氣之帥也；氣，體之充也。夫志，至焉；氣，次焉；故曰：『持其志，無暴其氣。』志壹則動氣，氣壹則動志也。」依孟子和說文與段注對「氣」的解釋，心志是氣的主宰，心志所向，充滿人體的一股氣作後盾，使人向前，即是「勇敢」。因爲人強氣就充，人弱氣就虛。所以，人的「氣」飽滿充盛，也能影響人較有「信心」去作事而不怯懦。從這角度看，人的勇敢不勇敢，和人的身體強弱仍有相當的關係。後漢書十六鄧禹傳附鄧訓：「勝兵者二三千騎，皆勇健富強，每與羌戰，常以少制多。」這裏「勇健」即「勇敢壯健」。

**狡獪**（kau 上上 kuai 上去）——刁詐不誠實。胡鬧。

晉葛洪神仙傳七：「方平笑曰：『姑故年少，吾老矣，了不喜復作此狡獪變化也。』」劉宋劉義慶世說新語文學：「袁彥伯作名士傳成，見謝公（安），公笑曰：『我嘗與諸人道江北事，特作狡獪耳。』彥伯遂以箸書。」宋書四十一明恭王皇后傳：「若行此事，官便應作孝子，豈復得出入狡獪？」南齊書四十二蕭坦之傳：「（少）帝於宮中及出後堂，雜戲狡獪。」這幾則，「狡獪」除有「刁詐不誠實」的意思外，又含有「耍鬧劇」的味道。今閩南語常用作責備的話，對大人小孩都可。

又有「狡猾」一詞，和「狡獪」意同。左昭二十六年傳：「王子朝曰：『若我兄弟甥舅，獎順天法，無助狡猾。』」戰國荀子非十二子：「無不愛也，無不敬也，無與人爭也，恢然如天地之苞萬物；如是則賢者貴之，不肖者親之；如是而不服者，則可謂訞怪狡猾之人矣。」清石玉崑七俠五義十九：「包公聞聽，說：『好惡奴！竟敢如此的狡猾！』」

宋陳彭年大宋重修廣韻：「狡，古巧切。獪，古外切。」依閩南語音（kau 上上 kuai 上去）看，所使用的當是「狡獪」，而非「狡猾」。

**風騷**（hɔŋ上平 so 上平）——愛玩。風光。

舊劇曲和小說，「風騷」多作「風光」解。如元鄭德輝雜劇倩女離魂：「十分的賣風騷，顯秀麗，誇才調。」如明凌濛初二刻拍案驚奇十九：「宗華此時身子如在雲裏霧裏，好不風騷。」又如清曹雪芹紅樓夢三：「轉盼多情，語言若笑，天然一般風騷，全在眉梢。」都是。

在閩南語，「風騷」特指「愛玩」解，如喜遊山玩水，觀廟會，看熱鬧，賞戲劇等；但不含色情意思；現在還流行於金門地區。臺灣極少聽到。金門有俗諺說：「愛風騷，著會受得枵寒（iau 上平 kuã 下平）餓。」著，須也。枵（iau 上平），肚飢也。人出門遊玩，當然是穿著漂亮，意態優閒，自兼有「風光」的意味了。民國連橫臺灣語典二作「荒騷」，但古書裏找不到證據。

婀娜（○上平　1○　上上）——贊美。

詩檜風隰有萇楚：「隰有萇楚，猗儺其枝。」毛傳：「猗儺，柔順也。」鄭箋：「其枝猗儺而柔順。」孔疏：「其猗儺然枝條柔弱。」細讀箋和疏，「猗儺」一詞的意義並未解釋清楚。清馬瑞辰毛詩傳箋通釋：「（清王引之）經義述聞云：『傳、箋竝以猗儺爲柔順，但下文華與實不得言柔順，（筆者按：指同詩下二章：隰有萇楚，猗儺其華。隰有萇楚，猗儺其實。）而亦云猗儺，則猗儺乃美盛之貌矣。小雅隰桑篇：隰桑有阿，其葉有難。傳：阿然美貌，難然盛貌。阿難與猗儺同字。又作旖旎，楚辭九辯：紛旖旎乎都房。（漢）王逸注：旖旎，盛貌。』今按王說是也。」唐孔穎達毛詩正義：「猗，於可反。儺，乃可反。」用閩南語發音讀以上的反切，「猗儺」二字正和「贊美」意義的閩南語「婀娜」（○上平　1○　上上）合。「婀娜」和「猗儺」同音同義。

世常用「婀娜」（又作「阿那」）二字形容「女子的柔美」；如晉陸機擬青青河畔草詩：「皎皎彼姝女，阿那當軒織。」但也可形容「美盛」；除前引詩隰有萇楚外，如漢王延壽魯靈光殿賦：「朱桂黝儵於南北，蘭芝阿那於東西。」更可形容物狀的「美麗」；如唐韓愈元和聖德詩：「天兵四羅，旂常婀娜。」

中國語文的詞彙，由形容詞轉用爲動詞，是可以的。例如說：「他眞歡喜。」這裏「歡喜」是形容詞。我們也可說：「讓他歡喜一下。」這裏「歡喜」是動詞。同樣，「婀娜」也可以形容詞作動詞用。故閩南語稱「贊美」爲「婀娜」，當爲合理。民國孫洵侯臺灣話考證作「譽勞」，不只無文獻上的佐證，詞彙也不可通。

**頂真**（tiŋ上上　tsin上平）——斤斤計較。認眞。

清李寶嘉官場現形記五十六：「撫臺於此擧甚是頂眞，一聽這話，忙說：『冒名頂替，照考試定章辦起來，是要斬立決的！』」這裏所應用的是吳語。「頂眞」即「認眞」。吳語有和閩南話相同的：如「甚麼」叫「啥」，呼狗聲叫「盧盧」等都是。在閩南語裏，「頂眞」多指一毛不拔、分毫差不得、事事計較到底的人的作風。

**滑稽**（kut上入　kʻe上平）——詼諧多智，言行逗人笑樂，然常含有至理。

史記滑稽列傳，唐司馬貞索隱：「滑，謂亂也；稽，同也。以言辯捷之人，言非若是，說是若非，能亂同異也。」索隱又說：「楚辭云：『將突梯滑稽，如脂如韋。』（後魏）崔浩云：『滑稽，流酒器也。轉注吐酒，終日不已。言出口成章，詞不窮竭，若滑稽之吐酒。』」這裏「滑稽」雖是另一義，但引申的意思仍和前引第一義相通。

閩南語「滑稽」（kut上入　kʻe上平）的含義和用法，和古書及國語並無二致。「滑稽」臺語叫「笑稽」（tsʻio上去　kʻue上平），和閩南語不同。

**落漈**（lok 下入 tse 上平）——落難。倒楣。窮途。

宋丁度集韻：「漈，水涯。」元史瑠求傳：「瑠求，在南海之東，漳、泉、興、福四州界內。彭湖諸島與瑠求相對，亦素不通。西南北岸皆水，至彭湖漸低，近瑠求則謂之落漈，漈者，水趍下而不回也。凡西岸漁舟，到彭湖以下，遇颶風發作，漂流落漈，回者百一。」按元史所稱瑠求，即今臺灣。自鄭成功逐走荷蘭人，臺灣屬於明鄭所有，後入於清，未建省以前，歸福建管轄。

落漈，閩南語用作「落難」或「窮途」的意思。今尚流行於金門地區，因金門自古屬福建省泉州府轄，有清一代，漁民常駕船遠來澎湖附近捕魚，其他商船也不時載運來臺灣貿易的商人或輪番戍守的兵丁，在臺南的安平港或彰化縣鹿港登陸，故對來臺灣水路的「落漈」海難，最爲熟悉。

**標致**（píau 上平 ti 上去）——形容男女漂亮。

元無名氏雜劇玉清庵錯送鴛鴦被一：「聞知他有個小姐，生得十分標致。」「致」也作「緻」。元施耐庵水滸傳六十三：「蔡福看時，但見一個人生得十分標緻，且是打扮整齊。」清曹雪芹紅樓夢六十五：「這尤三姐天生脾氣，和人異樣詭僻，只因他的模樣兒風流標致，他又偏愛打扮的出色，另式另樣，做出許多萬人不及的風情體態來。」另有「清標」一詞，意同「標致」。唐柳宗元祭楊凝文：「清標霜潔，馨德蘭薰。」明蘭陵笑笑生金瓶梅四十二：「一壁廂舞鮑老，仕女每打扮的清標。」不論「標致」或「清標」，閩南語都可形容男女長得漂亮。標，是人的姿態。致，是有致。清，是清秀。

**艱苦**（kan 上平 kʻɔ 上上）——貧窮。生活難度。工作勞累。身心各方面不舒服。參閱「快活」條。

**蠻**（ban 下平）——不聽話。

說文：「蠻，南蠻。」段注：「（周禮）職方氏『八蠻』，爾雅『九夷、八狄、七戎、六蠻，謂之四海。』（禮記）王制云：『南方曰蠻。』詩（小雅）角弓：『如蠻如髦。』（毛）傳曰：『蠻，南蠻也。』」另有「蠻貊」一詞，南夷稱「蠻」，東夷稱「貊」；漢李陵答蘇武書：「蠻貊之人，尚猶嘉子之節，況爲天下之主乎？」可知「蠻」本義是泛指「未開化的落後民族」，故世有「野蠻」一詞。

民國章炳麟新方言二：「胡、倭、蠻，四裔之國也。今謂行事無條理、語言無倫次曰胡。浙江別謂之倭。凡專擅自恣者，通謂之蠻。」這裏的「胡」，意即「胡來」；「蠻」即「蠻橫」；通用於全中國。章炳麟是浙江人，浙江沿岸在明朝時深受「倭」害，故特熟悉浙江語稱人「野蠻」爲「倭」。

在閩南語，「倭」却意指「兇惡」，和浙語不同。閩南沿海地區在明代的「倭」害也很慘烈，人民被殺的無數。閩南語稱「倭寇」爲「倭番」。傳說在閩南沿海某地，百數十名的居民逃避在一山洞裏，洞口用草樹掩飾；倭寇搜索到附近，洞中恰有小兒啼哭，終被發現，老百姓悉數遭屠戮。以後倭患雖爲名將福建晉江人俞大猷和山東蓬萊人戚繼光所剿平，自明至有清一代數百年，閩南一帶如有小兒夜哭，大人就嚇唬他說：「倭番來了！倭番來了！」小孩便怕得不敢再哭。可見「倭」的深遠影響；從此變成「凶惡」的代詞。人凶惡不講理，叫「惡到（ka 上平）若（na 上上）倭（ə上平）」。到，至於。若，好像。這話現在還流行於金門。

閩南語稱人「不聽話」叫「蠻」，大人、小孩都可指。又有「拗蠻」一詞，意爲「執拗頑劣、不可理喻」。「拗」是「拉扭」或「反戾」；閩南語指將紙張等物「摺成幾摺」叫「拗做幾拗」。

# 第十章 言辭

也未（ia 上上 be 下去）——還沒有。

同樣一句話，國語說：「火車來了沒有？」這話有二涵義：「火車已經來了？還是沒有來？」閩南語却是說：「火車來也未？」二個涵義不變，只把「還沒有」換成「未」，「也」是語助詞。

「未」字寫在文字上，淺見的人必指它是文言文，其實正是道地口語的紀錄！閩南語絕不說「還沒有」；而是說「也無」或「也未」。「也無」的「也」仍是語助詞。唐蔣防霍小玉傳：「鮑笑曰：『蘇姑子作好夢也未？有一仙人，謫在下界，不邀財貨，但慕風流，如此色目，共十郎相當矣！』」宋洪邁容齋三筆三姦鬼為人禍：「近世許叔微家，一婦人夢二蒼頭，前者云：『到也未？』後者應云：『到！』以手中物擊一下，遂魘。覺後心痛不可忍。」「魘」是「夢裏驚怕」。明蘭陵笑笑生金瓶梅一百：「只見幾個漢子，都蓬頭精腿，裩褲兜襠，脚上黃泥泥進來，放下荷鍬钁，便問道：『老娘，有飯也未？』」明馮夢龍警世通言三十九：「却說女娘不見本道來，到晚，自收了卦鋪，歸來焦躁，問顧一郎道：『丈夫歸來也未？』」可見「也未」一詞，確是古人的口語，和閩南語的講法毫無兩樣。

**正是**（tsiã 上去　si 下去）——是。對。

國語回答同意別人的說辭，一般都說「是」或「對」。但在京戲，却要說「正是」；「正是」並不是「剛好是」，而是等於「是」或「對」。古人也這樣講法。元施耐庵水滸傳三十七：「宋江聽得，猛省道：『莫不是綽號浪裏白條的張順？』衆人道：『正是！正是！』」明馮夢龍警世通言二十一：「公子道：『怪不怪是小事，且說殿裏可是婦人？』景清道：『正是。』」清石玉崑七俠五義八：「婆子道：『先生也不是外人，說明了好用藥呀！』公孫策道：『正是。若不說明，藥就不靈。』」

曾看過中共電視錄影帶趙城金藏，演的是抗戰時日本軍隊入侵山西省的故事；在對白中，却都說「正是」，這應是當地的方言。在閩南地區，大部分仍說「正是」。就筆者所知，同樣是數百年前福建漳、泉移民後代的金門人一定說「正是」，極少說「是」；而臺灣同胞偏完全相反，絕不說「正是」，北部說「哼」（hã 下去），中南部說「哼啊」（hẽ 下去　a 下去）；全省很少聽到有人說「是」。「正是」一詞在臺灣完全消失，是一個難以解答的問題。

**啥**（siã 下平）——甚麼。

孟子滕文公上：「且許子何不爲陶冶，舍皆取諸其宮中而用之？」舍，漢趙岐注作「止」解，即「只有」。宋朱熹集注，把「舍」字合上句讀，指「房舍」，解釋爲「謂作陶冶之處也。」到民國錢玄同，纔指出「舍」和「啥」通用，即「甚麼」，今浙江紹興仍保留這講法。民國章炳麟新方言釋詞也說：「余，語之舒也。余亦訓何，通借作舍。今通言曰『甚麼』，舍之切音也。川、楚之閒曰『舍子』，江南作『舍』，俗作『啥』，本『余』字也。」

清劉鶚老殘遊記四：「只聽外邊大嚷：『掌櫃的在那兒呢？』掌櫃慌忙跑出去，連說：『在這兒！在這兒！你老啥事？』」「啥」是吳語，和錢玄同說合。「啥」字更是閩南語日常不可缺少的說話。如依所引孟子、新方言的說法，那麼「啥」字又不只是吳語了。

閩南語另有「啥會」（siã 下平 hue 下去）一詞，意思也是指「甚麼」。「會」，理會也，知會也。

**莫得**（bue 下去 tit 上入）——不可。

劉宋劉義慶世說新語德行：「劉尹在郡，臨終綿惙，聞閣下祠神鼓舞，正色曰：『莫得淫祀！』」綿惙，彌留也。莫得，不可也。淫祀，濫祭也。元白樸雜劇梧桐雨二紅芍藥：「寡人親捧盃玉露甘寒，你可也莫得留殘。」古今小說二十四：「大伯又說：『莫得入去！官府知道，引惹事端，帶累我！』」

閩南語稱「不可」叫「莫使得」（bue 下去 sai 上上 tit 上入）。單說「莫得」，意義相同。

**敢**（kã 上上）——豈。或許。莫非。

元無名氏雜劇賞花時：「忽見人來敢是他？只恐有爭差。咨咨認了，正是那嬌娃。」咨咨，嘆息也。元關漢卿雜劇竇娥冤一：「你敢是不肯，故意將錢鈔哄我？」元施耐庵水滸傳二：「如今世上那個頂著房屋走哩？你母子二位，敢未打火？」清石玉崑七俠五義六十八：「北俠連忙還禮，問道：『令師可在廟中麼？』和尚道：『在後面。施主敢是找師父嗎？』」以上「敢」字，正和閩南語「敢」用作豈、或許、莫非等意思相同，多用在疑問句子中。

## 絕（tsek 下入）——死絕。

閩南語有一個極惡毒的詈人字眼——絕，意爲罵人「全家死盡不留後代」。周禮地官司關：「國凶札，則無關門之征，猶幾。」「征」是「徵稅」，「幾」是「檢查」。鄭注：「（漢）鄭司農云：『札，謂疾疫死亡也。越人謂死爲札。』」左昭四年傳：「癘疾不降，民不夭札。」杜注：「短折爲夭，大死爲札。」筆者自幼到老聽和講閩南話，寫本條時曾懷疑罵人語「絕」或是「札」，因二字閩南語音相近。福建一地，漢時是百越（粵）所居，故閩南語中必有不少古代的越語，前引鄭注的話即是一旁證。後幾經細思，仍定爲「絕」字較妥。因「札」和「絕」都指「大量死人」，而「絕」却另有「不留遺類」的徹底死滅的含義。

說文：「絕，斷絲也。从刀糸。」段注：「斷之則爲二，是曰絕。」絲被刀斷爲二，即表示斬絕，無法再續。魏張揖廣雅釋詁：「絕，滅也。」書甘誓：「有扈氏威侮五行，怠棄三正，天用勦絕其命。」

僞孔傳：「截絕，謂滅之。」論語堯曰：「興滅國，繼絕世。」「絕」是「無後嗣」。唐儲光羲效古詩：「稼穡既殄絕，川澤復枯槁。」明蘭陵笑笑生金瓶梅七十二：「不想潘金蓮隨即就跟了來，便罵道：『俺這些老婆死絕了！教你替他漿洗衣服。』」凡此所引，「絕」全是「滅絕」意。

**詈**（le 上上）——用惡毒話罵人。

說文：「詈，罵也。」「罵，詈也。」二字互訓。書無逸：「小人怨汝詈汝，則皇自敬德。」孔疏：「小人怨恨汝、罵詈汝，既聞此言，則大自敬德，更增修善政。」詩大雅桑柔：「涼曰不可，覆背善詈。」涼同諒，信也。孔疏：「汝所行者，於理不可。望王受而用之，反背我而大罵詈。」可證詩、書經典中，孔疏都釋「詈」爲「罵詈」。

禮記曲禮上：「怒不至詈。」意思是說，父母得了重病，作兒女的人應存憂心，生活上的一切全要收斂，就是對別人發怒，也不可破口罵人。漢劉向編戰國策秦策：「乃使勇士往詈齊王。」戰國屈原離騷：「女嬃之嬋媛兮，申申其詈予。」漢書賈誼傳：「司寇小吏，詈罵而榜笞之。」唐孟郊秋懷詩之十一：「詈言一失香，千古聞臭詞。」從這些戰國、漢、唐的書籍所記，可知那時「詈」常用。

漢劉熙釋名釋言語：「詈，歷也，以惡言相彌歷也。」「彌歷」是「接續不斷」。元黃公紹古今韻會：「正斥曰罵，旁及曰詈。」上三書對罵、詈二字的解釋，已和說文稍有區別及引申。

閩南語無「罵詈」一詞，但有「詈罵」（le 上上 ma 上去）的字眼，和前引賈誼傳合。至於

「詈」字的含義，常指和人有深仇大恨，巴不得仇人快死，不時公開或暗中，在人前神前，連續用惡毒話咒罵，特別是婦女界最常見。閩南地區這種風俗，正同釋名、古今韻會的「詈」字釋義相符。

**著**（tiok下入）——對。是。

「著」字的意義極多。在閩南語裏有一個特別的用法，就是作「對」或「是」解，音讀爲（tiok下入）。如說：「犯法的大志（事情），千萬不可（əm下去 táŋ上平）做。」對方答：「著了！著了！」等於國語「對！對！」的意思。相反的，國語「不對」，閩南語叫「不著」（əm下去 t-iok下入）。

不只閩南語，其他語言也有這樣的說法。清文康用北京話寫的兒女英雄傳二十二：「安老爺說道：『依我的主意，那正面要從頭到底，居中鐫上清故義士鄧某之墓一行大字，老哥哥你道如何？』（鄧九公）說道：『著著著著！就是這麼著！』」京戲也是。在黃鶴樓一齣中，周瑜擺宴在黃鶴樓上，計邀劉備過江共飲。諸葛亮請趙雲陪同赴宴，但不帶兵馬。趙雲質問諸葛亮說：「豈不是要我拳打足踢不成？」劉備說：「著啊！」又如穆柯寨，孟良對焦贊講話，焦贊回答說：「著啊！」相反的，「不對」叫「不著」。明馮夢龍警世通言二十二：「劉公聽得艄內啼哭，走來勸道：『我兒，聽我一言：婦道人家嫁人不著，一世之苦！』」也正和閩南語的說法相合。

**著**（tiok下入）——必須。應當。

閩南語說：「汝著出力扑拚。」等於國語說「你必須努力奮鬪。」著（tiok下入），必須也。扑拚（pák 上入 piã 上去），努力奮鬥也。又如說：「汝著較早去睏。」等於國語說「你應當早點兒去睡。」著，「必須」或「應當」也。較（ká 上平），比較也。

古人也曾這樣講法。清李光地編朱子全書學：「只爲無那恰好底字，仔細來把看，又見不穩當，又著改幾字。」著，必須也。金董解元絃索西廂四：「著路裏小心呵且須在意，省可裏晚眠早起，冷茶飯莫吃。」明抱甕老人今古奇觀十六：「路信再給馬夫道：『今晚著那個洗刷李相公的馬匹，少停便來呼喚，不必跟隨。』」前一則「著」字自是「必須」意；後一則「著」字雖然含有「輪到」的意思，但用法仍和閩南語「應當」相近。

# 第十一章 動作

**入來**（lip 下入 lai 下平）——進來。

說國語的人，聽見閩南語說「入來」或「入去」厝內，似乎會取笑話說得彆扭，爲何不說「進來」或「進去」屋裏，比較順口自然。其實，「入來」、「入去」二詞，早被古人使用，並且是口語，而非文言文。如唐蔣防霍小玉傳：「西北懸一鸚鵡籠，見生入來，即語曰：『有人入來，急下簾者！』」又如明馮夢龍警世通言十二：「那肆中先有一個漢子坐下，見婦人入來，便立在一邊偷看那婦人，目不轉睛。」同書三十九：「張大公開了門，問劉官人討了葫蘆，問了升數，入去，盛將出來道：『酒便有，却是冷酒。』」都是確切的例子。

**拚埽**（piã 上去 sau 上去）——清掃。

儀禮聘禮：「至于朝，主人曰：『不腆先君之祧，既拚以俟矣。』」唐賈公彥疏：「拚者，埽除之名。」清胡培翬正義：「拚，說文作叁，云：『埽除也。』拚是假借字。案，析言之，則拚是埽席前之名；渾言之，則凡埽皆可云拚也。」

禮記少儀：「氾埽曰埽，埽席前曰拚，拚席不以鬣。」鄭注：「鬣，謂帚也。帚恒埽地不絜清也。」孔疏：「埽席前不得名埽，則但曰拚也。所以然者，拚是除穢，埽是滌蕩。」似乎到了宋代，「拚埽」也作「打拼」。清李光地編朱子全書論語：「其餘若有千頭萬緒，是這一番一齊打拼掃斷了。」「拼」也寫作「幷」。元施耐庵水滸傳十八：「我和公孫先生兩個打幷了便來。」

現在國語只說「打掃」、「清掃」。閩南語絕不如國語那樣講法，必說「拚掃」，而且是每天掛在口裏的說話。由前述的引證，閩南語確是保存了中國人早至三千年前的話語。

柬（kiŋ 上上）——選擇。

國語一般都說「選擇」，偶也說「柬」；但閩南語只說「柬」，極少說「選擇」。爾雅釋詁下：「柬，擇也。」可見「柬」字來源很古。說文：「柬，分別簡之也。从束、八；八，分別也。」段注：「凡言簡練、簡擇、簡少者，皆借簡爲柬也。」可知「簡」也是「選擇」意。魏張揖廣雅釋詁：「揀，擇也。」自「柬」字加手旁作爲「揀擇」使用而流行，「柬」字於是專用爲「書柬」的意思。

挼（le 下平）——兩手推轉搓摩洗衣服毛巾等。

說文：「挼，摧也。一曰：兩手相切摩也。」段注：「摧，各本作推，今依玉篇、韻會、文選注、元應梵書音義正。摧者，擠也。各本作委（捼），今正。阮孝緒字略云『煩撋』猶『挼莎』。今人多用此義而字作挪。」宋陳彭年大宋重修廣韻：「挪，搓挪。」是挼、捼、挪通用。

詩周南葛覃：「薄汙我私，薄澣我衣。」毛傳：「汙，煩也。私，燕服也。」鄭箋：「煩，煩撋之，用功深。澣，謂濯之耳。」「薄」是語助詞。這詩寫出嫁的婦人將歸寧父母，先把自己要穿的衣服洗乾淨。所謂「煩撋」，就是用雙手將衣服仔細地來回推轉搓摩，以便徹底洗得清潔。由鄭箋，是撋又和挼、捼、挪意義相同。

禮記曲禮上：「共飯不澤手。」「澤」是「捼莎」，即「兩手相摩挼」。孔疏：「古之禮，飯不用箸，但用手。既與人共飯，手宜潔淨，不得臨食始捼莎手乃食，恐爲人穢也。」宋黃庭堅跛奚移文：「搔癢抑痛，炙手撋凍。」撋，兩手相搓摩也。此外，捻、撚，又可和上述各字通用。

閩南語不論把衣巾等物拿在手上搓洗，或放在石上或洗衣板上推洗，都叫做「挼」（le 下平）。甚至用手指頭將小昆蟲如螞蟻、蚊子推磨致死，把點燃中的香煙在煙灰缸中按捺熄滅，也是叫「挼」。參閱「捻」字條。

**捻**（liam　上去）——爲戲謔或懲罰，用手指頭捏絞別人的皮肉使痛。

宋徐鉉說文新附：「捻，指捻也。」清鈕樹玉說文新附考：「捻，謂以手捻持。」這是指「用手指頭捏住物品」。也可指「捏持絞轉」；後魏賈思勰齊民要術四種李：「用夏季，色黃便摘取，於鹽中挼之，鹽入汁出，然後合鹽曬令萎，手捻之，令褊。」捻之，即「以手捏持絞轉」。清史稿曾國藩傳：「捻匪者，捻紙然脂，故謂之捻。」捻紙，是用手將紙搓絞成爲紙撚。

在閩南地區，人們互相戲謔，用二至三個手指頭在對方皮肉上重擰一把，使人受痛，稱爲「捻」。或大人懲罰小孩，也用這法，如出力重，有時可致皮肉紅紫，痛楚難當。舊小說亦記此俗：明抱甕老人今古奇觀十七：「老院子將童兒肩上悄地捻了一把。」可作證明。

還有，閩南人使手把成熟的花生從枝莖根部摘下，叫「捻土豆」。土豆，花生也。「捻」字可和挼、捼、挪、撋通用，但含義不同。參閱「挼」字條。

趁（tán 上去）——驅趕（動物）。

宋丁度集韻：「跈，蹈也，逐也，或作趁。」是「趁」字有「追逐」意。閩南語中，凡驅趕禽畜，都叫做「趁」（tán 上去），如趁狗、趁牛、趁羊、趁豬、趁雞、趁鴨、趁鳥等全是。參閱「趁錢」條。

跋（puak 下入）——跌倒。

說文：「跋，蹎也。」段注：「經傳多假借沛字爲之，如（詩）大雅、論語『顚沛』，皆即『蹎跋』也。毛傳：『顚，仆也。沛，拔也。』拔同跋。」唐韓愈進學解：「跋前躓後，動輒得咎。」跋，跌跤也。閩南語也稱人「跌倒」爲「跋倒」；可見其來源極古。

**跍**（Kú 下平）——蹲。

宋陳彭年大宋重修廣韻：「跍，跍蹲也。」宋丁度集韻：「跍，蹲貌。」即人在兩腿膝蓋處收合，往下蹲踞，但臀部不著地，叫做「跍」（Kú 下平）。閩南語正是這樣講法，絕不像國語說「蹲」。

**搵**（un 上去）——把物品在液體中沾染再取起。

閩南語稱「把所要喫的東西放入調味品中沾濡過又拿起來」，叫做「搵」。臺灣童謠說：「刺瓜仔肉，搵豆油。」正是這意。

說文：「搵，沒也。」段注：「沒者，湛也。謂湛浸於中也。」禮記內則：「漬，取牛肉必新殺者，湛諸美酒。」「漬」和「湛」，也都是「浸泡」的意思。魏張揖廣雅釋言：「搵，抐擩也。」抐，宋陳彭年大宋重修廣韻：「按物水中也。」擩，說文：「染也。」清王筠注：「（儀禮）公食大夫禮：『賓升席坐，取韭菹以辨（遍）擩于醢。』（鄭）注云：『擩，猶染也。』」就是宴食的時候，賓客將韭菜和蕪菜都放到肉醬裏沾抹過。

由以上所引述，可證搵，抐、擩，三字意義相同，可互訓。「搵」的用法並不限於食物；凡把一切物品放進液體中浸泡一下再取起，閩南語都稱爲「搵」。

**摛**（ti 上平）——張開。攤開。

說文：「摛，舒也。」舒，舒展也。漢揚雄劇秦美新：「宜命賢哲，作帝典一篇，舊二爲一襲，以示來人，摛之罔極。」摛，展布也。漢班固答賓戲：「雖馳辯如波濤，摛藻如春華，猶無益於殿最也。」唐李善注：「（三國）韋昭曰：『摛，布也。』」可知「摛」有「開展布列」的意思。

「摛」在閩南語是日常用語，等於國語的「張開」或「打開」。如：「睜開眼睛」叫「目珠（睭）摛開」，「張開雨傘」叫「雨傘摛開」，其他像張開摺扇、草席、棉被、卷軸、牀單及一切摺疊著的物品，都可叫「摛」。參閱「攄」字條。

**踉**（lɔŋ 上去）——快跑。

陳顧野王玉篇：「踉蹡，急行。」另有「踉蹌」一詞，有亂走、急行、步履不穩等意義，和「踉蹡」相同。清胡鳴玉訂譌雜錄二：「行走急遽，應曰『狼竄』。（宋王楙）野客叢書，以物喻人性云：『言其亂走，則曰狼竄，是也。』後因聲譌，呼爲郎倉，亦未可知。」

閩南語通常只用「踉」（lɔŋ上去）字，作「快跑」解。如說：「伊一時著驚（tiok下入 kiã 上平），踉到（ka 上平）無看見後腳。」著驚，吃驚也。到，至於也。意謂「他一時間嚇壞了，跑得見不到後腿。」「踉」的說法，現還在金門流行。臺灣地區似乎很少聽到。

攄（tsú　上平）——布列。

魏張揖廣雅釋詁：「攄，張也。」宋陳彭年大宋重修廣韻：「攄，舒也。」漢班固西都賦：「主人曰：『願賓攄懷舊之蓄念，發思古之幽情。』」攄，舒散也。可證「攄」是「散開布列」意。「攄」和「摛」意義相近，但有分別：「攄」是把所指的事物「散開布列」，它底下必有所承，如地方、地上、桌上、牀上等；「摛」則只是「開展布列」某事物的本身，它底下不須有所承接。

閩南語「攄」（tsú　上平）是日常用語。例如，把牀上的牀單或毯子披放好，叫「攄牀巾」、「攄毯仔（a 上上）」；將草席子或桌巾披放好，叫「攄草席（tsíok　下入）」、「攄桌巾（kin 上平）」。

民國連橫臺灣語典一、林金鈔閩南語探源寫作「舒」，雖也可通，但就文字構造看，「舒」不如「攄」合理。因「舒」多用作事物的「自行伸展布列」，「攄」却是「被伸展布列」。參閱「摛」字條。

# 第十二章　飲食

卵（lŋ 下去）——雞蛋。

說文：「卵，凡物無乳者卵生。」段注：「此乳謂乳汁也，惟人及四足之獸有之，故其子胎生。羽蟲、鱗蟲、介蟲及一切昆蟲皆無乳汁，其子卵生。此乳猶抱也，嫗也。（漢揚雄）方言：『北燕、朝鮮、洌水之閒，謂伏雞曰抱。爵（雀）子及雞雛皆謂之鷇，其卵伏而未孚（孵），始化謂之涅。』鄭注樂記曰：『以體曰嫗。惟鳥於卵伏之，抱之，既孚而或生，哺之。有似人之抱哺其子。』」

我國古人養飼家禽喫卵極早。明王三聘古今事物考七：「瑞應圖曰：『有虞氏馴百禽。夏后之世，民始食卵，鳳凰乃去。』」明馮夢龍警世通言十八：「科貢官，兢兢業業，捧了卵子過橋，上司還要尋趁他。」「卵子」即指「雞蛋」。人類所能食用動物所產的蛋類極多，爲甚麼獨以「卵」代表雞蛋？它原因大概是，一是雞蛋的味道最美，二是雞是家禽中飼養數量最多而普遍的。

現代國語只叫「雞蛋」或「蛋」。獨閩南語保存古義，稱爲「雞卵（ke 上平　lŋ 下去）」或「卵」。凡單說「卵」，即指雞蛋，絕不指其他種類的蛋。此外，除「皮蛋」用「蛋」外，其他亦絕不用「蛋」；通常在「卵」字前面加字說明，如鴨、鵝、鴿、鳥、海龜等字，表示分別。

**炊**（tsúe 上平）——蒸。

說文：「炊，爨也。」「爨」是「燒火煮食」。煮食有很多種，例如燉、煮、熬、蒸等，都可稱爲「炊」。漢王充論衡知實：「顏淵炊飯，塵落甑中。」「炊飯」即「煮飯」。

在閩南語，「炊」特指用蒸籠蒸食物，不作其他的煮法解釋。例如說「炊粿」（tsúe 上平 k-ue 上上），意即「蒸糕」。元施耐庵水滸傳二十四：「因此武大在清河縣住不牢，搬來這陽穀縣紫石街賃房居住，每日仍舊挑賣炊餅。」明蘭陵笑笑生金瓶梅一：「武大終日挑擔子出去，街上賣炊餅度日。」炊餅，蒸餅也。和閩南語用法同。

**物配**（mik 下入 púe 上去）——佐飯的菜。

國語對於所有佐飯用的菜，不論山珍海味、動物植物、酸甜苦辣、是乾是湯，通叫作「菜」。閩南語也有類似的說法，但多指正式筵席上一道道的「菜肴」或家常便飯中「生菜」煮的「菜」。

一般說來，閩南語稱每天三餐的佐飯的菜爲「物配」。通常是指已在廚房下鍋作好的。「物」可包括所有可食用的物品，「配」是指可「配合」正餐（即乾飯或稀飯）一起喫。因爲飯類的味道淡，如沒有經過調味過的「物配」相佐，很可能喫不下的原故。

**厚蔆糕**（hɔ 下去 liŋ下平 ko 上平）——米類磨粉加糖蒸成的一種甜糕。

說文：「蔆，芰也。」「芰，蔆也。」二字互訓。宋丁度集韻：「蔆，或从遴，司馬相如說。或作菱、䔖。」明李時珍本草綱目：「三角四角者爲芰，兩角者爲蔆。有野蔆、家蔆，皆三月生，蔓延。野蔆葉實俱小，其角硬直刺人，嫩時剝食甘美，老則蒸煮食之。家蔆種於陂塘，葉實俱大，角輭而脆。」周禮天官籩人：「加籩之實：蔆，芡，栗，脯。」可見古人早已採蔆食用，又可入藥，更是宴席上的美味佳品。

明王三聘古今事物考飲食麥糕：「（晉陸翽）鄴中記云幷州之俗，冬至一百五日，爲（春秋晉國）介子推冷節，作乾粥，即今麥糕也。世俗每至清明，以麥成秫，以杏酪煮爲薑粥，俟凝冷，裁作薄葉，沃以餳若蜜而食之，謂之麥糕，此即其起也。」看這記載，是用蔆磨碎煮成稀飯，等待堅冷，再切成塊狀澆糖和蜜喫，所以叫做糕。清曹雪芹紅樓夢三十九：「那婆子一時拿了盒子回來，說：『這個盒子裏，方纔舅太太那裏送來的蔆粉糕和雞油捲兒，給奶奶姑娘們吃的。』」

鄴中記是晉朝的書，所記當含有那時人民的生活習俗。晉時五胡亂華，中原百姓大量南遷，其中一部分輾轉播遷到閩南地區定居，故也必帶來晉時的文化風習，當無可疑。鄴中記所說「冷節」的典故，源於春秋晉國的介子推。他追隨晉公子重耳出亡十多年，在外受飢，有一次割下自己身上的肉作肉湯瞞著給重耳喫。後來重耳回國成了國君晉文公，卻忘了賞賜他的大功勞。介子推也不爭功，和他母親隱居山裏，文公知道，急著逼他出來，放火燒山，母子二人竟甘抱住大樹被燒死。晉文公悔過不及，採樹木斲成木屐穿用紀念他，這是木屐的起源。又下令全國在介子推的忌日，不准生火煮食，只喫乾糧，表示對介子推的尊敬。後世稱爲「寒食節」。唐韓翃寒食詩：「春城無處不飛花，寒食東風御柳斜。」是唐人仍遵行此俗。筆者是閩南人，直到民國四十幾年間，家鄉還過著「寒食節」，那一天仍不敢生火煮食，喫的是早一天作好的乾糧。可見古習俗流傳久遠的力量。

到了今天，不知道大陸是否尚有「寒食節」。在台灣，早就已滅絕得連許多人都聽不曉節日名，遑說在那一日喫甚麼乾糧？倒是臺灣的市面上，依然可見「厚蔆糕」出售。糕高約二寸，白色，中或有餡，或無餡，都加糖製成，在蒸籠中蒸熟後，再切成塊狀。但所用的原料未必是蔆，是以米類爲主。這種糕製好後較鬆軟，和用紙包裝的切作賭具四色牌形狀的較硬「雪片糕」不同。臺灣的文化是閩南文化的延伸，故臺灣也叫「厚蔆糕」。

**哺**（pɔ 下去）——嚼。

說文：「哺，哺咀也。」段注：「哺、咀，蓋疊韻字。（唐）釋元應引（漢）許（愼）淮南注曰：『哺，口中嚼食也。』又引（劉宋呂忱）字林：『哺咀，食也。凡含物以飼曰哺。』」今按，段注所引「口中嚼食」，應是「哺」的原義；「凡含物以飼曰哺」，是引申義。

史記魯世家：「周公戒伯禽曰：『吾一沐三握髮，一飯三吐哺，以待天下之士，我恐失天下之賢人。』」這裏「哺」字的用法，可為段注原義「口中嚼食」作證。周公為敬重賢人，喫飯時不及吞下口裏未嚼碎的飯食，又吐出在碗盤內，人就跑出來見客。爾雅釋鳥：「生哺鷇。」晉郭璞注：「鳥子須母食（飼）之。」「食」即是「哺」，又可為段注引申義「凡含物以食曰哺」作證。同理，人類的母親不論用乳頭授乳或將嘴裏嚼碎的食物送進嬰兒口中，也叫做「哺」。後漢書袁紹傳：「譬如嬰兒在股掌之上，絕其哺乳，立可餓殺。」不止對嬰兒；口對口把食物餵給成人喫，也稱為哺。「哺」和「餔」通。漢劉向說苑六復恩：「（春秋晉趙）宣孟止車，為之下，飡（餐）自含而餔之，餓人再咽，而能食。」明蘭陵笑笑生金瓶梅五十一：「孟玉樓在旁斟酒，哺菜兒與他（郁大姐）吃，說道：『賊瞎轉磨的唱了這一日，又說我不疼你。』」都是例子。

閩南語「哺」，單指「嚼」物的動作說，最接近說文「哺咀」的本義，用法極古而精覈。譬如父母教訓小孩子：「汝喫物件，著哺較幼一些仔，再吞落去，纔𣍐傷胃腸。」物件（mik 下入 kiã 下去），食物也。著（tiok 下入），必須也。哺，嚼也。幼，細碎也。些仔（si 上平 a 上上），點兒也。𣍐（bue 下去），不會也。

**啜**（tsék 上入）——小口地飲喝。

閩南人飲酒或喝茶，極少大口直灌的，都是一小口一小口地細品，叫做「啜」；尤其是閩南地方的所謂「功夫茶」的「品茗」和「淺斟低喝」，更是如此。

說文：「啜，嘗也。」「嘗」是「品嘗」的含義，自然不是張口大喫。說文又說：「嘗，口味之也。」口味之，即「用嘴試一試滋味」，更可證明「啜」或「嘗」都是「小口品味」罷了。戰國荀子天論：「君子啜菽飲水，非愚也，是節然也。」「菽」是熬黃豆成湯，豆粒既非糜爛，還是須要齒嚼，當然不宜大口快喫，否則會鯁著嗆著。唐杜甫重過何氏五首詩：「落日平臺上，春風啜茗時。」「啜茗」即是「小口品茗」。是古人這些喫法，都可爲閩南語「啜」作佐證。

**麻餈**（mua 下平 tsi 下平）——糯米磨粉加糖作成的軟糕。

今日臺灣常喫的「麻餈」，作法是先以糯米（或用樹薯假冒）磨粉，蒸熟，加糖做成厚厚軟糕外皮，糕中再包餡子，餡子多用綠豆、紅豆、花生等，也先磨碎蒸熟加糖製成。糕的外表，或再沾些芝麻，就是「麻餈」了。在閩南地區所產的「麻餈」，一定使用糯米，不用樹薯騙人，有無餡的，也不沾芝麻；只在外皮沾上大量炒花生粉拌白糖。

「餈」字在幾千年前已有，臺胞出售「麻餈」的人不知道怎樣寫，另造了「糬」字替代，這種字已無意義而多餘；還有，原本好好意思完足的「麻」字竟又添了「米」旁，成了「䊶」，自找贅餘麻煩；合成「䊶糬」，臃腫無稽，實在可笑。如單是賣的人寫寫也罷了。連知識界的報紙、雜誌、書籍，也盲從使用「䊶糬」，而棄置貨眞價實的「麻餈」不用。語文程度的低落，教人悲哀。中國人是喫米五千年以上的民族，用米製成的食品，我們的祖先斷不致忘了造字。後世子孫好字不要，又胡亂新造；

黃鐘毀棄，瓦釜雷鳴」，這叫做「捧著金飯碗討飯喫」。

說文：「餈，稻餅也。」「餅，麪餈也。」今人一見「餅」字，總會誤會是硬的糕餅，其實軟的糕餅也可稱「餅」。說文解釋極簡，但大體上已明白。即「餈」是稻米（糯米〔秫〕是稻的一種）作的，「餅」是麪粉作的。周禮天官籩人：「羞籩之實：糗餌，粉餈。」鄭注：「此二物皆粉稻米、黍米所爲也。合蒸曰餌，餅之曰餈。糗者，擣粉熬大豆，爲餌餈之黏，著之以粉耳。餌言糗，餈言粉，互相足。」賈疏：「餅之曰餈，未正乾之言。云『粉稻米、黍米，合以爲餌；』餌既不餅，明餅之曰餈。今之餈糕皆解之，名出於此。餌言糗，謂熬之，亦粉之；餈言粉，擣之亦糗之；故言互相足。」細讀注和疏，可明白：古人作「餈」，原料有米、雜糧、大豆等，未必和今人所用的相同；但有一點相同的，就是「餈」生性黏，外面須要用粉調劑，纔不致許多「餈」黏在一起或黏住容器。

說文「餈」字段注：「按許（愼）說與鄭（玄）不同。謂以稬米蒸孰，餅之如麪餅，曰餈；今江蘇之餈飯也。粉稬米而餅之而蒸之則曰餌，鬻部云：『鬻，粉餅也。』今江蘇之米粉餅、米粉團也。」這可供進一步研究的參考。

**窨豉**（ im 上去　si 下去）——大豆蒸熟發黴加鹽作成的食品。

說文：「豉，配鹽幽尗也。」尗，菽也，豆類總名。也指大豆。「幽」有「窨」意。漢劉熙釋名釋飲食：「豉，嗜也。五味調和，須之而成，乃可甘嗜也。」是「豉」可作調味品用。

豆豉的起源，宋吳曾能改齋漫錄鹽豉說：「鹽豉，古來未有也。禮記內則炮豚之法云：『調之以醯醢。』尚書說命篇：『若作和羹，爾惟鹽梅。』（春秋）晏子曰：『水、火、醯、醢、鹽梅，以烹魚肉。』是古人調鼎用梅醢也，而言不及豉，古人未有豉也，止用醬耳。（漢）史游急就篇，乃有『蕪荑鹽豉。』史記貨殖傳曰：『糵麴鹽豉千合。』及（漢趙岐）三輔決錄曰：『前隊大夫范仲公鹽豉、蒜果共一筩。』蓋秦漢以來，始爲之耳。」後漢書六十一羊續傳：「（續）常敝衣薄食，車馬羸敗。」清王先謙集解引汪文臺曰：「（宋太平）御覽三百六十九謝承書云：『續爲南陽太守，志在矯俗。裳不下膝，彈琴出肘。』八百五十五引云：『鹽豉共一壺。』」是漢人吃豉的證明。

豆豉的製作，後魏賈思勰齊民要術作豉法說：「先作煖蔭屋坎地，深二三尺。屋必以草蓋，瓦則不佳。密泥塞屋牖，無令風及蟲鼠入也。開小戶，僅得容人出入。常以四孟月十日後作者，易成而好。大率常欲令溫如人腋下爲佳。三間屋得作百石豆。用陳豆彌好；新豆尚濕，生熟難均故也。大釜煮之，漉著淨地撣之，乃內（納）蔭屋中，聚置一日，再入以手刺豆堆中，候看如人腋下煖，便翻之。作尖堆，凡四五翻。悉著白衣（黴），乃生黃衣。出豆於屋外，淨揚簸去衣。以大瓮盛半瓮水，內豆著瓮中，以杷急抨之使淨。漉出著筐中，令極淨，漉水盡委著席上。掊穀藏（稻草）作窖底，厚二三尺許，以蘧蒢（草席）蔽窖。內豆於窖中，以脚躡豆，令堅實。夏停十日，春秋十二三日，冬十五日便熟。」賈書同卷又列有食經作豉法、作家理豉法、作麥豉法等。前述「作豉法」和「作家理豉法」都沒有提到「加鹽」，不知道是甚麼緣故。

說文：「窨，地室也。」段注：「今俗語以酒水等埋藏地下曰窨，讀陰去聲。」明抱甕老人今古奇觀七：「那油坊裏記得朱小官是個老實好人，今朝挑擔上街，都是那夥計挑撥他出來，心中甚是不平，有心扶持他，只揀窨清的上好淨油與他。」這可作段注的印證。

另有「蔭」字。說文：「蔭，草陰地。」段注：「引申凡爲覆庇之義也。」賈書說製豉在二三尺深的地下室進行，實應作「窨」字無誤。世也有寫作「蔭豉」的。在製作過程中，不許在露天，而是於有「蔭蔽」的草屋裏，煮過的大豆又須用草席覆蓋，忌通風暴光，過冷過熱都會影響豆的發黴不透徹而不好喫，故作「蔭」當也可通。

筆者是閩南人，小時候在夏天，常於家裏看母親製作家用的黑豆豉，即稱「窨豉」，當然不在地下室，作法確和賈書所說大同小異。在黑大豆發黴過後要泡水入缸的時候，還記得一定要「加鹽」，不然會臭腐，前功盡棄。

**粿粹**（kue 上上 tsúe 上去）——蒸糕前的原料磨成的粉或濃漿狀之物。

閩南人蒸糕，原料通常是米類、麥類、豆類或其他雜糧。先將原料磨成乾粉，有時是添水磨成漿狀，然後加糖或鹽等佐料，搓揉或翻攪均勻，放進蒸籠內蒸熟。特別是過春節時的年糕，都是這樣作法，甜的叫「甜粿」，鹹的叫「鹹粿」。從前全是家家自作，絕無作好出售的。當原料磨好，成粉成漿時，叫做「粿粹」。甚至湯圓也一樣，秫米加水磨成膏狀，稱爲「圓仔粹」（ĩ 下平 a 上上 tsúe 上去）。

說文：「粹，不襍（雜）也。」段注：「劉逵引班固云：『不變曰醇，不襍曰粹。』按『粹』本是精米之稱，引申爲凡純美之稱。」故「粹」有「精純」意。閩南語的「粹」（tsúe 上去），意爲作糕的原料既已除去外殼、雜物，磨成粉狀、膏狀，這時最是「純然不雜」了。至於「粿」（ke 上上或 kue上上），宋丁度集韻：「粿，粿或字，穀之善者。一曰無皮穀。」宋陳彭年大宋重修廣韻：「粿，稝也。」當是「穀粉」或「碎穀」。故閩南語「粿」是借用字，即是國語「糕」意。閩南語「糕」、「粿」通用；但「粿」的含義最廣，可泛指一切蒸的輭糕。

**噬**（se 上去）——狼吞虎嚥。大吃。

說文：「噬，啗也。〔一曰〕喙也。」故「噬」本義爲「吞喫」意。易有「噬嗑」卦，象曰：「頤中有物，曰噬嗑。」含義和說文同。閩南語「噬」（se 上去）特用來形容「狼吞虎嚥」或「食量大」。例如說：「伊腹肚枵（iau 上平），一氣頭（tsit下入 kúi 上去 táu 下平）噬五碗米飯。」枵，餓也。一氣頭，一口氣也。噬，喫下也。「噬」的說法在金門盛行；臺灣很少聽到。

（糝）**糜**（am 上上 mue 下平）——稀飯。

國語談到飯，須加形容詞說明，乾而成粒的叫「乾飯」，燉得稀爛而有湯的叫「稀飯」。閩南語不然，凡說「飯」（pŋ 下去），即指「乾飯」，而稱「稀飯」爲「糜」；意義明確，不似國語含混或費事。

爾雅釋言：「鬻，糜也。」「鬻」即「粥」。同書同篇晉郭璞注：「粥之稠者曰糜。」漢劉熙釋名釋飲食：「糜，煮米使糜爛也。」說文：「糜，糝糜也。黃帝初作糜。」段注：「以米和羹，謂之糝；專用米粒爲之，謂之糝糜。」「糝」又作「糂」；說文：「糂，以米和羹也。」「羹」是稍濃兼有黏性的湯；用米加水熬成濃濃的而有黏性的米湯，叫「以米和羹」。米熬得稀爛，必有黏性，即是「糝糜」無疑，也就是「稀飯」了。釋名釋飲食：「糝，黏也。」可證。

中國北方的食糧雖以雜糧和麥豆爲主，但南方盛產的稻米古來就是中華民族的主食。禮記問喪：「親始死，水漿不入口，三日不擧火，故鄰里爲之糜粥以飲食之。」漢陸賈新語愼微：「曾子孝於父母，昏定晨省，調寒溫，適輕重，勉之於糜粥之間，行之於衽席之上，而德美重於後世。」後漢書禮儀志：「年始七十者，授之以玉杖，餔之糜粥。」劉宋劉義慶世說新語夙慧：「賓客詣陳太丘（寔）宿，太丘使元方、季方炊。客與太丘論議，二人進火，俱委而竊聽，炊忘箸箅，飯落甑中。元方、季方長跪曰：『炊忘箸箅，今皆成糜。』太丘曰：『如此，但麋亦可，何必飯也！』」「麋」通「糜」。「甑」是蒸飯器，「箅」是墊在甑中的竹器，以隔開待蒸的飯粒和甑底的滾水。元方和季方爲貪聽父親太丘和客人的論議，忘了放箅，結果「乾飯」都變成了「稀飯」了。這段文字末後說「但麋亦可，何必飯也！」更可證明那時候「飯」和「糜」還未相混，正同於現在的閩南語，而和國語不同。明宋濂杜環小傳：「妻馬氏解衣更母濕衣，奉糜食母，抱衾寢母。」由上所引，可證各朝代都盛行吃「糜」。

或以閩南語的「糝糜」（am 上上 mue 下平）當作「泔糜」。說文：「潘，淅米汁也。」段注：「（禮記）內則曰：『其間面垢，燂潘請靧。』」洗米的汁液，具有清潔的功能，到今閩南人春節前洗香爐、燭臺等銅器，多先浸泡在米汁中幾天，拿起用乾布擦拭，銅鏽盡去如新。故古人將洗米汁煮過，用來洗臉。說文：「泔，周謂潘曰泔。」但「潘」（pún 上平）和「泔」都是生的洗米汁，和用米煮熟的稀飯的稀湯「糝」不同，因爲從來無人以生的洗米汁食用。故「泔」仍不宜代替「糝」使用。參閱「潘」字條。

**羹**（kē 上平）——加樹藷粉煮成的稍有黏性的肉菜湯。

今日臺灣的飯館和小吃攤所見，有「肉焿」、「魚焿」一類的食譜或廣告牌。中國人是講究喫的民族，書寫上面二種食物名稱的臺胞不留心數千年前我們的祖先早已有了「羹」字，又造了多餘的「焿」字，也可說是寫錯字。

說文：「羹，五味盉（和）羹也。」段注：「（春秋）晏子曰：『和如羹焉，水、火、醯（醋）、醢（肉醬）、鹽梅，以烹魚肉，宰夫和之，齊之以味，濟其不及，以泄其過。』」詩商頌烈祖：「亦有和羹，既戒既平。」鄭箋：「和羹者，五味調，腥熟得節，食之於人，性安和，喻諸侯有和順之德也。」左隱元年傳：「潁考叔對曰：『小人有母，皆嘗小人之食矣，未嘗君之羹，請以遺之。』」戳國宋玉招魂：「露雞臛蠵，厲而不爽些。」「些」是語助詞。宋朱熹集註：「露雞，露棲之雞也。有菜曰羹，無菜曰臛。蠵，大龜之屬也。厲，烈。爽，敗。」「羹」和「臛」都可說是「肉汁」；只是「羹」中再加菜罷了。禮記內則：「士不貳羹胾。」「羹胾」是「肉湯」和「細切的肉」。用藜菜作羹，稱「羹藜」。漢王褒聖主得賢臣頌：「羹藜含糗者，不足與論太牢之滋味。」「糗」是「乾糧」或「冷飯」，有些寒酸；「太牢」是「牛羊豕肉的大餐」，諸侯享用。用蓴菜作羹，叫「蓴羹」。南史崔祖思傳：「文季曰：『千里蓴羹，豈關魯衞。』帝（蕭道成）甚悅。」

閩臺地區居民所作的「羹」，都加入少量的樹藷粉，故喫起來稍有濃和黏的感覺，不是清清的湯。其中的佐料，凡是海鮮、獸肉、禽肉、各種生菜都可放入，有時也加些酸醋，以除去肉腥味。至於古人的「羹」是否也添樹藷粉便無從知道；然而那時的佐料下得不少，煮燉過一段時間後，也不會是很清的湯了。

# 第十三章 器 物

**物件**（mik 下入 kiã 下去）——物品。

說文：「物，萬物也。」宋徐鉉說文新附：「件，分也。」可知「物件」是指「一件件的東西」。閩南語稱「物品」都叫「物件」，絕不說「東西」。

「東西」一詞，起源也早。唐杜嗣先兔園册：「古有玉東西，乃酒器名。齊書豫章王嶷傳：『上謂嶷曰：百年何可得？止得東西一百，於事亦濟。』物產四方，而約言東西。」是南朝時已叫物品爲「東西」。明方以智通雅稱謂：「稱男子曰南北，猶稱物曰東西也。」「東西」另有一義，是指金錢，故通雅又說：「世稱好男子窮者：『好南北，無東西。』」

稱「物品」爲「物件」，不止是閩南語。明馮夢龍警世通言二十四：「北京大街上有箇高手王銀匠，曾在王尚書處打過酒器。公子在虔婆家打首飾物件，都用著他。」京戲硃砂痣三：韓員外說：「如此說來，這銀子是好物件？」吳惠來說：「好物件！」可證最遲在明末清初，北方也有「物件」一詞了。

**春牛圖**（tsún 上平 gu 下平 tɔ 下平）——印有春牛和句芒神的簡便日曆圖。

中國以農立國幾千年，農業文化高度發展。古人旣發明曆書，推算一年中四季和二十四節氣順序的精確日期，給全國的人做爲作事規程時間的重要依據。曆書雖詳盡，或是價錢貴難普及，故又用紅紙印製春牛圖，供應每一家庭，張貼在牆壁上，隨時查閱。圖上有春牛和句芒神圖、八卦配合干支的太歲運行圖、民間重要神祇的誕辰日、整年間春耕、夏耘、秋收、冬藏、各個節氣的行事日及禁忌等等。閩南地區「春牛圖」的使用，直到民國三十幾年間，還極普遍。今日臺灣的商家是印製成册的「農民曆」贈送顧客，內容和春牛圖類似。

牛是古時農耕的主要動力。後漢書禮儀志：「立春之日，施土牛耕夫于門外，以示兆民。」「土牛」即「春牛」，是春耕開始兼送寒氣的象徵。清官府有「打春」的禮俗。清富察敦崇燕京歲時記：「先立春一日，順天府官員至東直門外一里春場迎春。立春日，順天府呈進春牛圖，禮畢回署，引春牛而擊之，曰打春。」此可見民國以前的「春牛」習俗。

禮記月令：「孟春，其帝大皥，其神句芒。」鄭注：「此蒼精之君，木官之臣。句芒，少皥之子曰重，爲木官。」元會典：「其芒神貌像、服色、裝束及鞭縻等，亦就年日幹支，爲其設施。」術數家據以推演，故春牛圖上所見，每年的春牛和句芒神的形貌都不盡相同。

春牛圖上都注明「太歲」和干支紀年。所謂「太歲」、「歲星」，就是木星。木星約十二年一周天，故古人配用十二地支作爲躔次以紀年。周禮春官「馮相氏掌十有二歲」賈疏：「太歲在地，與天上歲星相應而行。歲星爲陽，右行於天；太歲爲陰，左行於地，一歲與歲星跳辰年歲同。」歲星右行，

即由西向東；太歲左行，即由東向西；兩星背道而馳。其實太歲是古人對天體運行的一種假想。術數家配上干支五行，用來推算國家、社會、人類的行年吉凶。如史記天官書說：「木星與土合，爲內亂，饑。主勿用；戰，敗。」參閱「曆日」條。

**昭君套**（tsiau 上平 kun 上平 tó 上去）——舊式老婦人纏繫在額頭上的黑布巾。

現在偶然還可見到八十歲以上的老婦人，每逢年節、上廟燒香、各種喜慶、會見賓客、出門上街時，除了穿著整齊，額頭上還繫上一條綢緞或其他布料製成的黑色頭巾；寬約二寸，講究的，正中央又簪一塊翠玉，繞過雙額邊，蓋住半個耳朵，打結在後腦枕骨處螺形髮髻的底下；這種頭飾，叫做「昭君套」。這些老婦人都是清朝時代出生，故仍遵行許多古老的遺俗。再往前推，大概各朝代的漢族婦女，多有這類打扮。目前中國大陸、臺灣、澎湖、金門，還可看見。但只限於老婦人，年輕女子不必用，也不可用。一般民衆未必留意她們額頭上那一條黑布巾；即使留意，知道它名稱叫「昭君套」的人恐怕少之又少。再過幾十年，那些老婦人都作古，「昭君套」也就成爲歷史名詞了。

有關王昭君的史書如漢書九元帝紀、九十四匈奴傳下，後漢書八十九南匈奴傳，南朝梁吳均西京雜記二，宋司馬光資治通鑑二十九，都不曾提到「昭君套」的事。明高承事物紀原三頭帬：「二儀實錄：『燧人時爲髻，但以髮相纏，而無物繫縛。至女媧之女，以羊毛爲繩，向後繫之，後世易之以絲及綵絹，名頭帬，繩之遺狀也。』」依這記載，似乎「頭帬」只是直接捆束在頭髮上的髮巾，和「昭君套」有別。高書另有「頭巾」、「蓋頭」二條，却是指把整個頭髮都包起來用的東西，與昭君套也不同。

「𢄼」和「繻」通。說文：「繻，繒采色也。」可見「𢄼」不一定是黑色，其他顏色亦可。宋無名氏僞託朱子家禮：「婦人成服，布頭𢄼，用略細麻布一條長八寸，以束髮根，而垂其餘於後。」但這種「頭𢄼」是喪禮用。

集覽：「婦女冬月以貂圍髻下，正當額上，謂之昭君套。」筆者按，在冬天，北方天氣嚴寒，風塵又大，婦女出門，爲保護髮髻，兼具美觀，所以有「昭君套」的發明，質料也未必都是貂，而且時代當遠在王昭君以前。後來所以會把這種頭飾歸名給她，應該是她遠嫁給匈奴呼韓邪單于爲妻，千里出塞的故事太有名的緣故罷。故古時年輕婦女也可用，顏色不限。後世只老婦人纏繫，或許是時代風俗變化的結果；一方面由於老婦人前額多禿，有「昭君套」纏繫也較美觀；只限黑色，這是配合年老樸素無華的含意。閩南語口語雖叫「烏巾」（ɔ上平　kun上平），它的本名實應叫「昭君套」。

**柴屐**（tsá下平　kiak下入）——木屐。

說文：「屐，屩也。」「屩，履也。」所謂「履」，不一定是「布面的鞋子」。古人穿在脚上的東西都可叫「履」，故這「履」即是「木鞋」。魏張揖廣雅釋器：「屐，木屩也。」解釋更加清楚。唐釋玄應一切經音義引異苑：「介子推抱樹燒死，晉文公伐以制屐也。」這是木屐起源的傳說。戰國莊子天下：「以跂蹻爲服。」唐陸德明釋文：「李云：『麻曰屩，木曰屐。屐與跂同，屩與蹻同。』」漢書王褒傳：「離疏釋蹻而享膏粱。」漢應劭曰：「離此疏食，釋此木蹻也。」「木蹻」即「木屩」，就是「木屐」。釋文所引的「麻曰屩」當是「麻鞋」或「草鞋」。後漢書五行志：「（桓帝）延熹中，京都長者，皆著木屐。」晉書宣帝紀：「（司馬）懿使軍士三千人，著軟材平底木屐前行，然後馬步俱進。」劉宋劉義慶世說新語容止：「聞函道中有屐聲甚厲，定是庾公（亮）。」可見木屐爲各時代的古人所常穿用。

「屐」的材料形式，古今不同。材料方面，木料有輕重軟硬，屐帶多使用皮革、草類、麻類、棕類編成。形式方面，就明王圻三才圖會所見，屐的前後雙頭都是圓形。此外也有方形的。屐底有二齒，往下尖削，方便在泥地上行走，不致滑倒。世說新語雅量：「阮遙集好屐。或有詣阮，見自吹火蠟屐，因嘆曰：『未知一生當箸幾量屐？』」這是以蠟塗屐，可使耐用。說文「屐」字清王筠注：「屐有草有帛，非止木也。」宋書：『謝靈運常著木屐，上山則去前齒，下山則去後齒。』（漢劉熙）釋名云：『屐，踐泥者也。』」照王說，是草鞋、絲鞋也稱爲「屐」了。謝靈運斬除屐齒，是要配合上下山的坡度，使步伐較平穩。晉書謝安傳：「（謝）玄等既破（苻）堅，有驛書至，安方對客圍棋。看書既竟，了無喜色，棋如故。既罷還內，過戶限，心喜甚，不覺屐齒之折。」這是歷史上有名的淝水之戰和木屐相關的一段佳話。唐姚合盆池詩：「浮萍重疊水團圓，客遶千遭屐齒痕。」宋葉適遊小園不值：「應嫌屐齒印蒼苔，十叩柴扉九不開。」可知古人的木屐底部都有木齒。

閩南一帶和臺灣的居民，自古到距今五六十年前，無論家居、出門、作農、作工，男女老幼常是打赤足的，到黃昏休息，洗脚以後，纔穿上木屐，原因一爲貧窮，一爲儉樸。平時穿木屐，已是奢侈的享受。若是布鞋、橡膠鞋，是逢年過節作賓客纔有得穿，一雙布鞋、橡膠鞋是準備穿個五年七年的，豈止奢侈而已！又遑論皮鞋！民國三十幾年時，廈門所產的女用木屐，加彩色油漆，屐面繪有山水、花木、鳥獸圖樣，盛銷於閩南一帶，有時還作爲嫁妝。現代國人所穿的木屐，底部不再有古人的尖齒，而是前稍低後稍高的平底脚。日本人的木屐又不同，是較薄的長方形木板，底下有二片高高橫向的木脚，屐帶是用大二兩個足指頭夾住而穿的。閩南語除稱纏脚婦女穿用的「金蓮鞋木底」爲「木屐踏」外，其餘都稱「柴屐」，而不叫「木屐」。

**栲栳**（箸笺）（ka 上平　lo 上上）——竹篾編成的圓形裝物器。

「栲」原是一種樹木名，它的木材可製器。明張自烈正字通：「栲栳，盛物器，屈竹爲之。」宋陳彭年大宋重修廣韻：「栲栳，柳器也。」可知「栲栳」除竹外，也可用柳條製成，形狀像竹籮，但比竹籮淺，又稱「笆斗」，古人用笆斗裝糧食。既然是竹器，爲何又用木旁的「栲栳」二字？或可能最早的「栲栳」是以栲木屈揉編成的罷。字亦寫作「箸笺」。明方以智通雅雜用：「屈竹爲器，呼爲箸笺，即古之簝，受盛器也。」說文：「簝，宗廟盛肉竹器也。」可相參證。

在從前，「栲栳」竹器是全中國每個家庭中必備的。它的形狀像炒菜用的淺鐵鍋，用途極廣，凡廚房裏漉洗食物，不管穀類、蔬菜、果實、山珍、海味，都少不了它；因它有細縫，可把洗過的髒水漏除；甚至可代替米籮淘米，更可作盛裝其他乾的物品使用。自近數十年來塑膠製品代興，竹栲栳已漸減用，說不定有一天會消滅，今天已經有很多人不懂得它的名稱了。唐盧延讓樊川寒食詩之二：「五陵年少粗於事，栲栳量金買斷春。」是唐人早已應用「栲栳」。元史輿服志輿輅：「玉輅，青質，金裝，青綠藻井，栲栳輪蓋。」元無名氏雜劇漁樵記三：「那相公滾鞍下馬，在那道旁邊放下那栲栳圈銀交椅。」這是輪蓋和交椅像栲栳的形狀。明蘭陵笑笑生金瓶梅五十六：「常二取栲栳望街上便走，不一時買了米，栲栳上又放著一大塊羊肉兒，笑哈哈跑進門來。」可見明人也普遍使用。

閩南語有俗語說：「破栲栳遮壁，大松樹蔭人。」意思是：不是很新很好的栲栳不用時掛在牆壁的鐵釘子上，正好可遮蓋牆壁上的破洞，不致讓人見了有無錢修破屋的窮酸；大松樹的枝葉暢茂，它的陰影可供人遮陽避熱。言外之意，物不分大小貴賤，各有它的妙用。金門地區有俗語說：「無話講栲栳。」意思是：人對坐無話，有些窘，急忙找些遠不相干的話題來遮窘；或和人辯論理窮，突轉向無關連的話題脫困。不過如今的閩南語將「栲」讀（ka 上平），已經走音，應讀（kó 上上）纔算正確。

**畚箕**（pun 上去 ki 上平）——盛裝垃圾、泥土或其他物品的竹製容器。參閱「糞箕」條。

**笊籬**（tsua 上上　li 下平）——撈起烹煮中的食物的有洞竹器。

唐段成式酉陽雜俎忠志：「安祿山恩寵莫比，錫賚無數，其所錫品目，有桑落酒，銀笊籬。」「桑落酒」是一種酒，因在九月桑葉凋落時製成而得名。元戴侗六書故：「今人織竹如勺以漉米，謂之爪籬，俗有笊篱字。」明馮夢龍警世通言十七：「長老吟詩已罷，隨喚火工道人，將笊籬笊起溝內殘飯，向清水河中滌去汚泥，攤於篩內。」戲劇裏也有，民國張大夏戲畫戲話十九教學說：「梆子班中，生意即有幌子，即象徵所操之業或所售之物的市招，如廚子手執刀勺，帶賣酒飯的客店懸掛笊籬之類。」

古人家用器具以竹製成的極多，取其經濟又實用，笊籬只是其中的一種。例如，撈起滾湯中的麪條、米粉、麪線、餛飩、水餃，非它不可；自油鍋中撈起烹炸的魚、蝦，更缺少不了它。現代家庭廚房中的用具都大量改用塑膠製品，唯獨撈取烹炸食物的竹笊籬（當然也有鐵絲編成的）不可能，因塑膠遇到滾沸的油，必會黑焦變形。國語「笊籬」還在應用。在閩南語，除了老輩的人外，一般青年人見了它，已連名稱也不曉得了，哀哉！

**茶甌**（te 下平　au 上平）——茶杯。

閩南語有叫「茶杯」爲「茶甌」的，來源很古。說文：「甌，小盆也。」段注：「方言：『自關而西，或謂之盆，或謂之盎，其小者謂之升甌。』」明高承事物紀原八甌：「（揚）雄、（許）愼皆漢人，凡所記非戰國即秦、漢制度；蓋三代飲燕之具，俱俎豆之類故也。」按方言一書舊題揚雄，實際這書是漢無名氏僞託。漢劉安淮南子說林訓：「狗彘不擇甂甌而食，偷肥其體，而顧近其死。」是說豬狗貪喫，肥了身體，反而近了它們被殺的死期。其中「甌」字，可作方言和說文的佐證。南齊書謝超宗傳：「超宗既坐，飲酒數甌。」是南北朝時，裝酒飲用的瓷器也叫做「甌」了。明樂韶鳳洪武正韻：「今俗謂盌（碗）深者爲甌。」明張自烈正字通：「瓦盂大口而庳，俗謂茶杯爲甌。」是明人仍時用「甌」字。

稱「茶杯」作「茶甌」，唐、宋時已流行。唐朱慶餘和劉補闕秋園寓興詩：「閑來尋古畫，未廢執茶甌。」唐李羣玉龍山人惠茶詩：「持甌默吟詠，搖膝空咨嗟。」宋蘇軾佛日山榮長老方丈詩：「食罷茶甌未要深，清風一榻抵千金。」閩南語「茶杯」、「茶甌」通用，全和古人相同。

**連枷**（lian下平　ka 上平）——打擊穀穗使穀粒脫離的農器。

說文：「枷，柫也。」「柫，擊禾連枷也。」段注：「（漢揚雄）方言曰：『僉宋、魏之間謂之欇殳，或謂之度。自關而西謂之棓，或謂之柫。齊、楚、江、淮之閒謂之柍。』（漢劉熙）釋名曰：『枷，加也。加杖於柄頭，以撾穗而出其穀也。或曰羅枷，三杖而用之也。或曰了了，杖轉於頭，故以名之也。』（清）戴（震）先生曰：『羅、連語之轉。今連枷之制，與古同。』」柫，方言晉郭璞注：「打之別名也。」

漢書王莽傳中：「予之北巡，必躬載柫。」唐顏師古注：「拂，所以擊治禾者也。今謂之連枷。」宋周密癸辛雜識：「(仁宗)慶曆初，楊偕伏所製鉘連枷，藏祕府。狄武襄以鉘連枷破儂智高，非獨治禾也。」宋范成大秋日田園雜興詩之八：「笑歌聲裏輕雷動，一夜連枷響到明。」可證「連枷」是古人普遍使用的打穀用具。

明徐光啓農政全書農器連枷圖說說：「(春秋左丘明)國語曰：『權節其用，耒、耜、耞、殳。』其制用木條四莖，以生革編之，長可三尺，闊可四寸；又有以獨梃爲之者；皆于長木柄頭，造爲擐軸，擧而轉之，以撲禾也。」「耞」和「枷」同。以筆者從前在閩南地區所見的「連枷」，用長約五六尺的木杖或竹竿，頂端橫交穿牢一根長約五六寸的圓木軸，木軸的一頭，再穿過一塊可以旋轉的長約二尺、寬闊各二三寸的硬木。人擧著木杖或竹竿，朝地上的穀穗揮打，每揮一次，那硬木就旋轉一回；可連環不斷地打擊穀穗，至穀粒完全脫離穀穗爲止。就筆者所知，今日中國大陸和金門地區的農民還在使用。「連枷」中國人發明和使用已有幾千年。臺灣因機械較發達，打穀器已被電動的碾穀機器所取代，鄉村的「連枷」當已絕跡，而搬進民俗博物館裏去供人憑弔欣賞了。

**盛**(siã　下去)——有木條吊架的長方槽形木器，喜慶或迎神時裝物用。

「盛」閩南語音讀(siã　下去)。或加「木」旁作「⿰木盛」，應無必要。說文：「盛，黍稷在器中以祀者也。」段注：「盛者，實於器中之名也，故亦呼爲盛。如左傳(哀十三年)『旨酒一盛』，(禮記)喪大記『食粥於盛』是也。今人分平去(聲)，古不分也。」照此說來，「盛」實是容器的通稱，它的形式和質料可依所裝物品的不同而定。春秋左丘明國語周語：「上帝之粢盛，於是乎出。」孟子滕文公下：「禮曰：『諸侯耕助，以供粢盛。』」史記孝文本紀二年：「以給宗廟粢盛。」「粢」是「黍稷」；把黍稷裝在器中以祭祀鬼神，叫做「粢盛」。

閩南的人民在男女訂婚、結婚所送的禮品，或迎神賽會的祭品，都用「盛」裝放。「盛」都木製；每個「盛」約三尺長，一尺半寬，四周邊緣有幾寸高的護欄；用竹竿穿過「盛」頂木條吊架的方洞，由兩名工人扛擡。在長長的一陣進行的行列中，有時可達數十「盛」。臺灣、澎湖也有。民國林財源臺灣採風錄一：「納采是送納聘金之謂，亦謂完聘。行此儀式，除聘金之外，還要『扛盛』，或謂『辦盤』。」這類木器，是古人極常用的禮器之一。臺灣自車輛使用普遍，「盛」已被車輛取代。但在較偏僻的農村和大陸廣闊地區的人民，仍在使用。再過幾十年，「盛」這種木器，恐不免遭到廢棄，成爲民俗博物館中的陳列品。

**鼎**（tiã　上上）——炒菜用的淺鐵鍋。

在某些單字的應用上，國語不及閩南語分辨細微。例如，燒菜的鍋有好多種，國語須在鍋字的前面再加字詞指明，像「燉湯的鍋」、「炒菜的鍋」等，否則含意不明。閩南語便不同：一說「鍋仔」（e 上平　a 上上），就是指高而深的煮湯鍋；一說「鼎」（tiã　上上），就是指較寬而淺的炒菜鍋，明白不含糊，也無須加字詞說明。

說文：「鼎，三足兩耳，和五味之寶器也。」古代的「鼎」有很多種類，形狀和用途也各有不同。說文所指的是一種烹飪器。以外還有傳國用的，紀功用的，焚香用的和烹人用的。漢劉向說苑六復恩：「楚人獻黿於鄭靈公。公子家見公子宋之食指動，謂公子家曰：『我如是，必嘗異味。』及食大夫黿，召公子宋而不與。公子宋怒，染指於鼎，嘗之而出。」這裏的鼎，即是說文所講的三足兩耳的烹飪器。禮記內則：「鉅鑊湯，以小鼎薌脯於其中。」孔疏：「謂以大鑊盛湯，以小鼎之香脯實於大鑊湯中。」「鑊」是一種無足的鼎，可以煮物。史記酈生傳：「齊王田廣聞漢兵至，以爲酈生賣己，齊王遂烹酈生。」此處無疑使用烹人的鼎，是極慘酷的一種刑具。左宣三年傳：「（周）成王定鼎于郟鄏，卜世三十，卜年七百，天所命也。」這又是另外一種傳國的鼎了。至於焚香用的鼎，仍以三足兩耳的最多，古今的寺廟中常見。

閩南語雖叫「炒菜的鍋」作「鼎」，但古代的鼎多半是有足的，而閩南語所指的鼎無足，形制上反而類似無足的「鑊」。由此可知道閩南語來源的古。除了研究閩南語的專著以外，社會上所使用的另加「金」旁，成了「鐤」字，可說是畫蛇添足、女人長鬍子，多事到極。

**壽板**（siu　下去　pan　上上）——棺木。

中國文化源遠流長而文明，故語文也常講究文雅，注重隱諱或婉轉。例如，人厭聞「死亡」，改稱「仙逝」；同樣的，人也厭聽「棺材」，故有「壽板」一詞代用。人年齡已老，身體雖仍健康，子孫輩就爲他準備質料講究、手工精細的死後換穿的衣袍，叫做「壽衣」。只要家庭財力作得到，「壽板」也是生前便備好，並採用全國最著名的福建福州杉木的「福杉」製成。這些「壽板」應當是給「壽終正寢」的人用的；人能活到長壽，享盡天年，好好的死在家裏；即是人生很大的福氣。故「壽」有「吉利」意。自古以來，閩南地區人民的風俗即是如上所述。

明抱甕老人今古奇觀十四：「三郎道：『客人若要看壽板，小店有眞正婺源加料雙花的在裏面。』」可見古人對棺木也有這稱呼。閩南語除叫「壽板」外，又稱「大厝」；大厝，大屋也。不愧都是雅名。

**鉸翦**（刀）（ka 上平　tsian 上上（to 上平））——翦刀。

宋陳彭年大宋重修廣韻：「鉸，鉸刀。」宋丁度集韻：「鉸，交刀。」古時所說的「鉸刀」或「交刀」，即今天的「翦刀」。元戴侗六書故：「鉸，交刃刀也，利以翦。」以上字書的解釋已很明白。唐李賀五粒小松歌：「綠波浸葉滿濃光，細束龍髯鉸刀翦。」這裏「鉸刀」全是名詞。「鉸」兼可作動詞用，意也是「翦」。宋梅堯臣依韻和宣城張主簿見贈詩：「君方佐大邑，美錦同翦鉸。」鉸即翦也。閩南語通稱「鉸翦」或「鉸刀」，極少說「翦刀」。用翦刀翦物，仍叫做「鉸」而不說「翦」。

**銅剟**（taŋ下平　tsúak 上入）——具有多洞將食物削成許多圓簽條狀的銅刀。

一般家庭中，要把番薯、芋頭、蘿蔔等削成簽條狀的細塊來煮食，廚房裏通常備有一把長形木板中央裝有凸起多圓洞而鋒利的剗刀，用手將上述果菜緊按往洞口向上的刀口一推削，許多圓簽條狀的果菜就在洞的下方出來了。這種刀多用銅製成，故閩南語名爲「銅剗」。

說文：「剗，刊也。」「刊，剗也。」剗、刊二字互訓。「刊」字段注：「按凡有所削去，謂之刊。」可見「剗」或「刊」就是一刀一刀的削，非一刀完成。戰國商鞅商君書定分：「有敢剗定法令，損益一字以上，罪死不赦。」損益，增減也。一字以上，包含一字在內也。剗，削也。古人的書册是竹簡，要改動一個字，先須用刀削去舊字，再書寫或雕刻新字，故叫「剗」。又可知「剗」是零零星星的削，不是一刀砍掉一大片。史記張耳陳餘傳：「吏治榜笞數千，刺剗，無可擊者。」唐司馬貞索隱：「案掇（剗）亦刺也。」此指人受鞭抽，刀刺，體無完膚。刀刺也是一刀一刀的刺，非盡力一刀刺於要害致死。由上引古書所記，很能幫助說明「剗刀」和閩南語「銅剗」的命名。

**潘**（pún　上平）——廚房中倒棄在桶裏可供餵豬的含湯類食物。餿水。

說文：「潘，淅米汁也。」古人無肥皂，洗衣物都用石灰。或由於發現而積成長期的經驗，洗米汁也有去污的能力，所以古人先把洗米汁煮過，用來洗淨頭髮，活人死人都可。左哀十四年傳：「使疾，而遺之潘沐，備酒肉焉。」杜注：「潘，米汁，可以沐頭。」儀禮士喪禮：「祝（祭司）淅米于堂，南面，用盆。管人（主館舍者）盡階，不升堂，受潘煮于垼（土灶），用重鬲（懸吊的瓷鍋）。」

這是將「潘」煮過，再替死者洗頭。禮記喪大記：「君沐粱，大夫沐稷，士沐粱。」鄭注：「士喪禮沐稻。此云沐粱，蓋天子之士也。以差率而上之，天子沐黍與？」這是人的身分不同，所用的「潘」亦異。沐是洗頭，浴是洗身。但「浴」用的却是井水。爲死者沐浴有眞正的，也有用沐浴器具在死者遺體上作幾下沐浴的樣子作象徵性的。例如戰國荀子禮論所謂「不沐則濡櫛三律而止。不浴則濡巾三式而止。」濡櫛三律，用沾水的梳子凌空梳理了頭髮三下。濡巾三式，用沾水的浴巾懸空擦拭了身上三下。

閩南語叫洗米汁爲「潘」，可知它來源的古。不過到了今天，「潘」已不止是洗米汁，凡廚房裏不要的喫剩的食物，倒在一處，可供豬隻食用，通稱爲「潘」，相當於國語的「餿水」。

**箸**（ ti 下去）——筷子。

說文：「箸，飯攲也。」段注：「攲者，傾側。意箸必傾側用之，故曰飯攲。」這是指用筷子夾物喫時，兩枝筷子要有傾斜的角度，不只能把食物夾得牢，也方便送進口裏去。禮記曲禮上：「羹之有菜者，用梜。」鄭注：「梜，猶箸也。」戰國韓非子喻老：「昔者，紂爲象箸，而箕子怖。」象箸，用象牙作筷子，極盡奢侈。「箸」和「筯」通。宋丁度集韻：「箸，或作筯。」

說文無「筷」字，「筷」的造字和使用比「箸」晚得多。明陸容菽園雜記：「吳俗行舟諱言住，箸與住同音，故謂箸爲筷兒。」「住」有船觸礁或駛不動的凶兆暗示，故改稱筷（快）以討吉利。可證「筷」本是吳語。除文章外，現代國語口語已不用「箸」，只稱「筷子」；而閩南語却完全相反，保存古人所講的「箸」，絕不說「筷子」。中國人使用「箸」這種食具，已超過三千年；連帶傳布給異族韓國人、日本人應用。莫小看那極其簡陋的二根小竹枝，實在妙用無窮。今天日本人的科技走在世界的前端，但喫飯時還是要乖乖地拿起筷子，爲何不發明新器具或全改用西洋人的刀叉呢？喫麪條時刀叉管用嗎？故「箸」實爲人類文化史上最偉大的發明之一，到眼前爲止還沒有別種器物可取代它的功能地位。

**曆日（liak下入　lit 下入）——日曆。**

中國古代的天文曆算學問很發達，故日曆的創作和流行都極早。明高承事物紀原正朔曆數部曆日：「（晉楊泉編）物理論曰：『疇昔神農正節氣，審寒溫，以爲早晚之期，故立曆日。』」這裏說神農當是假託。周禮春官馮相氏「以會天位」鄭注：「若今曆日太歲在某月某甲朔日直某也。」舊說指周禮一書是周公作，新說謂成於戰國時無名氏之手。就上面所述，以最保守的態度估計，至遲在戰國、秦、漢時，中國已有日曆，而寫作「曆日」，最晚也在東漢時。南史傅昭傳：「昭十歲，於朱雀航賣曆日。」元關漢卿雜劇玉鏡臺一：「梅香，取曆日來，教學士取個好日子。」「日曆」一詞似不及「曆日」早。漢王充論衡譏日：「沐之日無吉凶，爲沐立日曆者，不可用也。」是「日曆」始見於東漢。

今天國語叫「日曆」，閩南語叫「曆日」，後者的說法和實際語音（lak下入　lit 下入）較原始。閩南語又有戲謔的俗語說：「過時賣曆日。」是說時效已過，再賣日曆，無人要買。這俗語也可用來諷刺類似的一切事物。「曆日」又名「黃曆」或「曆書」，古今的製作、內容、用法不同。今人是每天撕或翻去一張；古人却是裝訂成册，隨時可查，很像現代擇日師所用的曆書。古人純用陰曆，今人是陰陽曆兼用。參閱「春牛圖」條。

**橜**（Kít 下入）——釘插在地上用來縛繫馬牛羊等牲畜的小木釘。

說文：「橜，弋也。」說文「弋」字段注：「今人以杙爲橜弋字。」爾雅釋宮：「橜謂之闑。」「闑」是豎埋在大門中央的一塊門檻，和一般與整個門同寬的條狀門檻（稱爲閾）不同。因爲「闑」也是一塊短而窄的木樁，故又可叫做「橜」。魏張揖廣雅釋室：「橛，杙也。」可知橜、橛通用。清朱駿聲說文通訓定聲：「凡樹木而短者，皆得謂之橜。」

閩南語稱供繫牛馬羊等家畜的小木釘爲「橜」。古人早有類似的用法。詩周南兔罝：「肅肅兔罝，椓之丁丁。」毛傳：「丁丁，椓橜聲。」即是敲釘張掛捕捉野兔網子的木釘子插入地上的聲音。漢伏勝尚書大傳：「椓橜者有數。」鄭注：「橜者，繫牲者也。」今本僞書列子黃帝：「吾處也，若橜株駒。」「株」是「繫」。晉張湛注：「橜，豎也。」戰國莊子馬蹄：「前有橛飾之患。」晉崔譔注：「橛，鑣也。」「鑣」是馬銜鐵在口外的直豎部分。元貢師泰仙霞嶺詩：「或銳若戈矛，或卓若橛杙。」凡此都足以說明「橜」原指短木，以後可引申爲同形狀而質料不同的東西。

**麈尾**（tsu 上上 bi 上上）——拂塵或驅蚊用的拂具。

說文：「麈，麋屬。」段注：「今所謂麈，正古所謂麋。」按麋鹿，角像鹿，頸像駱駝，尾像驢，蹄像牛，即俗所謂「四不像」，又名駝鹿，原產於中國黃河流域的廣大地區。古人獵殺以後，用它的長而多毛的尾巴作爲拂塵使用，故稱這種用具爲「麈尾」。漢司馬相如上林賦：「獸則㺎旄貘犛，沈牛麈麋。」晉左思蜀都賦：「屠麖麋，翦旄麈。」唐李善注：「麖麋體大，故屠之；旄麈有尾，故翦之。」可見「四不像」自早即是獵物，經常出現在古代作家的文章中。

六朝的文人有一種風習，即相聚「清談」時，喜歡手上握著麈尾揮指，增強人的談論言辭的態勢主張，希望取得聽者的贊同。明張自烈正字通：「鹿大者曰麈，羣鹿隨之，視麈尾所轉。而古談者揮焉。」這種解釋自然合理。劉宋劉義慶世說新語容止：「王夷甫（衍）容貌整麗，恆捉白玉柄麈尾，妙於談玄，與手都無分別。」唐白居易齋居偶作詩：「老翁持麈尾，坐拂半張牀。」可見麈尾也可作拂塵應用。甚至人死後，做爲殉葬品。世說新語傷逝：「劉尹臨殯，以犀柄麈尾箸柩中。」宋歐陽修和梅聖俞聚蚊詩：「抱琴不暇撫，揮麈無由停。」是到了唐宋時，麈尾仍爲人所樂用。清趙翼廿二史箚記八清談用麈尾：「蓋初以談玄用之，相習成俗，遂爲名流雅器，雖不談亦常執持耳。」戲劇中扮太監的和八仙圖中的呂洞賓，他們手上拿著揮舞的東西，即是「麈尾」。

還記得筆者少年時，在閩南的老家中，屋裏就有好幾根麈尾，不過不是眞正「四不像」的尾巴，而是類似棕類植物編成的，也可能是馬尾作成的；時間太久記不清，也無從再找到老輩請教。每當夏末秋初，當地氣候不似臺灣尚在酷熱，而有涼意，可在四周垂下蚊帳的舊式牀內睡覺，通常在睡前用「蚊撥」（baŋ上上　sat　上入）在牀裏全面快速揮打一陣。眼睛雖看不見蚊子，但那又密又韌的「蚊撥」線條，如蚊子被打到，一定粉身碎骨無疑。拂打過後，果然一隻蚊子也沒有了，安眠到天亮。「蚊撥」便是所謂「麈尾」。筆者年幼時就曾親手用過，也曾和玩伴拿它來當玩具玩。

**糞（畚）掃**（pun　上去　so　上去）——垃圾。

說文：「糞，棄除也。」段注：「按棄亦糞之誤也。糞方是除，非棄也。與土部『坌』音義皆略同。（禮記）曲禮(上)曰：『凡爲長者糞之禮。』（禮記）少儀曰：『氾埽曰埽，埽席前曰拚。』老子曰：『天下有道，卻走馬以糞。』謂用走馬佗棄糞除之物也。」可知「糞」字的造字本義是「清除不潔之物」，而非今人所用的「大便」的意思。

後世「糞」和「埽」合用，纔泛指「一切無用的丟棄物」。唐釋玄應一切經音義十一大寶積經二糞掃衣：「此比丘高行制貪，不受施利，常拾取人間所棄糞掃中破帛，於河澗中浣濯令淨，補納成衣。」由此可證閩南語「糞掃」，古人即是用作今天國語「垃圾」的意思，並不是指「清除打掃」。

「糞掃」也可寫作「畚掃」。「畚」是「畚箕」，是盛物用的竹器，可盛裝穀物、草類、泥土、廢棄物。「掃」指「掃除」，又可指「所盛裝的東西」。「畚」和「掃」合用成爲「畚掃」，卻又和

「糞掃」相同，指的是「無用的丟棄物」，仍和閩南語相合，不再是國語「清除打掃」的意思。參閱「垃圾」、「糞（畚）箕」條。

**糞（畚）箕**（pun　上去　ki　上平）——盛裝垃圾、泥土或其他物品的竹製容器。

今人一看「糞」字，直以爲是「大便」。其實「糞」的原義是「打掃清除」的意思。「糞」和「拚」同義。禮記少儀：「氾埽曰埽，埽席前曰拚。」故閩南語有「拚掃」一詞，來源即出於此。「拚掃」等於「糞掃」，意即「清掃」。通閩南語的人一看「糞掃」二字，立刻知道它等於國語的「垃圾」，即「無用的丟棄物」。豈知漢以前，「糞掃」原只是「清掃」的意思？

明王三聘古今事物考箕箒：「（漢劉向）世本曰：『（夏）少康作箕箒。』」這是「畚箕」和「掃帚」製作的開始。古人家用器物簡樸，多取竹木蘆葦等材料編作而成。清掃的器具不外掃帚和「糞箕」。掃帚用來掃集垃圾，糞箕用來盛裝垃圾。糞箕又叫畚箕，有圓形的，周圍高起，像小竹籮；有扁狀長方或四角形的，三面高起，一面缺口。和現代人用的比較起來，前者像字紙簍，但無字紙簍那樣深；後者和今日使用的完全相同，只差左右兩側沒有二個彎形的手提把手。推測古人的糞箕使用法，似乎圓形的用來丟棄廢物；扁狀的須再利用掃帚，將垃圾由缺口掃進「糞箕」裏。唐釋法琳辨正論七信毀交報注：「斯須見承閣西頭來，一手捉掃箒糞箕，一手提把，亦問家消息。」可證。竹枝編製的糞箕難免有縫隙，垃圾中的細砂塵粉會從縫隙漏出，故後世的糞箕或改用木板、薄鐵片釘成，現代人兼用塑膠製的，閩南語稱爲「糞斗」。

漢李尤箕銘：「神農植穀，以養蒸民。箕主簸揚，糠粃及陳。」詩小雅大東：「維南有箕，不可以簸揚。」可見糞箕除了作清潔用具，還可裝著收成的穀物，在風前高舉把穀殼細枝簸蕩揚除，直到今天仍可在農家看見。

**簸箕**（pua 上去 ki 上平）——簸揚除去混在穀中的穀皮糠殼的淺圓形竹器。

說文：「簸，揚去米糠也。」「箕，所以簸者也。」故簸箕二字合用，這器具的用途已明瞭。事物原始：「去穀之糠粃者，名曰簸箕。」簸有「顚簸揚出」的意思。詩小雅大東：「維南有箕，不可以簸揚。」這裏「箕」是天上的一個星座，因此不能用它來簸揚。北齊顏之推顏氏家訓涉務：「耕種之，茠鉏之（拔除雜草），刈穫之，載積之，打拂之，簸揚之。」可證明。

中國人是古老的農業民族，故農業上需用的器具發明種類多而早，簸箕只是其中之一。不論豆、米、麥或各種雜糧收成後，都先除去枝莖，剩下穀穗，披散在硬地上，曬過太陽使乾後，再用「連枷」擊打，或以牲畜拉轉木輪碾壓，穀粒即可脫離穀穗。其次用圓形直徑約二尺左右周圍有寸半高的圍欄的平淺密底的竹製簸箕（或畚箕）盛裝穀粒，兩手舉起，在風中簸揚，藉風力吹走較輕的殘枝雜物，而較重的穀粒就會自留在簸箕中（畚箕因有一缺口，故仍可使穀粒落聚在脚邊的地上）。然後把穀粒裝進舂臼舂打，去掉穀皮。舂好後，又用簸箕簸揚，讓較輕的穀皮穀糠揚除，（這時不用畚箕，因底部有縫會漏。）也可使用竹篩子篩淨，再餘下的就是可煮用的穀實了。

宋道原編景德傳燈錄十一法眞禪師：「簸箕有脣，米不跳出。」「脣」是「簸箕上的圓圍欄」。明吳承恩西遊記四十四：「衆僧把他簸箕陣圍了，道：『他師父上殿不參天王殿下不辭主，朝廷常稱做國師兄長先生。』」這是指兵陣的態勢恰如簸箕的形狀。到目前爲止，農業雖已逐漸機械化，但「簸箕」仍爲全中國的農民所使用，時間已長達數千年。但假如身非農民，見其名而不知其物、見其物而不知其名的人，恐怕不在少數罷。參閱「糞（畚）箕」條。

**籠牀**（laŋ 下平 tsʼŋ 下平）——蒸籠。

閩南語稱「蒸籠」爲「籠牀」。現代的蒸籠有用不鏽的白色金屬製作的；但舊時全都以竹編成，形狀如籠，故稱「蒸籠」。蒸籠分二部分：籠身和籠蓋。籠身的底部構造，有意把竹片疏編，留許多方格洞，以便蒸籠放在鍋上蒸物時，使鍋中滾水的高熱水蒸氣能大量通過方格洞朝上蒸發，將蒸籠裏的食物全部蒸熟。研究閩南語爲甚麼命名爲「籠牀」？漢劉熙釋名釋牀帳：「人所坐臥曰牀。牀，裝也。」既然「牀」是裝人用的，意義自可由此引申，凡是能裝物的都可叫「牀」，例如筆牀、琴牀、印牀都是；現代人稱河流的底部爲河牀，當也源於此，因河底可裝水。文化大學出版中文大辭典籠牀：「安徽方言，謂竹器蒸籠之類(爲籠牀)。」是不止閩南語有「籠牀」的名稱。「牀」口語讀(sŋ 下平)，可能是變音。

# 第十四章　生物

**家蠽**（ka 上平　tsuak 下入）——蟑螂。

說文：「蠽，小蟬蜩也。」段注：「謂蟬之小者也。（爾雅）釋蟲曰：『蠽，茅蜩。』（晉）郭（璞）云：『江東呼爲茅蠽，似蟬而小。』」宋陳彭年大宋重修廣韻：「蠽，姊列切。」字亦作「䘎」。「蟑螂」的閩南語一直無字可寫；提出「家蠽」二字來充當，是筆者的假設，並無任何佐證。筆者的理由如下：第一，蟑螂的形狀很像小蟬，同樣能飛，只差不會鳴叫。第二，蟑螂原本也是山野的昆蟲，和蟬一樣棲息在林樹草叢處生活。第三，山野的蟑螂，同樣像蟬一般吸吃植物果實等的汁液維生，或因嗅覺十分發達，蟑螂特別喜侵入人類屋中的廚房，嚙吃食物，或潛到房室咬壞書籍衣服；和蟬同爲害蟲。第四，這二種昆蟲都喜躲在陰暗處，逢人就逃。第五，從上引廣韻「蠽」字的切音看，和閩南語語音（tsuak 下入）相近。

**喌喌**（tsu 下平　tsu 下平）——呼雞聲。

閩南人開口叫出呼雞的聲音：「喌！喌！」（tsu 下平　tsu 下平）雞羣聽見就來了，百試百靈。這呼法來源很古。說文：「喌，呼雞重言之，讀若祝。」段注：「當云：『喌喌，呼雞重言之也。』雞聲喌喌，故人效其聲呼之。」漢戴德大戴禮記夏小正正月：「雞桴粥粥也者，相粥之時也。」粥粥，當也是雞的鳴聲。宋丁度集韻：「喌，或作咮。㖨，或省。」明張自烈正字通：「（後魏楊衒之洛陽）伽藍記：『把粟與雞呼朱朱。』朱朱猶喌喌。（宋）程大昌曰：『（高宗）紹興中有詩：呼雞作朱朱，呼犬作盧盧。』」清翟灝通俗編語辭：「（漢應劭）風俗通謂：『雞本朱氏翁所化，故呼朱。』亦作粥粥。（唐）韓退之琴操：『隨飛隨啄，羣雌粥粥。』」

明馮夢龍警世通言四，寫宋王安石倡行新法，天下民怨沸騰，他還自以爲是，百姓呼爲「拗相公」。王安石不久告病辭職回鄉，微服而行，人民並不識他。途中遇見一老嫗和婢女趕二豬出門外，口中呼豬：「囉，囉，囉，拗相公來！」二豬聽見，就盆喫食。婢又呼雞：「喌，喌，喌，王安石來！」羣雞都到。這是當時民間恨王安石入骨，當他是禽獸來洩憤的。按閩南語呼狗也叫「盧！盧！」(lio下平 lio下平)。呼豬聲是「呃啊！呃啊！」(ə下平 a下去 ə下平 a下去)，豬聲「呃呃」，這也是狀豬的叫聲來呼叫。「囉，囉。」未聽見。可見古時到今天的閩南語的呼雞聲都是「喌喌」。參閱「盧盧」條。

**盧盧**（lio 下平 lio 下平）——呼狗聲。

閩南人開口呼犬，發出的聲音是「盧！盧！」特別是小兒在大門口地上大便後，他父母只要大呼「盧！盧！」（lio 下平 lio 下平）不久犬隻聽見都跑來，將糞便喫得精光，省得洗掃。清翟灝通俗編語辭：「演繁露：『（宋高宗）紹興中，秦檜專國，獻佞者謂之聖相。或爲詩嘲之曰：呼雞作朱朱，呼犬作盧盧；文官稱學士，武官稱大夫。世人呼犬，不問何地，其聲皆然。是借韓盧（犬名）之名，以犬爲高美耶？』」按廣韻注「嘍」字說：『嘍嘍，吳人呼狗方言也。』」廣韻是宋陳彭年等訂補隋陸法言切韻而成，注文包含唐、宋人。這裏注既明說吳人呼狗叫「嘍嘍」，「嘍嘍」是「盧盧」的轉音，實和閩南語呼狗聲相似。演繁露是宋程大昌作。可證最遲在唐、宋時代，呼犬聲都是「盧盧」無疑，可能還要更早。參閱「喌喌」條。

蕹**菜**（iŋ 上去　tsai 上去）——空心菜。

國語稱「空心菜」，閩南語叫「蕹菜」，但時人誤寫爲「甕菜」。報章雜誌、學術文化界也跟著錯誤；正中書局出版植物學辭典正作「甕菜」，工具書竟也自誤，令人驚異。

明李時珍本草綱目：「蕹菜性宜濕地，畏霜雪，九月藏入土窖中，三四取出，壅以糞土，即節節生芽。蕹與壅同。此菜惟以壅成，故謂之蕹。」筆者按，這恐是中國北方或較寒冷地帶的現象；閩南和臺灣並無此栽培法。以筆者在閩南地區所眼見，蕹菜的栽植很容易，生長繁殖很快，收穫常豐，但極粗賤，有時還用來餵飼家畜，不是高貴的蔬菜。商務印書館出版中國醫學大辭典蕹菜：「蕹菜性質甘平無毒，治婦人難產，搗汁和酒服。」可知蕹菜不只是家常菜，尚可入藥治病。說文、廣韻無「蕹」字。明高承事物紀原和明王三聘古今事物考，「蕹菜」都未見著錄。或者漢、唐時還沒有這種菜，也可能桊太賤不造字和記入。

**蠞**（ tsít 下入）——棱子蟹。

凡在水中橫行的甲殼類動物，現行的國語多叫作「蟹」類，特別是以「螃蟹」最普遍。螃蟹種類很多，海水、淡水都有。就常見的螃蟹來說，海產的兩大類，國語通稱「螃蟹」；閩南語便不是，稱螃蟹甲殼左右兩端圓形的爲「蟳」，甲殼左右兩端尖銳像織布機上的梭子的爲「蠞」。

漢許愼說文和宋陳彭年大宋重修廣韻都無「蠞」字。明張自烈正字通：「蠘，俗蠞字。」依此看，「蠞」字的出現，似在宋以後、明以前。明屠本畯閩中海錯疏下：「蠘似蟹而大殼，兩傍尖出而多（蟹）黃，螯有稜鋸，利截物如翦，故曰蠘。」閩雜記：「蠘與蟳同類而異。蟳殼圓如常蟹，而螯一大一小；蠘則兩旁有尖稜梭，兩螯皆長。」遠流出版公司翻印大陸版辭源蠘：「廣韻作蠞。」此疑誤。筆者按，「蠞」是另一字，是一種草蟲，似蟬而小。

周禮天官庖人：「共（供）祭祀之好羞。」鄭注：「謂四時所爲膳食，若荊州之鮺魚，青州之蟹胥。」「蟹胥，蟹醬也。」漢劉熙釋名釋飲食：「蟹胥，取蟹藏之，使骨肉解胥胥然也。」北周庾信奉和永豐殿下言志詩之十：「濁醪非鶴髓，蘭肴異蟹胥。」但這裏須留意的，以上各時代製成的蟹醬未必是「蠞」，極可能是「蟳」。

筆者在閩南海島長大，那一種是蠞，那一種是蟳，一看便知。說話，蠞叫（ tsít 下入），蟳叫（tsim 下平），絕不含糊。從小「蟚」喫了很多，「蟳」和「蟳醬」、「蟚醬」喫得較少，它們味道的美，很難形容。特別是福建沿海和金門東部海面冬季所產，「蟳」、「蟚」都特別肥大，最大的每隻可達一市斤以上，肉質結實，蟹黃也多，味道極甘美。蟚的外殼是鐵灰褐色，蟳是綠色；煮熟後通通變成朱紅色，喫它兩三隻，肚子就飽了。二者都可製作蟹醬。將生蟹洗淨後，連殼斬成碎塊，加食鹽和搗爛的大蒜調味，旬日後就可食用，通常佐飯喫，十分爽口。來到臺灣，喫臺灣沿海所產，不論蟳、蟚，都體積細小，有時雖大，而腹內空虛，蟹黃少，肉質稀爛，味道極差，和前者相比，有天壤之別，不曉得是甚麼原因。

**髒（臢）生**（tsiaŋ 上平　sĩ 上平）——牲畜家禽。

明張自烈正字通：「俗呼物不潔白曰腌臢。」也寫作「腌臢」，和「骯髒」同，都指「不清潔」或「齷齪」。元王實甫雜劇西廂記二：「腔子裏熱血權消渴，肺腑裏生心且解饞，有甚腌臢？」元施耐庵水滸傳二十四：「你這個腌臢混沌，有甚麼言語在外人處？說來欺負老娘！」清文康兒女英雄傳三十二：「裏頭是腌裏巴臢的兩間頭髮鋪。」以上「腌臢」都是「不潔」意。

閩南語稱一般牲畜家禽叫「髒（臢）生」，意即這些動物雖也具有生命，也能求生存，但不知甚麼「潔淨衞生」，終其一生，無論喫、住、睡、拉、交配，全隨著需要就地進行，都處在汚穢的地方生活而不嫌，因此稱它們「髒生」。再自此生出引申義，凡是人類，倘毫無理性，喪失禮義廉恥，盡作些不是人應作的事，定被人羣所共棄，認爲和牲畜無異，或竟連牲畜都比不上，如羔羊知跪乳，烏鴉知反哺，而人有殺害父母的即是。故世人罵他們是禽獸，閩南語叫做「骿生」或「畜生」。民國連橫臺灣語典卷三：「清生即畜生，鄭氏時語，今呼猙生。」意爲影射滿洲人是畜生。連氏的說法有二缺點：一是「清生」並無「畜生」意；二是並無「猙生」一詞，直呼「獸生」豈不更合宜？何況很多禽獸並不「猙獰」，如馬、綿羊、貓、狗、天鵝、鴛鴦，狀貌都好看極了。

鱟（ hau 下去）——鱟魚。

海中的鱟魚在現代動物學的分類，屬於節肢門、蛛形綱、劍尾目。軀體分作頭胸和腹二部。這二部中間生有可轉動的關節。甲殼是堅硬的半圓形，頭上有無柄的複眼一對。有脚六對。全體深褐色，體長約六十至一百公分。它最古的化石出現於中生代三疊紀，距今已兩百萬年。住在內陸的人士到海邊看到鱟魚，多驚呼是「海怪」。

宋陳彭年大宋重修廣韻「鱟」字注：「（晉）郭璞注山海經云：『形如車，文青黑色。雌常負雄，漁者取之必得其雙。子如麻子，南人爲醬。』」宋羅願爾雅翼：「鱟者候也，鱟善候風，故謂之鱟。」明李時珍本草綱目：「鱟，每過海，相負於背，乘風而遊，俗呼鱟帆。」唐韓愈初南食貽元十八協律詩：「鱟實如惠文，骨眼相負行。」惠文，冠名也。宋陸游春滿小飲詩：「小兒偶得官樓酒，鱟醢鮨乾一醉同。」「鱟醢」即「鱟醬」。可見古人常有詩文記載「鱟」這種可供食用的海中動物。此外，鱟殼也可製成水杓和酒杯。

筆者生長在閩南海島，喫過一些鱟。割殺時，先將它倒翻，整隻連劍尾壓緊在水桶裏，人纔不致遭劍尾彈傷。用刀把殼割開，血液是淡青色的，鱟卵（即郭璞所說的「子如麻子」）、鱟肉煮熟後味眞美。最佳的肉在近尾處，叫「鱟尾肉」，但却恰好和糞囊生得近。如不小心割破糞囊，就全桶內的血、肉、卵都不能喫了，故當地有諺語說：「好好鱟，刣到屎若流。」刣（tai 下平），殺也。到（ka 上平），至於也。若（na 上上），那樣也。這諺語常被移來諷刺人作事大意或胡塗，「好好一件事，弄得一團糟。」

# 第十五章　單　位

**一區**（田）（tsit下入　kú 上平　tsán下平）——一塊（田）。

國語稱有水的田地叫「水田」，無水的叫「旱田」；閩南語凡叫「田」的即是「水田」，沒有水的通稱爲「園」（hŋ 下平）。閩南語又稱一塊田地叫「一區田」或「一區園」。

「區」原有「區劃」意。史記孟荀列傳：「中國外如赤縣神州者九，乃所謂九州也，於是有裨海環之，人民禽獸莫能相通者，如一區中者。」這「區」指土地。漢劉安淮南子原道：「縱志舒節，以馳大區。」這「區」指第宅。但古人也常用「區」作爲田地的單位。漢劉向說苑二十：「備有五大夫，俱負缶入井灌韭，終日一區。」南朝梁吳均西京雜記四：「元理復算曰：『藷蔗二十五區。』」可作閩南語說法「區」遠較國語「塊」爲早的確證。自傳說中的井田制破壞以後，土地私有形成，不同地主的田地中間不能無「界線」，那就是「區」的名義的由來。

**一葩火**（燈）（tsit下入　pá 上平　he 上上〔tiŋ上平〕）——一盞火（燈）。

說文：「葩，華也。」段注：「葩之訓華者，艸木花也。」可見「葩」即是「花」。古人晚間點火照明，時代極早，最初當是燃燒草木，後來有火把、油燈、蠟燭等。火焰的形狀色澤，酷似一朵紅花；燃燒中的燈蕊有時又結成花形，故有「燈花」一詞。唐釋玄應一切經音義引西京雜記：「（漢）陸賈曰：『燈火花，得錢財。』」是燈花有吉兆。

閩南語以花的名稱「葩」用作燈火的單位，自是合理；因此叫「一盞火（燈）」爲「一葩火（燈）」。中華書局出版最新增訂本辭海「閩南話」條：「廈門之『一泡燈』。」筆者按，這裏用「泡」，當是由國語「電燈泡」的暗示而來，應屬錯誤。宋陳彭年大宋重修廣韻：「泡，水上浮漚。」即「水面上所生的小水泡」，狀如透明的小球。人皮膚生病，也有水泡。電燈泡的「泡」的命名來自玻璃製造的像球形的透明或不透明的外殼；但中國古人用火照明，最少有四千年以上的歷史，那時玻璃尚未發明；故古人點燈火，斷無用「泡」作爲燈火單位的道理。

另有「脬」字。說文：「脬，旁光也。」廣韻：「脬，腹中水府。」即今人所稱的「膀胱」。宋丁度集韻：「脬，通作胞、泡。」是「脬」和「泡」通用。閩南語還有一種誤用，就是稱男子的陰囊（又叫「羼脬」）爲「膀胱」。殊不知膀胱是在體內貯尿用的，和在體外保護睪丸的陰囊全然是二物。「脬」（泡）似可指半球形的囊狀物，用來稱陰囊還勉強可以。如稱「一泡火（燈）」，那就太離譜了。

**一領**（tsit 下入 nia 上上）——一件（衣服、被褥、席子）。

閩南語稱衣服等的單位叫「領」；例如一件衣衫叫「一領衫」，一條褲子叫「一領褲」；今日國語沒有這說法。我們研究稱「領」的語義，當是上衫有領子，下裙或褲子也有裙頭和褲頭，是人手拿衣裳時的掌握處，決不能胡抓一起，否則怎樣整疊和穿著？這或是以「領」作爲單位的理由。

用來稱衣服的例，如元施耐庵水滸傳三：「身穿一領白紵絲兩上袖戰袍，腰繫一條搭五指梅紅攢線搭膊。」稱被褥的例，如戰國荀子正論：「太古薄葬，棺厚三寸，衣衾三領。」衾，被也。稱席子的例，如劉宋劉義慶世說新語德行：「王恭從會稽還，王大看之，見其坐六尺簟，因語恭：『卿東來，故應有此物，可以一領及我？』」簟，竹席也。是古人早有用「領」作衣、被、席等單位的用法。

**一潑**（雨）（ tsit 下入 púak 上入 hɔ 下去）——一陣（雨）。

說文無「潑」字。南朝陳顧野王玉篇：「潑，水漏也。」宋丁度集韻：「潑，棄水也。」明梅膺祚字彙：「潑，澆潑。注曰澆，散曰潑。」可知「潑」是指「水或液體自上往下澆淋」。天降雨時，雨水也必是由上空朝下散落。

閩南人稱「一陣雨」爲「一潑雨」，當源自中古，而沿用到今。唐李翱俗呼小錄：「雨一番一起爲一潑。」這說法和閩南語完全相符，無可懷疑。

**一遭**（ tsit 下入 tsua 下去）——一趟。一次。

閩南語稱「一趟」或「一次」叫「一遭」。「遭」有「帀」意。帀者，周也。「周」就是「環繞一圈」。唐孟郊寒地百姓吟詩：「華膏隔仙羅，虛遶千萬遭。」我們平常專程出門一次去辦事，事辦好，人還是要返回原地，即是「一趟」了。作事一次，那理由是因，事作完是果；因果合起來即是「一次」了。故「一趟」、「一次」，都可叫「一遭」。明馮夢龍警世通言二十八：「許宣道：『我去閒耍一遭就回，不妨。』」清劉鶚老殘遊記十六：「老殘道：『這信交誰送呢？不如親身去走一遭罷。』」是舊小說也這樣講話。

**一頭（婚事）**（tsit 下入 tâu 下平 hun 上平 su 下去）——一樁（婚事）。

「頭」字作爲計算馬牛羊等獸類的單位，極常見。作爲計算人的單位雖罕見，却也有。緯書春秋玄命苞：「十紀，其一曰九頭紀，即人皇氏兄弟九人故也。」九頭，九人也。唐張籍贈殷山人詩：「已種千頭橘，新開數脈泉。」這裏「頭」作樹木的計算單位，也是很罕見的例子。

此外，「頭」字又可作事情的單位。例如婚事「一樁」，國語和閩南語都叫「一頭」，現在還在使用，只是讀音不同而已。舊戲曲、小說也常見。明高明南戲琵琶記十三：「只頭親事，蔡狀元自然樂從。」「只頭」即「這頭」。明馮夢龍警世通言五：「親翁若見却，就是不允這頭親事了。」清吳敬梓儒林外史二十一：「如今到有一頭親事，不知你可情願？」

### 一擺（tsit 下入 pai 上上）——一次。

筆者贊同「擺」可充當閩南語的「次」使用；民國連橫臺灣語典一：「擺，起也。一擺則一起。」漢張衡西京賦：「置互擺牲，頒賜獲鹵。」擺，陳列也。元施耐庵水滸傳八七：「你擺九宮八卦陣，待要瞞誰？」擺，也是「陳列」意。唐杜牧歎花詩：「如今風擺花狼藉，綠葉成陰水滿枝。」擺，搖動也。清文康兒女英雄傳一：「只見天尊把龍袖一擺，殿頭官纔喝得聲退班。」擺，拂動也。此外，女子所穿裙子的下半幅稱「裙擺」；擺，可擺動也。

計算事物「次數」的「次」，固然是一個抽象的說法。但不論有形無形的事物，這事物的「涵義」當能存在於可覺到的實物上或人類的意念當中。如說：「請你把剛纔所做的體操動作再做一次。」又如說：「請你把剛纔所提的問題再說一次。」體操動作、問題的說話，豈不都是清晰地「陳列」或「擺動」在人的動作上、眼睛中、印象裏面嗎？豈不都是很有順序的概念進入人的意念當中嗎？這也就是事物的「涵義」了。這一些「涵義」，無論可不可感覺、存在許久或轉瞬消滅，都可計算，叫做「次」。那麼閩南語稱「次」爲「擺」，有何不可呢？

# 第十六章 數量

**一些仔**（tsit下入 si 上平 a上上）——少許。

閩南語表示「少量」或「少許」，常說「一些仔」或「一些些仔」。些，音讀（si 上平）。「仔」作語助詞，讀（a上上）。唐白居易長慶集十七哀病詩：「更恐五年三歲後，些些談笑亦應無。」唐貫休蟬月集二苦熱寄赤松道者詩：「蟬喘雷乾冰井融，些子清風有何益？」「些子」即「些仔」。可見唐人常用。「仔」雖是語助詞，筆者以爲只可用於物，不可用於人；人須用「阿」：此不可不辨。參閱「阿」字條。

**幺**（io 上平）——一。

說文：「幺，小也。象子初生之形。」爾雅釋獸「幺幼」晉郭璞注：「（豕子）最後生者，俗呼爲幺豚。」清顧炎武日知錄三十二幺：「一爲數之本，故可以大名之；一年之稱元年，長子之稱元子，是也。又爲數之初，故可以小名之；骰子之謂一爲幺，是也。」現今國語稱最小的兒女爲「老幺」，有它的來歷。在閩南語中，確如顧氏所說，稱骰子的「一」數叫「幺」；數目的「一」也可稱爲「幺」。

**廿**(lip 下入)——二十。(卅〔sap 上入〕、卌〔sip 下入〕附)。

宋洪邁容齋隨筆五廿卅卌字：「今人書二十爲廿，三十爲卅，四十爲卌，皆說文本字也。廿音入，二十并也。卅先合反，三十之省便古文也。卌音先立反，數名，今直以爲四十字。」照此說，上述三字自古已有。現代人每多望文生義，把廿讀作「二十」，餘類推。其實，中國文字原則上單字單音，決無一字發出二音的道理。

閩南語問人兄弟貴庚？答：「吾小弟今年廿(lip 下入)五歲，我已經卅(sap 上入)外了。」「吾」(guan 上上)是「我的」。閩南地區也有俗語說：「上(tsiũ 下去)卌(sip 下入)就𣍐(bue 下去)攝(liap 上入)。」「𣍐」是不會，「攝」是保持。意思是說：「人的年紀上了四十，官能體力各方面都差了。」依宋陳彭年大宋重修廣韻，「廿」音人執切，「卅」音蘇合切，「卌」音先入切，全是入聲字。但廣韻的音，和洪邁的音以及閩南語的音，都是很接近的。

**加減**(ke 上平 kiam 上上)——或多或少。

南朝陳顧野王玉篇：「加，益也。」即是「增添」意。「加」又作「多」解，禮記少儀：「其禽加於一雙，則執一雙以將命。」鄭注：「加猶多也。」這裏「加」雖也有「增添」意，但說法稍異。

在國語中，「多少」一詞有二種含義。用在敍述的語詞，「多少」等於「可能是多，也可能是少」；

就是「或多或少」；相當於閩南語的「加減」。用在疑問的語詞，「多少？」等於「數目有多大？」相當於閩南語的「偌贅（濟）？」（lua 下去 tsue 下去〔tse 下去〕）「偌」是「這樣」或「那樣」，「贅」（或作「濟」）是「多」意。

閩南語「加減」就是「多少」或「或多或少」，而非「增加和減少」，通常用於敍途的語詞。若是用在疑問的語詞，就該說「偌贅？」而絕不可說「加減？」參閱「偌贅（濟）」條。

**偌贅**（濟）（lua 下去 tsue 下去〔tse 下去〕）——多少。甚多。

閩南語問：「多少錢？」「多少人？」通常是說：「偌贅錢？」「偌贅人？」按，「偌」有「這樣」或「那樣」意。元施耐庵水滸傳一：「史進道：『胡說！偌大一個少華山，恁地廣闊，不信沒有個獐兒？兎兒？』」偌大，那樣大也。「贅」是「多」意。春秋老子二十四：「自伐者無功」，其在道也，曰餘食贅行。」魏王弼注：「本雖有功而自伐之，故更爲肬贅也。」贅，多餘也。

又有「濟」字。左桓十一年傳：「莫敖曰：『盍請濟師於（楚武）王？』」杜注：「濟，益也。」「益」有「多」意。詩大雅旱麓：「瞻彼旱麓，榛楛濟濟。」毛傳：「濟濟，衆多也。」漢書劉向傳：「濟濟多士，秉文之德。」唐顏師古注：「濟濟，盛也。」「盛」也是「多」意。

基上所述，閩南語「多少？」的疑問詞作「偌贅（濟）？」應可成立。「贅」如寫作「濟」，音宜改讀爲（tse 下去 ）。「偌贅（濟）」如作敍述語詞用，意爲「甚多」。

此外又有「齊」字，和「濟」同。「齊」是「齊備」，「齊備」即是「多」。故寫作「偌齊」，也是講得通。

**攏總**（lɔŋ上上 tsɔŋ上上）——合計。

南朝陳顧野王玉篇：「攏，馬攏頭。」「攏」有「絡」意。漢書揚雄傳：「緜絡天地。」唐顏師古注：「絡，謂包絡之也。」包絡，包羅也。晉郭璞江賦：「聿經始於洛沫，攏萬川乎巴梁。」唐李善注：「攏猶括束也。」說文：「總，聚束也。」段注：「謂聚而縛之也。悤有散意，糸以束之。引申之爲凡兼綜之稱。」由上所引證，閩南語稱「合計」爲「攏總」，實和古意相符。

# 第十七章　語　詞

阿（a上平）——語助詞，用在人的稱謂的前面或人名的前或後。

「阿」用作語助詞，當始於漢，流行於三國、南北朝。漢班固漢武故事：「帝爲膠東王數歲，長公主（武帝姑）抱問曰：『兒欲得婦否？』曰：『欲得。』指女阿嬌好否？曰：『若得阿嬌，當作金屋貯之。』」這是「金屋藏嬌」典故的由來。清顧炎武日知錄三十二阿：「（宋洪适）隸釋漢殽阬碑陰云其間四十人，皆字其名，而繫以阿字，如劉興阿興，潘京阿京之類。成陽靈臺碑陰有主吏仲東阿東。」三國志魏志武帝紀劉宋裴松之注：「太祖（曹操）一名吉利，小字阿瞞。」同書吳志呂蒙傳注：「（魯）肅拊蒙背曰：『吾謂大弟但有武略耳。至於今者，學識英博，非復吳下阿蒙。』」又同書蜀志劉封傳：「（孟）達與封書曰：『今足下與漢中王，道路之人耳。自立阿斗爲太子以來，有識之人相爲寒心。』」阿斗即劉備之子劉禪。宋書劉敬宣傳：「高祖（劉裕）謂王誕曰：『阿壽（即敬宣）故爲不負我也！』」

東漢到南北朝，又盛行用「阿」字加在親屬稱謂的前面，表示親暱。東漢無名氏古詩爲焦仲卿妻作：「阿母謂阿女：『汝可去應之。』」南史顏延之傳：「嘗與何偃同從上南郊，偃於路中遙呼延之曰：『顏公！』延之答曰：『又非君家阿公！何以見呼爲公？』」「阿公」指「祖父」。同書齊廢帝鬱林王本紀：「帝謂豫章王（蕭嶷——鬱林王的叔祖）妃庾氏曰：『阿婆，佛法言有福生帝王家，今便作天王。』」「阿婆」指「叔祖母」。又同書謝晦傳：「晦女被髮徒跣與晦訣曰：『阿父，大丈夫當橫屍戰場，奈何狼藉都市？』」「阿父」指「父親」。北朝無名氏木蘭詩：「阿爺無大兒，木蘭無長兄。」「阿姊聞妹來，當戶理紅妝。」「阿爺」指「父親」。劉宋劉義慶世說新語德行：「太傅（謝安）時年七八歲，箸青布袴在兄膝邊坐，諫（其兄謝奕）曰：『阿兄，老翁可念，何可作此？』」北齊書安德王德宗傳：「後主（高緯）謂（其兄延宗）曰：『并州，阿兄自取。』」「阿兄」指「哥哥」。現代國語，稱祖父「爺爺」；比古人稱父加一輩。阿母、阿公、阿姊、阿兄，和今天的閩南語完全相同。阿女、阿父，少有這樣稱呼。叔祖母是叫「嬸婆」。

後來，「阿公」也可用來稱呼男子尊長或年老者；如晉書五行志中：「（魏明帝）景初初，童謠曰：『阿公阿公駕馬車，不意阿公東渡河，阿公來還當奈何？』」如元施耐庵水滸傳二十一：「阿公休怪，不是我說謊。」「阿媽」可稱「老妻」；如明馮夢龍警世通言二十二：「阿媽，你休如此說。姻緣之事，莫非天數。」「阿哥」是滿洲人稱兒子；如清文康兒女英雄傳十二：「老爺聽了這話，把臉一沉，問道：『阿哥，你在那裏弄得許多銀子？』」閩南語也叫年老者爲「阿公」。「阿媽」是稱「祖母」或「年老婦人」；「阿哥」和「阿兄」通；這些與古人有異同。

除上述所作的比較，閩南語絕無「阿爺」、「爺爺」等叫法。稱「曾祖父母」都叫「阿祖」；自己的祖父以外，稱一般年老的男子叫「阿公」，閩南各地或可或不可；「祖母」叫「阿媽」，叫一般老婦或可或不可，可叫「阿婆」。對於晚輩，如弟、妹、子、姪、甥、孫等，沒有加上「阿」字的習慣。

此外，閩南語也像古語一樣，「阿」字可用在人名的前後，不分長輩晚輩，如阿福、阿祿、阿壽；或福阿、祿阿、壽阿。在口語裏，試予細聽，或竟有二個「阿」字；如「阿福阿」、「阿祿阿」、「阿壽阿」。每見時人寫在文字中，作：福仔、祿仔、壽仔；（仔亦讀a音）以「仔」代「阿」，極爲不妥。「仔」字作語助詞，較適用於人類以外的禽獸蟲魚或無生命的物體。「仔」和「子」通。宋史呂惠卿傳有「福建子」三字，「子」（仔）是一種輕蔑罵人的話。「豬仔」、「狗仔」，是最常說的。

**則個**（tsit　上入　e上去）——語尾助詞。

「則個」一詞，在閩南語裏每天都講，通常用在句尾，能增強說話的語氣。比方說：「阿伯，汝掛的那個新手錶借我看則個。」用閩南音讀，「則個」（tsit　上入　e上去）二字連音快讀成爲（tse　上去），和「一下」（tsit　上入　e下去）幾乎完全相同，但意義不等於「一下」。宋趙長卿探春令賞梅詞：「更那堪得，冰姿玉貌，痛與惜則個。」元施耐庵水滸傳十七：「楊志道：『願聞良策則個。』」明馮夢龍警世通言六：「喚將酒保來：『煩借筆硯則個！』」是古人的口語多有這類增強語氣的語尾助詞。

# 金門話考釋目錄

二、俗語……三〇二

# 金門話考釋

## 前　言

金門原是荒島，或者最早的土著是百越民族。晉朝五胡亂華，可能有大陸中原人遷入金門居住。唐德宗時，閩觀察使柳冕奏請皇帝在福建設置萬安監，養牧馬匹充實國力，泉州府有五處牧馬區，金門是其中之一，牧馬侯陳淵又帶來一批中原的吏民，但行政上屬於泉州府南安縣管轄。五代閩王王審知在福州建國，分設同安縣，從此直到清末民初，金門都隸屬同安縣。民國四年正式單獨設立金門縣。一千七百年以來，金門的住民大多數是福建漳州、泉州二府的移民和後裔，因此他們的語言也是閩南語中的漳州話、泉州話。經過長期演變，自成一種腔調。此外，可能還含有小部分的古越語。（請參閱本書前面的長序）

本附錄所收羅的「金門話」，就性質說，有金門獨有的，有金門的外來語，有臺灣所沒有的閩南語。寫成後，請教祖籍南安縣的鹿港人國家文學博士戴瑞坤先生，蒙他指出：「金門有一些話是和鹿港話相同的，只是腔調相差很遠。在臺灣全島各地和澎湖的祖籍南安縣的人士，很可能也知道那些話。」謹在此向戴先生深致謝意。

筆者覺得：鹿港是清代臺灣和閩南地區通往的港口之一，偏處海邊一隅，不是陸上的交通樞紐，附近沒有繁榮大都市的文明感染，人口流動小，少受外來文化的影響，民性單純保守，和金門海島封閉性類似，故三百年來能保有許多閩南的傳統文化。直到今天，鹿港的老年人，他們的舊式廳堂擺設、飲食、衣著、語言、風俗習慣等，也是全臺灣保存閩南傳統文化上的首屈一指。其他如安平（臺南）、打鼓（高雄）、雞籠（基隆）各港口，因陸上交通發達頻繁，居民流動性大，地籍和職業成分複雜，外來文明隨時入侵，故一切傳自閩南的文化特色比較容易失去。

本附錄共收一般語言、俗語、外來語三部分。撰寫時，立場超然公正，態度嚴肅謹愼，遵照事實落筆，期望能對金門的語言和各事物，保存眞實的史料，以供世人參考。

## 一、一般語言

一肚倖（行）（tsit　下入　tɔ　下去　hiŋ下去）——滿肚子歪主意。

「倖」是「僥倖」。閩南語「僥倖」的含義和國語不同。國語是「萬幸」或「倖免」；閩南語是「盡作些不應該的言行令人爲他擔憂受罪」。

金門話「一肚倖」固然可用來責備和諷刺大人，通常却是父母責罵小兒女的話。意思是：存著滿肚子的歪主意，全不聽話，作這個作那個的，使人預料不到，令父母整天替他擔憂受苦。「倖」寫作「行」（去聲）也可以，即是「道行」，叫人莫測高深。

## 人頭殼贅（laŋ下平 tʻau 下平 kʻak 上入 tsue 下去）——人多勢衆。

所謂「人頭殼」並不是骷髏的空腦殼，而是指活人的人頭，也就是「人」。在閩南語，人的頭部就叫「頭殼」。「贅」（tsue下去）是「多」意，也可寫作「濟」，請參閱「偌贅」條。故「人頭殼贅」即「人多勢衆」；更有「強大的武力」的含義。

古時的人比勢力，最大的便是皇帝，其次比官階、財力、地位等。武力方面，所用的器械不過刀、槍、劍、戟。除開官府的軍兵不談。在民間，這些武器你有我也有，武術和戰術大家又差不多。一旦人羣發生嚴重的爭執，打官司以外，唯一的解決方法便是武鬥。比武的條件均衡，取勝之道，就是「人多」。相殺時，這方死了五十，還有人繼續打；那方連二十都死不起，後繼無人；那麼勝敗早已決定了。所以人少勢弱的，遇到人多勢衆的，沒有不怕的，平時凡事非忍讓吃虧不可。

從古時到民國二十六年抗戰日本占領金門止，金門仍流行承自閩南的械鬥民風。據故老相傳：幾百年前島上的一些大姓，由漳、泉二州搬來某鄉定居後，周圍或附近的土地、山區、飼魚的池塘、濱海可養殖牡蠣的淺灘、捕魚的淺海，也就占爲己有，他姓別鄉休想分一杯羹。假如兩個異姓大族相鄰，從此大小爭執經常發生，進而械鬥，官府無法阻止。如人多人少懸殊，少的就會自動退讓，不敢冒險和人多的鬥。但可能讎恨固結，互不通婚，甚至到今天仍有影響力。金門話「人頭殼贅」的深意，可以瞭解。

**下消**（ha 下去 siau 上平）——不中用的男人。

中醫論人體裏的臟腑構造有所謂「三焦」，即上焦、中焦、下焦。「焦」是「無名之府」。人經由食物，通過三焦，取得營養來養生，廢料就排出體外。故三焦生病，叫做三消：上消、中消、下消。病在上焦，胃裏的津液不能上榮舌本，稱爲上消；病在中焦，吃多喝多，小便也多，稱爲中消；病在下焦，口乾喜飲，小便多又含有脂液，稱爲下消，又名消渴，當即是今天的糖尿病，漢朝的大文豪司馬相如就是得了這種病死的。上、中消容易治，下消不易治。

男人患下消，有時和縱慾有關係，形成身體虧損，暗示男人有隱疾。後世意義引申，金門話，其實也是傳自閩南內地，凡是男人沒有學識才藝，各方面能力差，作事笨手礙脚的，一件簡單的工作都做不好，稱爲「下消」。

**大空**（tua 下去 k'aŋ 上平）——出手闊綽。

說文：「空，竅也。」宋丁度集韻：「空，竅也。通作孔。」是「空」和「孔」通用，指「物體有孔洞」。凡物有孔洞，必能通風，有空氣出入。孔洞越大，氣的出入越強大。故金門話「大空」，形容人用錢、送禮出手闊綽，毫不在意。不過這詞彙也常用作嘲笑的反面意思，稱富人、普通人、窮人都可以。這一類的人，他給別人的，不吝嗇；拿別人的，也不措意，正和孔洞的氣有出有入的含義相符合。

**大逸**（tai 下去 iat 下入）——炫耀。神氣十足。

金門有「大逸」一詞，是責備或諷刺人的話。指人因爲有錢、有勢、有成就、能幹等等，時常向人炫耀或自以爲了不起，而不知道謙虛收斂過分的言行，叫做「大逸」。「逸」是得意洋洋自認爲高人一等的驕態。

**去三兩年仔，就著倒來。**（kĩ 上去 sã 上平 lŋ 下去 lĩ 下平 a 上去 tsiu 下去 tiok 下入 to 上去 lai 下平）——舊時家人對下南洋者的送別勉勵話。

「仔」（a 上去）是語助詞。「著」（tiok 下入）是「必須」。「倒來」（to 上去 lai 下平）是「回來」。

大約從明朝起到民國三十八年止五六百年間，南洋羣島各地區和國家是閩、粵人最有希望出頭的地方。因爲這兩省都是人多田少，生活困難，地理上又和南洋接近。南洋土壤肥沃，物產豐富，但當地土著民智未開，不善經營，故成爲華僑謀生求發展的理想地。爲甚麼不往北到自己的中國各省去？因大陸人滿爲患，找工作困難，沒有吃飯的餘地。爲甚麼不朝東北來到臺灣？因臺灣開發很遲，生番有獵殺異種人的危險；明末鄭成功趕走了荷蘭人，漢人（其實大多數是鄭成功的閩南人鄉族親）和眷屬纔陸續來臺，但土地的開墾仍有限。以後清朝統治的二百年內，閩南人大量移來，却還是比不上去南洋的人數多。原因之一是那時臺灣的農產只求自給自足，雖有「臺灣錢淹脚目（足踝）。」（tai 下平 uan 下平 tsĩ 下平 im 上平 ká 上平 bak 下入）的俗諺，只是譬喩人肯出力，生活便無問題，社會的經濟水平還是很落後。原因之二是清代中葉起，西洋人垂涎南洋的豐富熱帶土產咖啡、胡椒等，瓜分占領土地，廣大種植，運銷歐洲賺取巨利，需要衆多的人工，故吸引閩、粵人去作苦力換得工錢。華僑勤儉努力喜積蓄，轉營商業，致富的不少。

金門的情形和福建內地相似。從古以來，除讀書人留鄉寄望功名，許多年輕的男人在家種田，雖勉強養活家口，一生都在貧窮的邊緣，所以非到南洋去不可。賺錢所得，寄回安家，或在故鄉蓋起高樓大厝，光耀門楣。當要下南時，爲減輕負擔，已婚的不敢攜帶家眷。古時相距數千里的水路旅程依賴帆船，後來纔有西洋人的機器船，太平洋上風大浪高，危險大航期長，父母妻孥送到金門著名的古渡「同安渡頭」，面對茫茫的大海，常常是一家人要哭腫眼睛的。不知道今日一別，能否再相見？故行前拜神乞符求保祐是難免的。一去幾年幾十年，極少回來，父母時時盼望家書寄到，以慰老心。年輕的妻子從此空閨獨守，丈夫已有成就也不便搬眷，因古禮教作人媳婦就是要奉侍公婆、照顧田宅祖墓、養育子女長成的。所以送別時，旁觀的人衆多，風俗保守含蓄，妻子總是掩面哭泣，不好意思和丈夫話別。此情此景，何等悲悽。父母便向兒子說：「去三兩年仔，就著倒來！」意思是訓勉兒子必須下決心吃苦奮鬥，早發財，早榮歸，以光宗耀祖。並不是眞的叫兒子三兩年內一定回來，而是一句慣說的勉勵話。

經過第二次世界大戰，南洋各地的土著教育程度提高，民族覺醒，紛紛獨立自主，極力排華，自此五六百年來的南洋華僑活動史宣告結束。今後的華僑只能在南洋各國的法律許可下生存，傳了十幾二十代的僑裔多數被同化，新去的限制嚴苛也沒有前途，肯去的人極少。筆者不惜花費筆墨寫了本條，用意在爲後世編撰金門華僑史的人保存一點點史料。參閱「落番」、「番屏」條。

**甘味店**（kam 上平 bi 下去 tiam 上去）——出售調味品和各種食品雜貨的店鋪。

古時的食品種類沒有今天繁多，外國貨也極少，有的只是中國本土出產的南北雜貨，但却也淡鹹乾濕都有，山珍海味齊全。專門出售這一類食品的店家，金門話叫做「甘味店」。「甘」不是從糖類產生的「甜」，而是指本身味道濃美的食物，調配以後，可以使所有平淡無味的蔬菜、米飯、麪條、粉絲、糕餅、湯食等變成美味的食品；例如蝦米、干貝、香菇、冬菜、魚乾、蠔乾、香腸、火腿等都是。這種物品，金門人稱爲「甘味」。

**目頭巧**（bak 下入 táu 下平 ká 上上）——聰明。

「目」是「眼睛」，「頭」是「頭腦」。眼睛和頭腦靈巧，就是「聰明」的意思。在金門地區，一般形容某人很聰明，無論學習甚麼技藝或知識，反應領悟很快，稍稍教他，一學便上手。熟練了以後，甚至還能夠別出心裁，自己再構思許多奧妙的新點子出來而青出於藍。這類的人，金門話叫做「目頭巧」的人。

**先生媽**（sian 上平　sĩ 上平　ma 上上）——女醫。

閩南語稱醫生為「先生」，請參閱「先生」條。

說文無「媽」字。隋曹憲音釋魏張揖廣雅，改名博雅，注「媽」說：「母也。」宋陳彭年大宋重修廣韻：「媽，母也。」可見自古以來「媽」多指「母親」，和現在的國語相合。然而在閩南語，「媽」或「阿媽」卻是指「祖母」，絕對不作「母親」解釋，差異如此的巨大。目前很多的閩南語學者似乎十分倚重廣韻，認為是和閩南語關係最密切的古書，這要怎樣解說呢？臺灣話「母親」也是叫「阿母」；至於目前流行的「媽媽」稱呼是由國語帶來的外來語，從民國三十四年臺灣光復以後纔有。

金門話叫「女醫生」做「先生媽」。「媽」在這裏是對老年婦女的尊稱，因為從來沒有少女少婦作起醫生來的。故「先生媽」只指「女醫本人」。中國的男醫生在唐、宋、元、明、清各朝代都有學校，要考試合格，纔可行醫；到光緒末年時，又發給文憑（醫師證照），但女醫沒有。金門的女醫生通常只靠一些祖傳的祕方治療嬰兒、小孩、婦人的病。男人生病極少給女醫看，最多只限於醫治皮膚疔瘡腫毒的藥膏、藥粉一類。收生婆也叫作「先生媽」。政府雖在民國三十二年制定醫師法，但金門執行不嚴格，直到五十年左右，沒有執照的「先生媽」仍舊存在，為人看病。

**安娘**（an 上平 nu 下平）——奴僕稱呼主婦。

早在晉朝、唐朝時，官員妻子的封號已有「縣君」。根據清乾隆時官修的續通典記載：宋朝時，正、從六品朝奉郎以上的官員的母親和妻子，封爲「安人」；此外又有室人、孺人等封號。明、清兩代，六品官的妻子也封爲「安人」。

今按，「安娘」一詞當由「安人」來。明、清的小說裏常見民間的告老回鄉官員或富戶主人稱爲「員外」，主婦稱爲「安人」。「員外」本由「員外郎」來，「員外郎」是創始於南朝的官名，指「額外之官」，很像今天政府機關裏的「雇員」。到唐朝，老百姓也可以捐錢給官府取得員外郎的資格，直至清末還是一樣。清代婦人的神主牌上也常刻有「孺人」的字樣，其實只是一種虛榮的僭稱罷了。

金門是一個孤島，因爲自古封閉保守，許多民俗可傳承千百年不改變。筆者曾親耳聽見，一般家庭撫養的男女僕人或養女，直接稱呼女主人叫「安娘」，男主人叫「阿官」（an 上上 kuã 上平），一直使用到民國四十年左右。「阿」（a 上平）讀(an 上上)，是和底下的字合讀的變音。參閱「官人」條。

**老步在**（lau 下去 po 下去 tsai 下去）——年紀大的人作事穩健。

中國人敬老，不只是尊重老年人爲長輩，更含有敬重老年人世事見聞多、人生經驗豐富、可作爲年輕人的師表榜樣的意思。語言中例如「老成持重」、「老師先生」、「老辣」、「老驥伏櫪」等都是贊頌這一方面的優點。

金門人常講：「老的老步在。」老的，指年紀大的人。步，指步伐，引申爲一切作人處事的過程。在，指「穩健」。故所謂「老步在」，就是「年紀大的人作事穩健」。說文：「在，存也。」「存」即「存在」，也就是「沒有丟失」。詩小雅小弁：「天之生我，我辰安在？」宋朱熹集傳：「豈我生時不善哉？何不祥至是也！」中華書局出版中華大字典釋此詩的「在」爲「善」。這二個注釋如果正確，那麼「在」即是「好」的意思，正可幫助說明「老步在」的「在」是「穩健」的正確性；因爲「穩健」便是「好」。

**利口**（li 下去　k'au 上上）——有胃口。使人吃得下。

「利」是「有利於」某某，不作「鋒利」解釋。人類的胃腸，有時會因爲身體不舒服、心理沮喪、過度辛勞而消化不良，使得三餐也不想吃。逢到這種情形，一方面固然須要設法除去「不想吃」的原因；但是，如能別出心裁，準備某些不常有的美味菜肴來佐飯吃，却也會意外地刺激食慾，叫人胃口一開，飯也吃得下了。

在從前，金門人生活普遍不富裕，故民風極勤儉，三餐吃的都是番薯湯，因爲番薯是當地的土產主食；純粹的白米稀飯也捨不得吃，因爲白米全是漳州、泉州運來，價格昂貴，金門並不產米；只有年節或拜鬼神纔有福氣吃乾米飯，平時番薯湯裏摻些米已算很好了。不產米的原因，是島上的河川溪流小，水不夠灌田，土質又貧瘠，故全是旱田。佐番薯粥的菜，長年就只黃豆醬、黑豆豉、鹹海蠔、豆乾或低賤的魚類。好魚有，可惜普通家庭買不起。所以流行金門幾百年的俗語說：「吃番薯，配海魚。」（tsiak 下入 huan 上平 tsï 下平 pué 上去 hai 上上 hï 下平）這是實情。但實際口音「番」已譌成（an 上平），「配」已譌成（pá 上去）。

幸好海產中有蟧蟹，可製作「鹹蟹醬」，用來佐飯吃。說也奇怪，不論是稀飯、乾飯，如有「鹹蟹醬」相配，胃口頓時大開，飯也就吃得下了，金門人稱這種情形為「利口」。因為「鹹蟹醬」味道的美，很難形容，價錢不貴，也可自作，確是經濟實惠。可是不便長期吃，天天吃會膩，再好吃的東西也變成不好吃了。金門可「利口」的食物當然還有別項，「鹹蟹醬」是其中的一種。參閱「蠘」字條。

**否腳跡位**（pái 上上 ká 上平 liak 上入 ui 下去）——能刑剋親人、掃帚星一樣的壞命女子，嫁後帶給夫家許多災難。

閩南語「壞」的意思發音是（pái 上上），無字可寫；壞、歹二字的讀音並不是（pái 上上）；筆者推定是「否」字，請參閱「好否」條。

古今的金門人有一個迷信：認為有一種女人生來帶有所謂「鉸翦屏、鐵掃帚」般的凶命，這類的女人不論和誰相處，誰都倒楣。鉸翦，翦刀也。屏（pin 下平），一半也；指翦刀的一半仍會鋒利傷人。鐵掃帚，豈不是會將地磚掃壞、家當掃光嗎。她還沒嫁時會剋父母、兄弟、姊妹，嫁後會剋子女、丈夫、翁姑。或者令夫家發生火災、病災、盜災、訴訟、破產等等的凶事。所以，一個女子嫁了後，夫家轉爲興旺發財的，人人就稱贊她命好，會「癐翁姑、癐夫、癐子」；相反的，便認爲這女人命壞，叫做「否脚跡位」。

**否款**（p'ái 上上　k'ún 上上）——貪吃相。

「否」（p'ái 上上）是閩南語「壞」的意思；現在社會上流行的「歹」當作「壞」用是積非成是，請參閱「好否」條。「款」是「款式」、「作法」，也就是「樣子」。故「否款」是表示做事情的方法不對，惹人嫌惡，特別是指小孩子貪吃，吃東西時爭先恐後、把別人的分吃掉、明明吃不完也強行吃下去等等的「貪吃相」；是大人責罵孩子常講的話。

**否嘴料**（p'ái 上上　ts'úi 上去　tau 上上）——開口辱罵別人的母親。出口就是「三字經」等粗話。

筆者在本書列有「好否」（ho 上上　p'ái 上上）一條，討論閩南語「好壞」的「壞」的意思不可以寫作「歹」字，應該寫作「否」字纔算正確；「壞」字意思對但讀音不合；目的在糾正世俗的誤用。

在金門，從古到今，不論大人或小孩，凡出口「三字經」辱罵別人的母親，不管有意無意，都是很嚴重的事情。如果是小孩，父母也會制止責罵，有時唬嚇他說要拿錐子來刺穿他的雙頤。如果是大人，除非準備爭鬥動武，否則被罵的人絕不干休，不然也會引起公憤。令人感到十分驚異的，同是古代閩南人的後裔，同是講著閩南語系的語言，臺灣同胞竟然把「三字經」當作口頭語使用，在面對熟友、天氣不好、東西貴、塞車、罵太太，或任何不滿意的事物時，首先脫口而出的就是「三字經」，聽見的人也絕不當一回事。大學生遇到書難讀，也破口罵書幾句「三字經」出氣，這是筆者親耳聽到的。古時的臺灣搢紳和讀書人是否如此，很值得考證。最叫人驚嚇的，是婦女也有罵人「三字經」的，眞是滑天下之大稽了。在這裏奉勸要到金門去的人留意，和金門人談話，口頭語的「三字經」是不被允許的，可能引發嚴重的衝突，假如聽的人瞭解這是因臺、金民情風俗不同，並無惡意，但他也會爲此而相當瞧不起你，認爲你的學識品格不過如此。

筆者在本書幾次提到南宋大儒朱熹擔任同安縣主簿，曾來金門視察和辦學，因此金門受他的教化極深。直到現在，金門民房大門貼春聯，仍常寫「程箴」、「朱訓」四字。加上地方是孤立的小島，和外界通往交流不多，故能保持淳厚的民風。「程」是指朱熹的老師理學家程頤。

金門話稱「開口辱罵別人的母親的行爲」爲「否嘴料」。否，壞也。嘴料，嘴吧也。壞嘴吧，就是罵一些有人身隱私的粗話，特指辱罵別人的母親。金門人有一種風俗：口頭上開他太太的玩笑沒關係，開他祖宗（包括父母）的玩笑便不可以；俗語叫做「滾某，無滾祖。」（kun 上上 bɔ 上上

bo 下平 kun 上上 tsɔ 上上）滾，玩笑也；當是「玩」的譌音。某，妻子也。所以出口辱罵別人的母親叫「否嘴料」。料和斗同。古時的斗是上面開口的立體四方形，上大下小，有木柄，好像一根木杓。因爲木杓的四邊都有高起的圍欄，人的嘴吧，一張開，口脣也像斗的圍欄一樣，故把「嘴吧」取名「嘴料」。金門人有時又稱「否嘴料」爲「粗嘴野料」，意思相同。

**走馬樓**（tsau 上上 be 上上 lau 下平）——由樓房二樓前面迎街的地板延伸出去底下凌空的陽臺。

金門的島治所在地有新舊二個。舊島治在島上西南部的中央，始建在明太祖洪武二十年（公元一三八七），稱爲「金門城」，明末監國魯王朱以海和鄭成功抗淸，住的就是這裏。入淸後，城牆房舍街道殘破不能使用。聖祖康熙時，駐金門的總兵陳龍把島治遷到島上西部瀕海的要塞後浦堡，不再築造城垣，到現在也有三百年的歷史了。但不論新舊島治，金門都還沒有資格設縣，是隸屬於泉州府同安縣（縣治稱馬巷）管轄的。直至民國四年（公元一九一五），金門纔正式升格單獨設縣，縣治就在新金門城後浦，沿用到今天。兼轄周圍的小島大嶝、小嶝、烈嶼、大擔、小擔等。大嶝、小嶝今被中共占有。

現在後浦的大街是三百年來最古老的街道，民國二十六年（公元一九三七）抗戰開始，金門遭日軍占領，大街正在拓寬，淪陷後完成，將街道兩旁店鋪前面有騎樓的部分拆除，改建成爲今日的模樣。

古店屋騎樓底下原有磚柱支撐，鄰接的兩店騎樓共用一根，騎樓底下可供行人走路用，寬度約五尺，金門話叫「樓脚憩」（lau 下平 ká 上平 ké 上去），臺灣話叫「亭仔脚」（tiŋ下平 a 上上 ká 上平）。「脚」是「下」意。因騎樓下也可給行人遮蔽日光雨水，有時放置椅子，店家和路人都可坐下休息。不過金門話的語音已譌成（gɔ 下去 ká 上平 ki 上去）。拓寬後，除去柱子，新陽臺改用和隔店牆壁同方向的鋼筋水泥直梁支載，騎樓凌空，騎樓下的通路照舊，但窄了許多，仍叫「樓脚憩」。這種凌空的騎樓，等於今天臺灣通稱的陽臺，陽臺的四周有欄杆。

金門話把這種騎樓叫做「走馬樓」。明王三聘古今事物考七說：「走馬廊自秦有之，謂房外出簷一楹，可以乘馬而行。」這裏所謂「廊」，當即是房屋前面屋簷下專供乘馬的地方，「楹」字有二解釋：一指柱子，一指成列的房屋；此處指「柱子」較合。依這記載，正和「走馬樓」相似；但尚無法斷定古人的房屋是平屋還是二樓或三樓以上。古人如要乘馬，須在街邊，以免妨礙街上的交通。上面又有屋簷或騎樓（陽臺），可擋雨遮日。

除了上述，金門話命名面街的陽臺爲「走馬樓」的理由：凡是街道上有人馬或迎神賽會的隊列經過，人坐在陽臺上，可以一覽無遺，不受街邊聚觀的人羣遮蔽，極爲舒適。夏天黃昏商店打烊後（古人夜間不作生意），店家的人也可高坐在陽臺上休息乘涼，雖然不敢說這種「走馬樓」有時可給人坐在那裏看街上的跑馬經過。

侑食（iu下去　siet下入）——各房或一家族中的內（外）子孫共祭祖先後分享祭品。

金門人在清明節祭祖時，同宗族的各房子孫必須出錢購買祭品如三牲、糕餅、水果等。祭祀完畢，按照房數，把這些祭品分開，各自帶回享用，但限於男丁，女兒是沒有資格的。如只是一個家族祭祖先，已嫁的女兒雖然成為異姓，也可分享。這一些分享祭品的事情，叫做「侑食」。但語音已譌成（ui下去　sit下入）。這風俗來源極古，可上溯三千年前的周朝。

詩小雅楚茨：「以為酒食，以享以祀，以妥以侑，以介景福。」毛傳：「侑，勸也。」鄭箋：「祝以主人之辭以勸之。」意思是，祭祖時，子孫作主祭人，要禱告祖先的靈魂降臨享受祭品，等於子孫在旁邊「勸祖先盡量吃」一樣。所以稱為「侑食」。禮記雜記下：「或問於曾子曰：『夫既遣而包其餘，猶既食而包其餘與？君子既食，則裹其餘乎？』曾子曰：『吾子不見大饗乎？夫大饗既饗，卷三牲之俎歸于賓館。父而賓客之，所以為哀也。』」遣，是喪事時靈柩將要出殯的祭名。祭好後，須把牲體裝進墓壙中一起埋葬，正像君子受人宴請後，主人也將君子吃剩的送他一起帶走。大饗是國君宴請賓客，方法也相同。並不是主人沒有禮貌或客人貪吃。所以把死去的父母當賓客款待，正是子孫表達喪禮哀思的至意。後世分享祭品的「侑食」，或者以為死者的靈魂既已享受過，祭祖時已無墓壙可埋，不如子孫帶回食用，以免浪費，死者也可庇祐，算是權利，兼是義務。

禮記祭統：「夫祭有餕。餕者，祭之末也。是故尸謖，君與卿四人餕。君起，大夫六人餕，臣餕君之餘也。大夫起，士八人餕，賤餕貴之餘也。凡餕之道，每變以衆，所以別貴賤之等，而與施惠之象也。」吃別人吃剩的東西，叫做「餕」。古人設神主是要給靈魂依附。爲了親切逼眞，祭祖時用活人扮成祖先受祭，叫做「尸」。祭統的話就是說：君王祭祖完畢，尸最先吃飽離去，吃剩的由君王和卿四個接著吃。吃飽離去，然後照樣由大夫六個、士八個接吃。可見這又和前述「侑食」的情形類似。「餕」的禮節傳到後世，便是根據人輩分的高低或身分的貴賤訂成先吃後吃順序的由來。

總結說來，金門人「侑食」一詞，在古代，是可以包括活人擧行宴會和祭祀祖先兩方面的。

**阿娘**（a 上平　nĩu 下平）——直接稱呼母親。

說文：「母，牧也。从女，象褢（懷）子形。一曰，象乳子也。」「牧」是「養」意。照說文解釋，「母」字是象形字，像女性抱著孩子，又像女性餵嬰兒吃奶。說文：「父，巨也。家長率教者，从又擧杖。」「父」字是指事字。「巨」是「矩」。照說文解釋，「父」是右手拿著棍棒，在家中依規矩教訓人的人。由這裏可看出古代造字的人的巧妙，而說文的解釋也是很有趣味的。從此中國人用「父」代表父親，用「母」代表母親。但要注意的是，說文並沒有明白指出「母」就是「生我的人」，「父」也是。倒是在「嫗」字明白解釋：「母也。」這「母」或是「乳母」。

「父親」的其他稱呼，像「爸」、「爹」這些字都較晚纔有。「母親」的別的稱呼，當以「娘」字使用最廣，也一樣比「母」字造字晚。說文無「娘」字。元黃公紹古今韻會：「母稱曰娘。」明陶宗儀輟耕錄十四說:「娘字俗書也,古無之,當作孃。」一般以爲作於北朝的木蘭詩有句說:「旦辭爺孃去,暮宿黃河邊。」晉無名氏子夜歌:「見娘喜容媚,願得結金蘭。」晉朝比北朝稍早,已有「娘」字,但這「娘」是指未嫁的少女。

閩南語稱呼母親,不是「母」,就是「娘」,絕沒有叫「媽」的。閩南地區和臺灣,在較早的歌謠或戲劇中,也稱呼少女、情婦爲「娘囝」(nu 下平 kã 上上)或「阿娘」(a 上平 nu 下平)。「娘囝」等於大陸北方話的「娘子」。這些也都可和晉朝時代的講法相印證。但更可推論或者漢朝時尙無稱母爲「孃」的叫法。漢書蘇武傳記載李陵的詩歌說:「老母已死,雖欲報恩將安歸?」便是一旁證。

金門人稱呼母親,只有二種:一是「母阿」(bu 上上 a 上平),一是「阿娘」。「阿」字全是語助詞。可是在實際的語音中,「阿娘」却已走音,成爲(an 上平 niak 上入),是遠比「母阿」流行廣大的稱謂。臺胞叫母親「阿母」(a 上平 bu 上上),金門人沒有這樣的叫法。

**拭餅**(tsit 上入 piã 上上)——春捲。

金門人稱春捲爲「拭餅」,可能是全中國獨一無二的。在閩南內地和臺灣,春捲都叫「潤餅」或「薄餅」。住在澎湖列島的居民,有不少是淸代由金門遷去的移民後裔,說不定仍有「拭餅」的名稱。至於「春捲」,却是操國語的大陸人士所講。筆者以爲:春捲皮像紙一樣薄,叫「薄餅」相當合理。

「潤」雖可指所包捲的菜餡含湯而「潤濕」，但菜餡也有乾燥不含水的，稱「潤」有些牽強；另有「韌」字，或者麪粉作的皮吃起來常不是一口就能咬斷，有韌韌的感覺，故叫「韌餅」。

推測金門話把春捲命名爲「拭餅」的理由，應當是製作春捲皮時，師父手抓一大塊濃濃膏膏黏黏的麪團，快速地朝下在燒熱的平底鐵煎盤上糊拭一個圓形後，馬上又抓走麪粉團，不然會整團掉落或貼黏在煎盤上，伸插在麪粉團裏的五隻手指頭還不能露出而遭煎盤燙傷，這些都須要相當的功夫纔行。被糊拭在煎盤上的麪粉漿，片刻煎熟，立即揭走以免燒焦，成爲一張薄薄的麪皮。用這種「糊拭」出來的外皮包餡子吃，所以叫「拭餅」。

金門歷史上的名人蔡復一，出生在島上山兜鄉，是明朝神宗萬曆二十二年的進士，以都察院右僉都御史總督數省軍務，屢次建大功，皇帝賜尚方劍，先斬後奏，節制廣西、雲南、四川、陝西、貴州五省，後病死軍中。明史二百四十九有他的傳。金門民間有關於他的三個傳說，到現在還聽得到。一是，他祖上聘風水先生作風水，風水先生因而眼瞎，又虧待他。風水先生不甘心，便騙主人說這「白鶴穴」已積水，怕有大禍。蔡復一的先人雇工人挖開墓穴，不料從壙穴裏的積水中飛走許多白鶴，他先人也稍懂風水，覺悟這是難得的吉穴，趕快抓捉，但只抓到一隻，不幸壓瞎了一隻眼睛和跛了一條腿，就再關進穴去，墳墓修好。後來蔡復一出世，果然也是獨眼和瘸一條腿。二是，他爲人忠貞耿直，因此得罪不少大官和奸臣。蔡夫人怕丈夫被人暗中陷害，在他書寫的每一分奏章上都用針刺洞成一朵小花形。以後奏章遭人調換，文字冒犯皇帝，蔡復一奏請皇帝勘驗，因沒有花紋不是眞本，纔不辦罪。三是，蔡復一經常趕寫奏章，廢寢忘食，蔡夫人發明了春捲，給丈夫左手拿著吃，右手可以照常寫奏章。以上三則傳說都是不可靠的。白鶴轉世是神話，無須深談。古時的士子五官不全肢體殘缺的不准參加科舉考試，他從那裏中了進士？如蔡復一的身體眞的有那些特徵，或是因作戰負傷造成。奏章絕不許有任何汚染，否則有罪；不應蔡夫人敢用針刺洞成花。春捲早在宋朝已有，不是蔡夫人發明。

**枵飢失頓**（iau 上平 ki 上平 sit 上入 tŋ 上去）——肚子餓而不照時候吃。窮人三餐不繼。

閩南語「肚子餓」叫「枵」（iau 上平），是（hiau 上平）的走音。和「飢」合成複詞，意義還是「肚子餓」。「頓」是「三餐」，「失頓」是「沒有了正常的三餐」。一天中吃三頓餐食是古今中外人類養生的共同經驗。只吃一頓或二頓，肚子容易餓，或引起營養不足，不夠支應工作必須的體力，長期體力透支會使健康崩潰。相反的，吃四頓或五頓以上又嫌過多而頻繁，也可能導致胃腸負荷過重，經常這樣也會有害健康。故以三頓爲常態，又正好配合早、午、晚的三段休息時間上的程序。

金門話「枵飢失頓」多指二種情形：一是人過度專心工作，中午該用餐的時候還不進食，忍餓工作直到黃昏晚間，索性兩餐的分量當一次吃了，害了自己又感覺太飽。也有人一早空著肚子出門，爲了趕路或趕工，一直到下午纔吃飯的，形成餐和餐間隔的時間失去均衡，也同樣對健康有害。一是窮苦的人家，今天的三頓是昨天纔謀求得來的，今天又必須經營明天的餐食。這種情形，金門話又叫做

「三頓前，兩頓後。」（sã 上平　tŋ 上去　tsãi 下平　lŋ 下去　tŋ 上去　au 下去）古時的苦力、小販、憑小技藝維生者常有這樣的遭遇。

**枵癆**（iau 上平　lo 下平）——因貧苦而貪吃成癖。

「癆」、「勞」通用，意謂人的五臟有所偏勞而損傷，成爲病症。漢張機金匱要略藏府經絡先後病脈證篇列有：五勞、七傷、六極等的病名。五勞是指心勞、肝勞、脾勞、肺勞、腎勞。魏張揖廣雅釋詁：「癆，痛也。」也是指病痛。

閩南語「肚子餓」叫做「枵」（iau 上平）。「癆」既是「病症」，故金門話「枵癆」即是指「貪吃成癖」。古代的金門老百姓普遍生活貧苦。貧苦的人見著可吃的東西，如是自己的，快快就吃下去了；如是別人的，只能在旁邊呑口水羡慕；如別人肯分贈一些給他，更是喜出望外。這一些情況和心態，稱爲「枵癆」。這是時代環境造成，並不算甚麼羞恥事；別人也不會因此而瞧不起他。其實貪吃不是「病症」，僅是用來形容「因貧苦而貪吃成癖」的可觀程度罷了。後世「枵癆」變成口頭禪，是「貪吃」的文雅說法，到今天仍常講。

另有「是枵無，不是枵癆。」的俗語。「枵無」是「看見某種較稀罕的食物，纔很想吃。」比「枵癆」的程度輕得多。言外之意是：假若這一種喜吃的食物多吃幾次或經常有得吃，也就不想吃了。無，沒有也，缺乏也。

**風**（hɔŋ　上平）——馬、牛、驢等四足大型哺乳動物一年一次的動情期。

左僖四年傳：「齊侯以諸侯之師侵蔡，遂伐楚。楚子使與師言曰：『君處北海，寡人處南海，唯是風馬牛不相及也。不虞君之涉吾地，何故？』」杜注：「牛馬風逸，蓋末界之微事，故以取喻。」孔疏：「（漢）服虔云：『風，放也。牝牡相誘謂之風。』」日本竹添光鴻會箋：「（書）費誓『馬牛其風』，鄭注訓『風』爲『走逸』。詩（小雅）北山『出入風議』，（鄭）箋亦云『風猶放也。』呂覽季春紀『乃合纍牛騰馬，游牝于牧。』（漢）高誘注：『纍牛，父牛也。騰馬，父馬也。皆將羣游從牝於牧之野，風合之。』」照這些古書所說，「風」有二層意義：一是「雌雄互相引誘」，一是「放任」。就是放任動物在牧場到處吃草，追逐配偶交配，纔會越過國界；但這到底是和兩國政治軍事無關的小事情。

金門話保存古義，那些四脚的大型哺乳動物，每年有一次固定的時期動情求偶，性情會變得暴躁不安，常會意外傷人，叫做「風」。只是雄的全年都可交配，雌的較有固定的時間。

**風肉**（hɔŋ　上平　bak　上入）——用豬肉作成的一種菜肴。

金門菜有「風肉」一種，作法是：取肥瘦相間的豬肉一大塊約一斤半重，先切成扁條狀，再分切成爲許多火柴盒大的小塊，每小塊仍保持肥瘦相間。生文火，鍋中下花生油一湯匙，油熱後，加白糖一湯匙，撥炒使溶，不可過久焦黑。將肉倒進，隨人喜愛鹹或淡，酌量摻些食鹽。翻炒一回，沿鍋邊繞圈倒下清水一碗，蓋鍋蓋，仍用文火，滾開後，翻炒至熟爲止。這種作法叫做「風」，因用豬肉作成故稱爲「風肉」。

在金門，「風肉」可以佐飯吃。如再添些先切好蒸熟的芋頭，合「風肉」煮，或混在一起吃也可，叫「風肉芋」（hon 上平 bak 上入 ɔ下去），味道很美。「風肉芋」是金門家喻戶曉的菜，但正式的筵席不能上桌，嫌它太低俗的緣故。

「風」是中國古代傳統烹飪法的一種，被金門人所繼承，但作法未必像上面所講。讀者如想進一步研究，可參閱民國六十九年八月二十日聯合報萬象版「學人品茗」一文，或中國傳統烹飪方面的專著。

**食頭**（tsiak 下入 táu 下平）——同宗族的男丁聚集飲宴。

中國人「吃東西」的「吃」，最初是「食」。說文：「食，集衆米而成食也。」說文：「吃，言蹇難也。」可見「吃」的本義是「人講話困難」，並不當現在「吃」的意思用。另有「喫」字，雖是「吃」意，但字的創造較「食」晚得多。閩南語「吃」的意思的語音（tsiak 下入）即是「食」，而不是「吃」或「喫」。

在金門這地方，每年的清明節，集合同宗族的男丁祭掃遷入金門的始祖祖墳和宗廟祭祀過後，每個家庭分年輪流一次作主人，在宗廟宴請全族的男丁，筵席費以每丁口爲單位出錢交給主人承辦。沒有建宗廟的族姓改在主人的家裏宴請。男丁（女人一概沒有資格）參加這種宴會，叫做「食頭」（t-siak 下入 t'au 下平）。

說文：「頭，首也。」舊唐書一八五下楊瑒傳說：「每至帖試，必取年頭月日，孤經絕句。」頭，始也，初也。可知「頭」是「人的頭部」，後來用作「開頭」、「爲首」等意義。金門話所謂「食頭」，當有二點意思：第一，同宗的人一起來吃共同祭祀和紀念「始祖」的飮宴，表示愼終追遠和念功。第二，由主辦人「作頭」開宴會，大家來吃，故稱「食頭」。參閱「親同」條。

家內（ke 上平 lai 下去）——妻子（第三人稱）。

中國人一向講求禮儀客套，說話含蓄謙虛，對別人提起自己的父親叫「家父」，兒子叫「小犬」，弟弟叫「舍弟」，妻子叫「賤內」、「內子」、「內人」等。因古時男主外，女主內，所以「丈夫」的第三人稱也叫「外子」。「內子」和「外子」的「子」字是「人」的意思。

明史江彬傳說：「彬從帝（武宗）數夜入人家索婦女，帝大樂之，忘歸，稱曰『家裏』。」「家裏」，妻子也，和「家內」同。由此可證明在明朝或更早，「家裏」已作爲「妻子」的代稱。

金門話把「家裏」說成「家內」，遠比明朝更古。因爲在周代和春秋戰國時，家屋的「裏面和外面」都叫「內外」，不叫「裏外」。禮記曲禮上說：「外言不入於梱，內言不出於梱。」「梱」是「

門檻」。也就是說，外面的話不要拿來家裏講，家裏的話也不要搬到外面講，以免惹是生非，貽人笑柄。

金門人對別人談到自己的妻子，多說「吾家內」（guan 上上 ke 上平 lai 下去）或「吾厝內」（guan 上上 tsú 上去 lai 下去）。「厝內」等於「家內」。絕沒有像臺灣話說「吾太太」（guan 上上 tái 上去 tái 上去）的。其實「太太」一詞是民國三十四年臺灣光復後來臺的大陸籍人士所帶來的國語，臺胞跟著說，變成臺灣話的外來語。前此的臺胞稱妻子，應該也和金門人相同。「吾」（guan 上上）即「我的」，是代名詞所有格單數，他處作複數用也可以。世人多借讀音相近（事實上並不同音）的「阮」字使用，這是不正確和多餘的。參閱「吾」字條。

**紙字**（tsua 上上 li 下去）——鈔票。

中國人歷來採用作貨幣的材料，有貝殼、布帛、珠玉、皮革、金屬、紙張等。紙幣的發行通用，開始在宋朝，叫作「交子」。故紙幣即是鈔票或滙票，今天單指鈔票。利用紙張當做貨幣，是中國人的最高智慧表現之一。中國人遠在漢代發明了紙，宋朝又以紙作爲貨幣，到現在已普及全世界。紙的最大優點，就是輕便容易攜帶和本身沒有價值，價值全依紙面的標明。如果採取本身有價值的金、銀、銅等，有時會因爲這些物質的市價高過幣面值而被銷溶當作貨品買賣等干擾金融的事情發生。

金門人將「鈔票」叫做「紙字」，可能是普天下獨一無二的最奇特而可笑的說法。意思是：紙張的上面印了一些文字，文字標明價值多少就是價值多少。推敲當初那些創造這名詞的古人心意，可能是覺得那麼一張粗糙糙破爛爛擦屁股用的草「紙」一般的傢伙，只寫了幾個「字」，就能夠值多少便值多少，所以纔取了「紙字」這樣的玩笑話。但請讀者注意：古代的鈔票，政府都同時印上四個大字：「仿造者斬」！僞造鈔票，古人絕對殺頭，沒有僥倖逃得過。

**荒心**（hɔn　上平　sim　上平）——兒童喜玩不愛讀書。

說文：「荒，蕪也。」清朱駿聲說文通訓定聲：「荒，假借爲忘。」書盤庚中：「明聽朕言，無荒失朕命。」僞孔傳：「荒，廢。」禮記曲禮上：「地廣大，荒而不治。」鄭注：「荒，穢也。」綜合上引各書的話，「荒」字含有荒蕪、忘失、廢棄、散亂等的意思。

金門話「荒心」常用來責備小孩子：爲了好玩樂，事事不關心，讀書偷懶不用功，整天嬉樂遊玩，老師的管教和父母的叮嚀都全不當一回事。元關漢卿雜劇蝴蝶夢四：「貪荒處孩兒落了鞋，喚著越不揪採。」正是這樣的用法。揪採，理睬也。

**乾竭**（kan　上平　kiet 下入）——物產貧乏，人民生活困苦。

「乾」是「乾枯」，「竭」是「完盡」。左僖十五年傳：晉國遇饑荒，秦國運糧接濟；秦國發生饑荒，晉惠公却不肯回報，晉國的大夫慶鄭勸惠公說：「亂氣狡憤，陰血用作，張脈僨興，外強中乾。」

杜注：「狡，戾也。僨，動也。氣狡僨於外，則血脈必周身而作，隨氣張動。外雖有強形，而內實乾竭也。」故「乾竭」即是「乾枯」意。凡任何地方土地貧瘠，物產匱乏，百姓普遍生活艱難，金門話都叫做「乾竭」。

**做甜**（tsue 上去　tĩ 上平）——調味。

「做甜」的「甜」不是指由糖類產生的那種甜，而是表示一般菜肴經過烹調製作後所產生的「美味」或「甜美」。比方說，糯米是淡而無味的，可是浸水磨成膏以後，加入肉塊、油葱、五香、蝦米、食鹽等拌揉均勻，放進蒸籠裏蒸熟，就成了「美味」的鹹年糕了。故凡用能產生「甜美」味道的佐料，和平淡無味的食物合在一起製作而得到「美味」，金門話都稱爲「做甜」。

**強摃**（kuŋ 下平　kɔŋ 上去）——舊時由福建內地到金門島上搶劫的大盜。

約自明、清兩朝到民國二十六年日本侵華占領金門爲止，這一段達六百年左右的長久時期，經常有來自閩南漳、泉二州的大盜到金門搶劫。人數約五六個到十幾個，早期使用大刀，晚期已有鎗枝，事先選定富戶或有錢的南洋歸僑，由金門本土的奸民作內應帶路，乘坐帆船，半夜登陸，將苦主的住宅包圍，用懸吊的巨石撞破大門，進行洗劫，有敢抵抗的就行格殺，運載財物，天亮以前再乘船返回內地。古代到民國初期，島上政府的兵力薄弱，又多駐紮縣城，如劫案在鄉村發生，那時沒有電話，等鄰居跑路或騎馬來縣城報案，劫匪早已得手遁去了。何況鄰居也怕報復，敢報案的人極少。舊日的官府推拖爲事，這一類的搶劫案都是不破的。同是閩南人，內地人生事可以立即遠走高飛到廣闊的大陸，故民性慓悍；金門人面對四面是海的彈丸小島，犯案就如籠中待捉的小鳥，那能不乖？如果是姓對姓、鄉對鄉的集體械鬥，又和內地相同。請參閱「人贅，情理直。」條。

筆者生得晚，但親耳聆聽老輩講述：這種「強摃」大盜偶然也會失手，大概都在民國一二十年間。某次意圖半夜在路上搶劫民間僑滙信局的信款，被當時縣政府動員民丁封鎖海岸，一面派兵搜捕，一個搶匪逃匿民家，當場鎗殺。其餘四五個也被捉住，立即鎗決。民國初期的行刑還有斬首，公然搶劫的盜匪不分主、從、接應，通通斬首或鎗決，絕沒有幸運判無期徒刑的，全中國都一樣。另一次是在縣城後浦，有一家姓陳的開設的德興當鋪半夜遭「強摃」圍攻，（讀者試想：縣城內有警察和兵士，縣政府距離當鋪不超過二百公尺，劫匪的膽大妄爲可以想見。）恰好只隔一條窄巷的鄰居二樓住著一位另一家陳姓的青年（名人陳卓凡的哥哥），因久攻不破天快亮，這青年躲在屋頂用獵鎗發射，擊斃一個搶匪。搶匪運屍撤退。這青年一早立刻下南洋避禍。幾年後當鋪老闆去世，劫匪潛來掘墓割去屍頭，寄信勒錢去贖，老闆的家人只好照辦。劫匪把那筆錢送給那被擊斃的同夥的妻子。此外，「強摃」也有擄人勒贖的。

以這些發生在金門的五六十年前的劫案和今日臺灣的職業殺手、擄人勒贖滅屍、集體搶劫殺警相比，無異小巫見大巫。我們切勿忘記：今日的臺灣已是和西方高度文明國家競賽的工業社會，暴力犯罪的猖狂是工業社會的必然產物；而五六十年前的封閉金門農業社會，發生一件命案全島都會震動，何況是成羣的劫匪搶劫！金門有俗語說：「水、火、大賊。」（tsui 上上 hə 上上 tua 下去 tsát 下入）意謂水災、火災、大盜是令人最感恐怖的事物，遭遇到會使人全身顫抖齒擊的。所以那些今天看起來微不足道的故事，也纔會在金門一直流傳。

講了幾百年久的金門話「強摃」（kuɔŋ 下平 kɔŋ 上去）或「強摃賊（tsát 下入）」，已經成爲歷史名詞了。它的意義就是「強行攻破門戶進入搶劫的劫匪」。「摃」，敲打也；這是一個閩南語的新造字，當和臺灣新竹「摃丸」的「摃」相同；因舊時的肉丸是用木棒「敲打」作成的。另有一類盜匪叫「落海洋」，請參閱該條。

**望冬**（baŋ 下去 taŋ 上平）——蘆葦。

蘆葦是一種多年生的草本植物，生存和繁殖性很強，遍布於全世界。一般常見盛生在低濕的沼澤地區，高數尺，也有一丈以上的。全株淺綠色，根莖粗大扁平，葉尖而細長。秋天時，莖頂抽穗開著紫色的花，花開後結實，由輕飄的白毛藉風力四處飛布。它的枝葉長成後割取晾乾，可編成掃帚或容器。它的嫩芽可以吃，稱爲蘆筍，但很少人吃。現在家庭食用的蘆筍一名石刁柏，和蘆葦的蘆筍不同。

說文：「葦，大葭也。」「萑，薍也。」段注：「（大戴禮記）夏小正曰：『未秀則不爲萑葦，秀然後爲萑葦。』毛傳曰：『八月薍爲萑，葭爲葦。』（漢）許（愼）云『大葭』，猶言葭之已秀者。」

注「萑」字：「薍之已秀者也。」「秀」是「開花」。說文：「蒹，萑之未秀者。」段注：「凡經言萑葦，言蒹葭，言葭菼，皆並舉二物。蒹、菼、萑一也；今人所謂荻也。葭、葦一也；今人所謂蘆也。」照上述的解釋，葭到開花時叫做葦，薍到開花時叫做萑。萑又叫做菼或蒹。所以葦和葭是同一物，後人通稱爲蘆；萑、菼、蒹、薍是同一物，後人通稱爲荻。但段注「蒹」字又說：「（漢）李巡、樊光則云蘆、薍爲一草，（三國）陸璣、（晉）郭璞則又蒹、葭、菼爲三矣。」可見自古解說已混亂不清。明王象晉羣芳譜說：「蘆、荻二物相類而異種；蘆大而中空，凡曰葭、曰葦、曰華、曰芀，皆蘆也；荻小而中實，凡曰萑、曰藡、曰菼、曰騅、曰鳥蓲、曰馬尾，皆荻也。」現代植物學根據西洋的分類，把「荻」列爲菊科，代表另一種植物；而將蒹和葭全列入和「蘆」相同的禾木科；見於正中版植物學辭典。

詩豳風七月：「七月流火，八月萑葦。」毛傳：「豫畜萑葦，可以爲曲也。」農曆七月，火（商）星黃昏時往西天下去了。八月時採取蘆葦莖預備作明春編爲裝養蠶的容器用。詩秦風蒹葭：「蒹葭蒼蒼，白露爲霜。所謂伊人，在水一方。」當是秋天時，詩人在河川的水邊岸上看見盛開的紫白色蘆花，因而想念遠方的「伊人」。

金門在地理上屬亞熱帶，但因貼近大陸，故氣候多大陸性，四季分明，不像臺灣到農曆八、九月還極酷熱。在金門，秋天一到，漫山遍野都可看見白茫茫一片的蘆葦開花，高度常達一丈，不似臺灣所見的矮小。金門話所以會把蘆葦叫做「望冬」（baŋ下去　taŋ上平），應是蘆葦一定在秋天開花，秋天一來，冬天也隨在後面快到了。

**逞盛**（tíŋ上上　siŋ下去）——父母溺愛縱容子女不管教。

宋丁度集韻：「逞，縱也。」宋戴侗六書故：「逞，肆行也。」「肆」是「恣意放縱」。明樂韶鳳洪武正韻：「不檢謂之不逞。」漢伏勝尚書大傳金縢：「周公盛養成王。」漢鄭玄注：「盛猶長也。」「長」讀上聲，有「撫養」意。魏張揖廣雅釋詁：「盛，多也。」

從右列古書對逞、盛二字的解釋，可知金門話「逞盛」就是有能力干涉或阻止某人的過分行爲而不干涉或阻止，特別指作父母的人對自己的兒女過度溺愛放縱，不加管教，甚至還火上添油，讓兒女在家裏或外面做出許多不合規矩禮俗的言行。有時單叫「盛」（siŋ下去），含意相同。更可用在動物身上。金門有俗語說：「盛囝不孝，盛豬舉竈。」（siŋ下去　kiã上上　put上入　hau上去　siŋ下去　ti上平　kia下平　tsau上去）這俗語臺灣也有，相信是由古時的閩南移民傳過來的。盛，寵愛縱容也。囝（kiã上上），兒也。舉竈，豬急著要吃豬食連爐竈也頂撞摧毀也。

**帶手**（tua上去　tsíu上上）——登門拜訪主人以前，手上帶去的禮物。

金門人有一種風俗習慣，要去訪問不是時時見面的官員、紳士、親戚、朋友等人，通常不肯貿然空手就去，先前衡量對方的身分輕重？有沒有託請辦事？那一種東西最適合對方的喜好？自己的財力能負擔多少？考慮過後，然後選購禮物，「隨手」帶去當作「見面禮」，以增加主人的好感，自己也有面子。這種禮物，叫做「帶手」。

**惡到若倭**（ɔk 上入　ka 上平　na 上上　ə 上平）——像明朝時代侵入金門殺人放火的日本倭寇一樣凶惡不講理的人。「到」（ka 上平），至於也。「若」（na 上上），好像也。參閱「蠻」字條。

**散魂**（san 上去　hun 下平）——流氓。

農曆七月有盂蘭盆會，創始於釋迦牟尼十大弟子神通第一的和尚摩訶目犍連，簡稱目連。傳說他的母親生前常惡口罵人，死後墮入陰間餓鬼道，食物入口變成熱火無法吃。目連向釋迦求救，釋迦因此講說盂蘭盆經，教他救母的方法。晉竺法護譯盂蘭盆經說：「是佛弟子修孝順者，應念念中憶父母乃至七世父母，年年七月十五日，常以孝慈憶所生父母，爲作盂蘭盆，施佛及僧，以報父母長育之恩。」按「盂蘭盆」是梵語的音譯，意爲「倒懸」；因爲餓鬼不能吃，命似倒懸的苦楚。「盆」並不是容器。「盂蘭盆會」是一種法會；目連照釋迦的指示作，果然他的母親終於獲得超度。中國的盂蘭盆會，始設在梁武帝大同四年（公元五三八）。

我國的南方人崇信鬼神，遠比北方人癡迷，尤其是福建的閩南人。在閩南和臺灣的七月十五日中元節，都舉辦「普度」，多在寺廟進行。純由佛教徒籌辦的，供奉鬼神的祭品只限用花、果、素食，唸經超度陰間的鬼魂，這就是「盂蘭盆會」。不是佛教徒的屬於道教的形式，祭品兼用三牲、酒菜，也雇用道士唸經作法。閩、臺地區把那些從陰間地獄門放出來一個月接受超度的鬼魂叫做「老大公」或「好兄弟」，人民隆重虔誠祭拜，絲毫不敢得罪。因這些鬼魂性情凶惡，倘若祭拜不誠不足，就會作祟加給人禍殃，所以人人害怕。

金門話「散魂」就是指這些地獄裏出來的鬼魂和漫遊各處無人祭祀的孤魂野鬼等，他們的共同特色便是「凶惡不講理」、「非孝敬不可」。稍稍得罪，麻煩就來了。故金門人造了「散魂」一詞作爲陽間「流氓」的綽號。「散」是到處游散或膽大如天的意思。

**為**（ui 下去）——第三者聲援兩方發生爭執的某一邊。

讀去聲的「爲」字，國語常用作「替」或「幫」的意思。好比甲乙雙方發生爭鬥，第三者介入幫助其中的一方，國語是說「站在某一邊」、「替某一邊出力」、「幫某一邊的腔」等等。但在閩南語，話不必講得這麼煩，最多只說二三個字就夠了。例如：「爲伊」、「爲許屏」（ui 下去 hie 上上 pin 下平），就是「站在他那一邊」、「站在他們那一邊」。「爲我」、「爲這屏」，就是「站在我這一邊」、「站在我們這一邊」。「許」讀（hia 下平）或（hie 上上），是「那裏」或「那邊」的意思。「屏」指「邊」或「面」。

金門話凡「站在某一邊」都叫「爲」。論語述而篇：「冉有曰：『夫子爲衞君乎？』子貢曰：『諾。吾將問之。』出，曰：『夫子不爲也。』」宋朱熹集註：「爲，助也。」正是金門話保存古義的確證。當時孔子在衞國，衞國國君靈公趕走兒子蒯聵，被晉國所接納。靈公死後，衞國人擁立蒯聵的兒子出公輒作國君。晉國要把父親蒯聵送回來，兒子輒拒絕。孔子所以不「幫助」輒，理由是君位應該由父親經承。

番屛（huan　上平　pin　下平）——指中南半島和南洋羣島各國。

中國的古人妄自尊大，凡不是漢族或住在國境四周遠近的異族都以「蠻夷番邦」看待。因此約自明朝起，閩南人都把今天的中南半島各國、馬來半島各國、菲律賓列島、印尼各大小島嶼等所有的土著居民，統稱爲「番人」（huan 上平　laŋ　下平）或「番阿」（huan 上平　a 上上）。「阿」是語助詞，有人寫作「仔」，這是不對的；請參閱「阿」字條。不只如此，直到今天，臺胞仍在背後將臺灣的原住民叫作「番阿」。

閩南語「屛」（pin　下平）是指地方的「邊」或「面」，例如，「這邊」叫「這屛」（tse　上平　pin　下平），「那邊」叫「許屛」（hie　上上　pin　下平）；請參閱「這」字和「許」字二條。

金門人從明朝起到民國三十八年止，到南洋謀生的人數極多。古時的金門人口很少超過十萬，但常有一半以上在南洋，故金門是一個名副其實的僑鄉。所以凡是講到南洋，都說「番屏」。番屏，番地也。「到南洋去」，都說「落番」（lok 下入 huan 上平）。參閱「落番」條。

**趁食囝**（tán 上去 tsiak 下入 kiã 上上）——苦力、小販、靠小技藝維生的人。

閩南語稱「謀生」或「掙一口飯吃」爲「趁食」（tán 上去 tsiak 下入）。明張自烈正字通：「趁，隨及也。」即是「有所追逐」的意思。金門在古時，有屋有田的人纔算有了生活的根據地，但因土質貧瘠收成不豐富，故大多數的人民還是生活困苦，須要依賴子弟到南洋謀生寄錢回來安家補助。至於那些由閩南內地赤手空拳過來金門闖天下的人，或本地貧無立錐的窮漢，全都要靠著出賣勞力掙飯吃，勉強找一處破窩藏身。他們活命的方法是：挑擔子沿市鎮的街巷或鄉村叫賣物品（古時金門絕無手推車）、受雇作長短期的粗重工作、憑小技藝如修補破鍋破甕破雨傘磨刀等賺取工錢。常常有了上一餐或今天的飯吃，下一餐和明天的飯在那裏便沒有把握。倘若不幸遇到下大雨、颱風天無法出門，只好餓肚子。金門話通稱這類社會低階層的貧苦民衆爲「趁食囝」或「挑囝人」（tíau 上平 kiã 上上 laŋ 下平）。「挑」是「挑擔子或肩負重物」，「囝」本是「兒子」，但此處指人，「囝人」等於「小子」。故「趁食囝」、「挑囝人」含有同情和憐憫的意味。這些人有的辛勤奮鬥很多年，纔能勉強討個老婆成家，終生光棍到老死的也有。如果人才品德可取，倒常被人招贅。現在不少金門人的祖先就是這一類的人。參閱「趁食」條。

**搖籃血跡**（io 下平　na 下平　huik 上入　liak 上入）——出生地。故鄉。

金門話「搖籃」的「搖」講成了（ɔ下平），正和閩南語「胡」同音。或者「搖籃」原本就叫「胡籃」（ɔ下平　na 下平）。早在漢朝時代的胡人，已傳進中國最著名的器具之一就是「胡牀」。宋丁度集韻：「籚（ɔ下平）籃，竹器，吳人以息小兒。」閩南語吳語關係密切，可能「搖籃」就叫「籚籃」。

母親分娩，生下兒女，必有血汚隨著落地，故「血跡」代表「人的出生」，來到這世上作人。接著，母親又把兒女放進「搖籃」，搖著搖著，逐漸長大，故搖籃代表「人生長的環境」。記得民國林語堂說過一句很動人的話：一個女人一生中最美麗的時期是少婦；因她是女性成熟的象徵，特別是當她坐在搖籃旁邊用手搖動著搖籃照顧兒女的時候。（筆者忘記是在他的那一篇文章裏讀到的）金門話「搖籃血跡」四字指人一生所難忘的「出生地」，也可說是經常會思念的「故鄉」，詞義婉轉，意境優美，眞不愧是一個充滿文學意味的詞彙！

**業**（giap 下入）——人煩惱悲苦多。

「業」是佛家語，來自梵文「羯磨」的翻譯，指由人的身體、語言、心意所造作出來的結果。佛家認爲人生一切的結果，都是從上述三方面的「業因」造成的。故身、口、意要力求種下善因，以得善果；種下惡因，必得惡果。「業」的力量叫「業力」；惡業所生的障害叫「業障」。但所謂「業」，一般多指「惡業」。漢迦葉摩騰、竺法蘭合譯的四十二章經二說：「心不繫道，亦不結業。」唐義淨譯有部毘奈耶說：「不思議業力，雖遠必相牽。果報成熟時，求避終難脫。」故佛法的修持注重「空觀」。以爲一切諸「法」盡是因緣所生，因緣所生的「法」沒有自性，而空寂無相。「法」就是宇宙中所有大小、有形無形、眞假、物質、精神的現象。所以最高的修持境界便是「不造業」，可以不入六道輪廻的苦楚。

明抱甕老人今古奇觀十：「不知作了什麼罪業？今朝如此果報得無下梢。」下梢，結局也。明馮夢龍警世通言十一：「想是蘇門前世業重，今日遭此冤劫，不如死休！」可知古人早已將「業」代表人的「罪孽」。金門人「業」字常講，除帶有古人「從前種下罪孽」意，兼寓有「因罪孽以致產生目前的許多煩惱悲苦」的含義。

**落海洋**（lok 下入 hai 上上 iũ 下平）——海洋大盜。性情凶暴的人。

自古以來，閩南地區的民性都非常慓悍，喜歡械鬥。加上山多田少，生活艱難，故大量居民從明鄭和七下西洋以前起就遠渡南洋謀生，有清一代最盛，一直到民國三十八年中共占有大陸纔停止。明、清時代，大批的惡徒憑恃閩南沿海島嶼和洋面的險要，淪落爲海洋大盜，劫掠洋船、商船、漁舟。例如明朝嘉靖年間的泉州人林道乾就曾稱雄海上，那時臺灣還未開發，他曾侵入雞籠（今基隆市）、南洋各地，和倭寇勾結劫殺中國人。後來鑄礮發射，自己意外炸死。閩南流行一句話：「林道乾鑄銃扑該己。」

即指這事。「扑」（pák 上入），打也。「該己」（kai 上平 ki 下去），自己也。又如明末清初的泉州府南安縣人鄭成功的父親鄭芝龍也是半商半盜的人物，曾率船往來日本、臺灣海峽，稱霸閩海一帶。但勢力最龐大的著名海盜當推泉州府同安縣人蔡牽。清嘉慶時，安南王阮福映驅逐國內的匪徒，這些匪徒全歸附蔡牽，擁有賊兵賊船無數，橫行海上。故數百年來，金門人稱這一類的海洋大盜爲「落海洋」或「海洋」。以後話意引申，凡性情凶暴毫不講理的人，也用這二個名詞稱呼。五六十年前，臺灣的民衆還保有一句閩南的俗語：「做十八年海洋，看一齣『斷機教』，流目屎。」目屎（bak 下入 sai 上上），眼淚也。「斷機教」是閩南戲的戲目，臺灣歌仔戲也有，演寡婦雪梅訓子翦斷織機上布匹的故事，極爲淒楚感人。有海洋大盜看了，竟感動得哭了起來。意思是，大盜平時是殺人不眨眼的，看假戲流淚，不只矛盾，也表示人性本不該那樣壞，有天良顯現的時候。這記載見於臺籍演藝界前輩民國呂訴上所著臺灣電影戲劇史。那句俗語今天臺灣已聽不到了。

金門縣志邱良功傳說：「（清嘉慶）十三年，提督李長庚勦蔡牽，戰歿於粵海。明年授良功浙江提督，代統其軍。（王）得祿亦率閩師至，士卒奮勇，得祿夾攻，牽知不免，同其妻沉於海。自是閩、浙二洋，海氛蕩平。」邱良功是金門後浦人，曾任臺灣副將。因軍功大，嘉慶皇帝召見，封建威將軍，加三等男爵。國防研究院出版的清史三百五十一也有他的傳記。他的母親許氏撫孤有成，嘉慶帝特命建立坊表褒揚，到現在仍屹立於後浦東門境內。那坊表建造的精美，臺灣是找不到的。邱良功的故宅也還存在。王得祿是臺灣嘉義人，官至總兵。二人合勦蔡牽成功，未嘗不是臺金史上的一段佳話。

**落番**（lok 下入 huan 上平）——下南洋。

中國人自古瞧不起文化比自己低的四周異族，稱爲東夷、西戎、南蠻、北狄。因此閩南人叫南洋各地的土著民族爲「番」。金門屬閩南地區，土地貧瘠，住民生活困苦，地理上比較接近土廣人稀、土產豐饒、尚未開發的南洋羣島，因此明朝時已有人到南洋謀生。鴉片戰爭以後，淸廷不再閉關，但對僑民是採取不禁止也不保護的政策，晚期雖在僑居地設有領事，僑民極少受益。金門人大量湧向南洋，初去時大都受雇給荷蘭、英國、西班牙、葡萄牙等國的熱帶作物栽培業當工人，耕作、採收、晾曬胡椒、咖啡、橡膠、煙草等，換取工資。省吃儉用，一面積蓄，一面寄錢回鄉安家。當地的土著習慣懶散，工作不出力，華僑吃苦耐勞，作事勤奮，故深受西洋雇主的歡迎。等待積蓄漸豐，然後辭去工作，自資開店營業。

金門人在南洋經商致富後，有搬遷家眷去團聚的，有就地娶華僑或土著女子成家的，有滙款故鄉建築洋式樓房或舊式大屋的，都能夠光耀門楣，庇子蔭孫。古來金門的富僑當推水頭鄉二位姓黃的，淸末時期各擁有資財號稱「百萬」，故事流傳百年的久。那時的百萬墨西哥洋銀，相當於今天的新臺幣六十億，在百年前的農業社會是天文數字。所以「落番」一詞，就是「下南洋」，在金門是講了幾百年的話，但從今以後逐漸成爲歷史名詞。參閱「番屛」條。

**葫匏草菜**（ɔ 下平　pu 下平　tsáu 上上　tsái 上去）——低俗的蔬菜之類。

「葫」是「葫蘆瓜」；「匏」是「匏瓜」，閩南語「菜瓜」（絲瓜）也近似。各地的民情風俗不同；金門人雖然不富裕，但以上這些菜很少人肯吃，有時還用來餵飼牲畜；臺胞則是家常菜。金門人的家常菜，如高麗菜、芥菜、大白菜、捲心白菜、蕹菜、蘿蔔、青葱、茼蒿、大蒜、竹筍、芹菜、韮菜、茭白筍、各種瓜類、豆類等都是。另有有稜角的絲瓜（金門人叫「角瓜」）也是，味道清淳甜美；近三十年來，隨著遷臺的民衆在臺灣落地生根，但滋味差金門本土所產很遠，不受臺胞歡迎。同是上述的各類蔬菜，臺灣所產的味道淡薄，不甜美；金門所產的味道濃厚，很甜美。筆者絕不是亂說；曾請教過大陸籍的南、北方人士，他們也有同感。即使水果，大陸產的常常比臺灣產的滋味優美。周禮考工記總敍說：「橘踰淮而北爲枳，此地氣然也。」到此不能不相信「水土」力量影響的偉大。甚至同種的近海魚類，陸上家畜的羊肉、雞肉等的味道，臺、金所產的竟有相當的差別；讀者不要以爲筆者講笑話，有機會聘請烹飪審味專家兩地試吃，一定可證明是千眞萬確的事。

金門人筵席上用的蔬菜很挑剔，不過冬筍、蘿蔔、大白菜、捲心白菜、冬瓜、茼蒿等幾種，青葱只用擺在菜面好看，此外所有的生菜都沒有資格上桌。蘿蔔、冬瓜、茼蒿是很賤的菜，被選上是它們的味道不野而清純。至於馬鈴薯、洋葱、高麗菜、紅蘿蔔是外來的菜，很遲纔傳入金門。直到民國二十年左右似乎還沒有高麗菜。

「葫匏草菜」是金門人「謙稱自己宴客的菜肴不好」或「三餐的吃食很差」。「草」並不是眞的指草類，是形容某些蔬菜的低賤就像山野的草類一樣的不起眼和無價值。其實人類所吃的蔬菜本來就是「草」類，是被先民發現它們的味美無害而可吃，大量培植，纔命名爲「菜」的。

**過面**（kə 上去 bin 下去）——事情應付過去。

「面」是「場面」。把某件不是很容易作的事情通過完成，不致遭到別人的嘲笑怪責，金門話叫做「過面」。比喻家庭經濟能力薄弱的人，籌備兒女的婚禮、逢年過節的花費、支付醫藥的開支、替家人置辦必需的衣物、婚喪吉慶的送禮、繳納政府的稅捐、非出不可的捐款等等必須用錢的場「面」，雖然也煞費苦心，總算終於應付「過」去了，就是「過面」。

現在的臺胞都說「通過」，其實這是由國語來的外來語。筆者深信從前的臺灣話也一定是說「過面」的。

**慘**（tsʻám 上上）——貧窮。

說文：「慘，毒也。」段注：「毒害也。」爾雅釋詁：「慘，憂也。」故「慘」字是指「能毒害或使人陷於憂傷的事物」。晉劉琨答盧諶書說：「排終身之積慘，求數刻之暫歡。」「慘」字即含有上述的意思。故世上有「悽慘」、「悲慘」、「慘痛」等詞彙。

推究金門話叫「貧窮」爲「慘」的理由：人自出娘胎就要吃，直到老死。爲求生存，須要天天謀生活，生活最根本的事便是衣、食、住。這一些條件並非從天而降，若不是父母親人供應，就是靠自身營求；換句話說，在在須要「錢」。所以「錢」是人生存的基礎。原始的人類雖然不曉得用錢，但是終年依賴漁獵活命，赤身現體，淋雨曬日，餐風露宿，不知道儲蓄，等於赤「貧」，豈止是「窮」？這不是很「慘」的事嗎？再就文明的人類說，如果陷於「貧窮」，必定會時常吃不飽，穿不暖，無屋住或到處流浪，生病沒有錢就醫，子女乏錢養育讀書，甚至傾向犯罪、作乞丐等等；這些情形，不是毒害人生、令人覺得最「悲慘」的事情嗎？

**槓糖**（kɔŋ 上去　tŋ́ 下平）——脫膜的炒花生和麥芽糖混煮後搥打而成的酥糖。

「槓」和「杠」通用，都是指木製的棍棒之類。中國語文的特色，一個單字可作許多詞性用，故槓、杠雖是名詞，也可作動詞、動名詞、形容詞，成爲「搥打」的意思。用棍棒將花生和麥芽糖混煮的食物放在木砧上搥打作成酥脆香甜的糖食，故稱「槓糖」。

金門的名產「槓糖」，世俗寫作「貢糖」，據說是古時「進貢」給皇帝吃的佳品，所以叫「貢糖」。筆者不知道這個典故的出處。在清朝時代，固然民間如果有稀罕獨特的產物，可進獻給皇帝，例如黑龍江出產的一種少有的美味魚類，常捕捉其中最肥美的呈獻，稱爲「貢」，因此命名這種魚爲「鰉魚」。但花生不是中國的土產，是古時由外國傳進中國的。後來全國農民種植，到處都有，變成一種很平凡的植物。

加糖作成糖果，幾乎各省也有，絕不稀罕。金門出產的「槓糖」憑甚麼資格可「進貢」給皇帝？因此筆者認爲寫作「貢糖」是錯誤的。

「槓」和「杠」的字音或者不是（kɔŋ 上去），也可能是。閩南語稱「搥打」叫（kɔŋ 上去），因找不到字可寫，故古人造了「摃」字應用，臺灣新竹的「摃丸」就是例子。用豬肉做肉丸，也是要使用木棒把切碎的豬肉不斷地攪打變作膏狀，產生黏性，纔可搓成一顆顆圓圓的肉丸，故稱「摃丸」，近來已改用機器絞打製造。摃、槓、杠三字實可通用。

古時的魚肉丸也是這樣製成。福建魚丸最出名的首推福州，一般採用新鮮的沙魚肉，切碎後放在木桶裏，加些食鹽，以木棒打攪到有黏性，手捏成丸，放在冷水中待煮，不會散開。添些茼蒿菜作湯，魚丸香脆甜美，無以再加。閩南和金門所製，和福州相同。反觀現在臺灣所產的肉丸、魚丸，都偷加植物粉騙人，並非純料，特別是魚丸，和福建產製的比起來，味道相差有如天壤。

**滾笑**（kun 上上 tsío 上去）——開玩笑。

「開玩笑」在說話和文字都可用，「玩笑」常用在文字上，都是很普及的國語。意思是人以言行互相戲狎耍弄，得到嬉笑開心的樂趣。「玩」和「翫」同。魏書九十一術藝傳：「高祖（孝文帝）時，青州刺史侯文和亦以巧聞。滑稽多智，辭說無端，尤善淺俗委巷之語，至可翫笑。」是北朝時已有「玩笑」的說法。

金門人稱「玩笑」爲「滾笑」。「滾」有「繞轉不停」的意思，故「滾笑」當是指二個以上的人交互糾纏不息地開對方的玩笑，取得快樂。不過也有可能「滾」（kun 上上）是「玩」（uan 上上）的誤讀。

**賣大燈**（bue 下去 tua 下去 tiŋ 上平）——男子入贅妻家。

依據傳自古代的風俗，金門的男人結婚，須準備可摺合的如瓷缸一樣大的竹製白漆布燈一對，外面用紅漆寫郡望和姓氏，叫「囝壻燈」（kiã 上上 sai 上去 tiŋ 上平）。囝壻，這裏指「新郎」。燈的頂端留有圓洞，可散燈籠中燭火的熱氣。紅燭一根插在燈底部的一塊可旋轉上卸的圓形燭臺上。新娘也有長方四角形用紅綢作成的大布燈一對，外面繡花，恰似宮燈一般，叫「新娘燈」（s-in 上平 nu 下平 tiŋ 上平）。燈也可開合，上方下方只留木架，不包綢布，紅燭插在下方架上的中央。這燈在結婚前夕由媒人送到男方家。嫁娶當天，燈合男女一對一對，分掛在新郎家的大廳裏左右方，同時點亮，紅光交照，婚禮進行中，顯得極爲美觀、歡慶、吉祥、榮耀，不愧是「小登科」。到今天，金門人仍保存這些風俗。

假如男子並非娶妻進門，而是入贅女方，等於丈夫嫁到妻家，那就須改姓妻子的姓氏，從此變成別人的兒子，當然也沒有資格掛上自己姓氏的新郎燈了。這情形在古人宗族觀念極重的時代，是莫大的羞辱，故稱「賣大燈」。並不是眞的拿燈去賣錢，而是「改姓入贅」的意思。

**燒金**（sio 上平 kim 上平）——燒香。

上寺廟禮佛敬神，國語叫「燒香」，臺語叫「拜拜」，金門話叫「燒金」。「金」是指「冥紙」；因爲冥紙上通常裱褙著金箔、銀箔、錫箔等，無異是神靈界的幣帛，故泛稱爲「金」。當然也是先燒「線香」，最後纔燒冥紙。金門話叫「冥紙」爲「金銀紙」，叫「冥紙店」爲「金銀紙店」。

**親同**（tsín 上平 tɔŋ 下平）——同宗。

中國古人最重親族關係。凡是同姓的人，一見姓氏，雖不認識那人，先就有一分好感；等到會面洽事，又增加三分情，比其他人一切好商量。如是熟悉的近親，那就更加親熱，時時聯絡，好事壞事常相幫忙。有宗廟的，實施春、秋二祭，清明節合族祭掃始祖的墳墓，或舉行飲宴。直到今天，西方文化雖已摧毀了不少的中國文化，宗族觀念淡薄了許多，但仍有影響力，宗親會到處有即是明證。

在金門，除了上述的情形，同宗的人過了清明節，每家分年輪流當主人一次舉辦宴席，各以男丁一口作單位出錢若干，作爲筵席費，叫「丁銀」。女人不得參加。全族的男人聚會飲宴，觥籌交錯，樂敍天倫，聯絡感情，極爲融洽歡愉，稱作「食頭」（tsiak 下入 táu 下平）。凡屬同宗的人，都叫「親同」。筆者以爲：「同」如寫作「黨」（tɔŋ 上上）似也可以，只是聲調變成上聲罷了。「黨」不是「黨派」，而是「同鄉里」或「同輩人」的意思；因古人都是習慣聚族而居的。參閱「食頭」條。

**親像人**（tsʻín 上平　tsʻũ 下去　laŋ下平）——和有成就的人一樣有出息。

閩南語「親像」等於國語的「好像」、「如同」。「親」即是「如」，絕非「親愛」。「人」代表「有成就的人」。金門話「親像人」是一句省略語，完整的意思是說：「你看看社會上那些有了成就的富貴人罷！他們的成功就是你從今起努力奮鬥的榜樣，希望你將來有一天能夠和他們相同！」這一句「親像人」的話，在目前仍是金門作人父母的人時常用來勉勵兒子的口語。

**講話三尖六角**（kɔŋ 上上　ue 下去　sã 上平　tsiam 上平　lak 下入　kak 上入）——言辭鋒利不客氣。

古人早已用「尖」字形容人說話鋒利。宋王明清揮麈餘話說：「詹大和坐累下大理，李傳正操俚語詬之曰：『子嘴尖如此，誠姦人也！』」清翟灝通俗編身體嘴尖：「明臧晉叔元曲選三度臨岐柳劇，有『嘴尖舌頭快活。』」以上二「尖」字兼指相貌。凡末端尖銳的東西，如刀、槍、矛、錐、針等的尖尖，特別容易傷人。凡物有稜角，不是圓或鈍，仍會割傷人的身體各部分。人說話也是一樣。語言必有含意，好意的話溫存感人，壞意的話聽起來刺耳。所以金門話稱人開口犀利毫無客氣禮貌叫「講話三尖六角」。

**蠔仔餅**（○下平　a 上上　piã　上上）——牡蠣拌番薯粉、蔬菜、鹽等合煎的食物。

牡蠣是一種生長在殼內的海產軟體動物，又叫蠔或蚵，附著於殼中的部分有肉柱。體形圓長，約二到四公分不等，營養豐富，肉味很美，羣生在沿海的砂泥底部。金門海邊的居民多於淺灘處樹立三尺高左右的石椿，使海水能淹沒，讓牡蠣附生，二、三年後就可開始採收，冬季時最肥大，採收時利用海水退潮。金門全島多花崗巖，故石椿使用花崗石作成，可耐海水浸蝕，經百年不壞，取名叫「蠔株」（○下平　tu 上平）。閩南有些地區和臺灣少石材，應用竹片，功效相同，但不耐久。

金門人喜吃「蠔仔餅」，就是用番薯粉泡水成漿，加入洗淨的牡蠣、少量的鹽、切碎的生菜如韮菜、白菜、大蒜、茼蒿等，攪拌均勻，以花生油下鍋煎成一塊塊扁扁的餅。吃時添些調味料，如番椒醬、胡椒粉、生蘿蔔切片加鹽去汁再泡醋（金門話叫「菜頭酸」　tsái 上去　táu 下平　sŋ 上平），味道美極了。閩南其他地方或臺灣稱為「蠔仔煎」（○下平　a 上上　tsian 上平），作法和吃法也可能不同。

**驢馱**（lï 下平　to 下平）——馬、驢、騾等動物背負曲橋形雙邊各有一座位的木馱架，用來載人或運貨。

「馱」是「運載」。金門的土產馬匹出奇的小，僅有中國北方馬匹的二分之一大，據傳是始於唐朝德宗皇帝派駐金門封爲「牧馬侯」的陳淵由內陸引進所繁殖的後代，故世人稱爲「唐馬」。陳淵死後，島民建廟在今庵前鄉奉祀紀念，尊稱爲「恩主公」。金門的土產驢和騾的體型也很小，是不是由陳淵引進不清楚。騾是馬和驢交配所產的變種，但沒有生殖力。驢、騾只用來載運，馬除運載外可犂田。金門的土種牛也是小小的，只犂田而不載運，當地絕不使用牛車。

大概在千百年前，金門的農民創造（或自閩南內地傳進）了曲橋形的木架加在驢的背上搬運農作物，人也可乘坐，故稱「驢馱」。後來馬、騾也使用，名稱不改。木架的兩旁各有座位一個，可開合，以布袋裝乾花生莖葉做座墊。每個座位坐一個人，小孩可容二個。假若人多，馱架的中央部分可再坐小孩或大人一個。金門話通稱爲「坐驢馱」（tsə下去　lï下平　to下平）。

一地方有一地方的特產。古人創造某一特產，同時賦予某種名稱，這就是代表某一個地方的歷史和文化的特色。「驢馱」在金門應用了千百年，對當地民生的貢獻巨大無比，正是代表金門先民的成就和光榮，絕對值得後人的尊重。到了現在，金門已有計程汽車和貨車，但計程車只載人，除非趕急路，乘車要花錢；農家都小田耕作，不需貨車；獸隻不過吃草，自己坐人載貨，一文錢也不必付。故「驢馱」仍然少數存在。筆者深信：只要金門一天這些動物不絕，「驢馱」的名稱永不消滅。

約在民國四十年左右，有由臺灣到金門去的一些青年男女，看見「驢馱」十分新奇，接著男女一對一對的各試坐一匹。在他們輕浮、懵懂、幼稚、短淺的想法，以爲這種玩意兒，豈不正是替一對對的情侶或夫妻設計的交通工具嗎？因爲兩個座位對稱，坐起來既舒爽，又風光，如同「一雙鴛鴦」一般的成對在一起，甜蜜逍遙，韻味十足，於是給它一個新潮名詞——「駕鴦馬」。從此一傳十、十傳百，金門的「駕鴦馬」名稱竟然擴散臺灣各界，並被大量傳播在電影和後來的電視、報章、雜誌、書籍上，直到今天。

筆者願在這裏鄭重嚴正地指出：「駕鴦馬」這個稱呼，正可代表當初造孽此詞的人的淺薄、隨便、無知、妄作，極爲可惡、可鄙、可笑、可憐。文化界不察底細盲目跟著使用，也顯得輕率不該。從古以來，金門人乘坐「驢馱」相當頻繁，幾乎全金門的農家天天利用，並且絕不是夫妻的專用品。任何人都可合坐：父親和女兒、兒子和母親、公公和媳婦、岳母和女壻、男孫和祖母、祖父和孫女、曾祖父和曾孫女、曾祖母和男曾孫、嫂嫂和小叔、兄長和弟婦、哥哥和妹妹、姊姊和弟弟等等。親屬以外，同是男性的朋友、女性的朋友、下鄉視察辦事的縣官和師爺、男性官員也乘坐。可見「駕鴦馬」這個稱呼，是一種無心的對金門人的很大欺侮。

再就字詞看：「駕鴦馬」也顯得低俗、浮淺、不倫、不通。如僅要表示「座位成雙」的意思，儘有許多其他的文字可用。想向世人進一言：不論世界上甚麼地方的任何名物的原有名稱，入境問俗，應該尊重，照舊使用，有時可以考古。意圖要爲天下某地方的地名、街名、事名、物名、山川等創作新名詞的，除了確有必要，先應虛心度量一下自己是否有其才？有其學？有其識？有其德？足以擔當嗎？以免平白地妄加予別人歷史文化上的汚衊。像「駕鴦馬」這種可惡的名詞，該給它應得的譴責，留待當今和後世的同胞深思；並期望所有金門籍與臺灣各界的人士，從今起不再使用那名詞。恢復古代原創者的命名——「驢馱」。

## 二、俗　語

**人贅，情理直。**（laŋ下平　tsue下去　tsiŋ下平　li上上　tit下入）——人多勢衆、強詞奪理，人少勢孤的一方表面只好自認理虧。

「贅」是「多」，請參閱「偌贅」條。「直」是「有理」。

人羣相處，難免發生大小爭執，爭執時大家講理。「理」只是人嘴裏說的話。有時候確有「眞的理」，一個人說了，十個百個人都口服心服；但有一個前提，必須是這些口服心服的人有「服善之誠」的君子風度纔辦得到。事實上這種風度無法要求世上每個人都有；倘若人人都有，豈不是個個全是聖人孔子嗎？如果對方爲了捨不得的名、利、權，昧著良心，他們也可很容易的說了一大堆「假的理」來相駁。這時候，所謂「理」，到底誰眞誰假？由誰作裁判？那就極難了。世人喜說「公道自在人心」；顯然「公道」也只能存在「人的內心」罷了；可見顚撲不破、公開在天日之下的「眞理」還是很少的。

在古代，能把「無理」變成「有理」的有很多因素：男丁衆多、官廳袒護、士紳撐腰、用錢買人等等。「男丁衆多」表示「可用優勢的武力解決」。老子說得好：「吾所以有大患者，爲吾有身。」（十三章）有身，就是「有了這一條命在」。千古艱難惟一死，死誰都怕。來一個徹底解決，將對方的人全數殺死，你還能再講甚麼「理」？「官廳袒護」，表示「和縣老爺交情好或以錢行賄」。「士紳撐腰」，表示「地方勢力的介入支持」。「用錢買人」，表示「對方可用財利收買我方的人倒戈，讓你孤立。」故武力決鬥的勝敗，取決在人數的多寡。如果官廳不貪汚，「三年清知府，十萬雪花銀。」從那裏來？包青天只有一個。剛正不阿的士紳也不多。財帛動人心，不管甚麼惡事都有人去作。

金門俗語「人贅，情理直。」不知確始於何時，推測明、清時當已流行，到現在還在說，至少已近六百年。證據之一是，續撰於清朝同治十三年的金門縣志文苑許獬傳記載明朝萬曆會元許獬在考取功名以前的故事說：「爲孝廉時，有巨姓橫鄉里，痛繩其非。巨姓伏衆擊之途，獬亟避，忽見兩白衣婦，掖過叢棘中，入村舍得免。」許獬是金門歷史上最著名的才子，神宗萬曆二十九年中禮部會試第一名會元，當時天下讀書人稱他「許同安」，鈔集他的文章誦讀。前文說他遇險時受白衣女神搭救是神話，但「巨姓橫鄉里」却是事實。執筆寫縣志的是清咸豐擧人林豪、光緒擧人洪作舟等人，明知「巨姓」是那一鄉仍不敢明指，可證「人多」勢力的偉大，勝過士紳。證據之二是，故老傳說清朝時，某一巨姓的鄉民來到縣城後浦窄街上，故意把木扁擔的雙頭油漆紅色，橫著拿，路人誰碰到扁擔，就打誰。這傳說流行百年，不會造假。金門聚族而居的大姓，有古寧頭李姓、盤山翁姓、後湖許姓、瓊林蔡姓、陳坑陳姓等，古時常集體械鬥。不過到了今天，這些大姓的後裔已是很和藹善良的老百姓，況且他們也沒有義務爲他們的祖先的行爲負責。

在此鄭重聲明：「人贅，情理直。」含義即是「武力」。這句話，並不是針對上述的大姓講的，它只是一句俗語罷了。但請讀者不要小看這一句話，它可適用於古今中外的人類，是千古不移的至理。

**也著糜，也著箠。**（ia 下去 tiok下入 bə 下平 ia 下去 tiok下入 tsə́ 下平）——

教養兒女，須要給他們飯吃得飽，但也須要用鞭子責打。

兒童性情的特點，一方面得自父母的先天遺傳，一方面是受了生長環境良窳的影響。一般來說，兒童都是純眞良善的，但也有頑強執拗不聽大人教訓的時候。如果長久犯錯，不曉得悔改，或父母故意溺愛放縱，就會逐漸形成不良的人格，等到長大，要挽回便太遲了。這是現代教育學的理論。禮記學記：「玉不琢，不成器。人不學，不知道。」這是中國古代儒家的經驗談。兩相比較，中西的見解是一致的。

金門話說養孩子：「也著糜，也著箠。」「著」（tiok 下入）是「必須」。「糜」（bə 下平）是「稀飯」，表示「三餐要給小孩子吃得飽足」。「箠」（tsə́ 下平）是「鞭子」，表示「在某些情況下非加以責打不可」。在一切正常的家庭裏，普天下的父母沒有不疼愛子女的，這是天性。兒童時期，身心正在發育，是人格養成的重要階段；但不能因爲父母心存疼愛，對子女百依百順，或一再犯了嚴重的錯誤（如偷竊、撒謊等）而不管教，正是愛之足以害之，所以還是須要嚴厲責打。禮記學記又說：「夏、楚二物，收其威也。」夏、楚是老師打學生的教鞭。作父母的爲養育人格健全的子女而「責善」，仍有必要採用。金門的以上那句俗語，實在講得太好了。

**先生緣，主人福。**（sian 上平 sĩ 上平 ian 下平 tsu 上上 laŋ 下平 hɔk 上入）

——請得良醫治好病是緣分，即是病家的福氣。

本條閩南語「先生」是指「醫生」。人生有四件無法避免的大事：生、老、病、死。而且這四件大事和醫生關係密切。就生說，古人出世須由女醫生接生，絕無用男醫生的。就老說，據傳清朝乾隆皇帝由御醫調配強身的補藥長期服用，又時常騎馬運動，故能延緩衰老，克享高壽。一代梟雄袁世凱也是天天抓一大把的人參、鹿茸往口裏送，但因缺乏運動，反倒享壽不長。現代的西醫勸人依各人體質的需要，食用營養豐富而均衡的三餐，保持經常適量的運動，一定可以延長人的壽命。就病說，人得病找醫生治病是天經地義的事。就死說，人最後難逃一死，但死前常先患重病，重病是否得救，又和醫生的醫術是否高明有關係。

古來的金門俗語「先生緣，主人福。」含義深遠。意思是：人生了病，高興找上名醫，有時偏偏這位名醫的治法處方不適合這個病人，無法治癒。換一位普通的醫生，竟很快治好了。相反的，有的換了幾十位醫生還醫不好病，最後纔找到名醫治癒。這一類事例，太多了。所以金門那句俗語說「請得良醫治好病是緣分，即是病家的福氣。」凡能醫癒疾病的人便是「良醫」，不在乎出不出名。但要遇上良醫，有時必須靠「緣分」，緣分可遇不可求。世人作事是不是成功，固然和智慧、能力的高低有關；但仍須要看人所不能左右的「運氣」，這就是「緣分」。

行船無等爸（kiã 下平 tsun 下平 bo 下平 tan 上上 pe 下去）——古時帆船出入港須看海潮，時到船必開，不及等待任何人，包括自己的父親在內。

無論中外，古時海上的交通都依賴帆船。藉機器力行駛的船隻，中國約在清代咸豐、同治年間纔由西洋買進，清廷作為戰船用。民間仍使用帆船。清末開始以機器船作商船。漁船駛帆的，直到眼前中國大陸還存在。

閩南海岸線廣闊，天然水深的良港有限。最著名的首推廈門，鴉片戰後開闢為國際商港，民國初期聘請荷蘭工程師利用廈門港的天然深水，建成廈門和隔港鼓浪嶼的堅固混凝土石砌隄岸和洋輪碼頭，其他各大小型的商、漁機器船或帆船也可直靠碼頭。

金門島地理上在泉州府屬的圍頭澳內，居於廈門島的東北方，四周海面的風浪比廈門大得多，周圍的海岸全是淺灘，對外交通極為不便。面海的金門縣城後浦的西部是後浦港，隔港十數里和烈嶼相望，港中部分的水很深，可惜暗礁也多。近岸又全是沙灘。金門縣志十二說：「（清）光緒二十一年七月，德國兵艦三艘泊後浦港，有德人上岸測量，并於山上插旂，島民懼，紛紛遷徙。九月，兵艦去，始知德國本欲租借金門開為商埠，因金門四面受風，開港不便，故改租青島。」

古來金門對外交通全賴海運，通往地區只限漳、泉、廈門等地；臺灣不過明末纔開始，也不頻繁。明初到明末因島治在舊金城，船隻可能泊靠，但該處距海有幾里路遠。清初遷島治至後浦，從此三百年來都使用後浦港。光緒六年，紳士林豪、洪作舟等爲首募款建造一百九十丈長的大石橋，供舢板和小船停靠駁運客貨到港中的不過百噸重的大船。由此可見港水的淤淺、淺灘的長度和嚴重性。這橋數次重修，一直使用到民國三十八年大陸隔絕爲止，是金門無人不知的古渡「同安渡頭」。因此各型不算大的帆船須乘漲潮進港，可避免暗礁，如不是不久回頭要走，也可將船泊近些，省得小船盤載客貨的辛苦，不怕擱淺。但若錯過漲潮，情形就變得危險不便了。相反的，特別是載滿客貨要出港，潮水的時間更不能算錯，頂理想的時候便是開始退潮，船速可加快，更不怕會擱淺。所以金門俗語「行船無等爸」的深意，從這裏可以體會。

**忠厚，擔屎無偷飲。**（tuɔŋ 上平 hɔ 下去 tã 上平 sai 上上 bo 下平 t'au 上平 l-im 上平）——表面作人厚道，骨子裏却不是那回事。

「忠厚，擔屎無偷飲。」是金門的一句很妙的反諷俗語。臺灣和閩南其他地區叫「古意」，但金門叫「忠厚」，意義相同。「擔屎」是「挑水肥」。古人種田都用水肥，今天使用的肥料粉是西洋人發明，很晚纔傳進中國。一個人單獨挑著水肥擔子去澆灌農作物，在沒有人見到的山路上或田中，他當然不致偷吃，這是人人信得過的事情。人人信得過的事情還要拿來講，這不是多餘嗎？從中可見「忠厚，擔屎無偷飲。」有一個強烈的暗示，那就是：只要他挑著的是可吃的東西，一定偷吃！這句俗語用來隱喻某人絕不是眞正誠實的人。參閱「細膩貓，踏破瓦。」條。

**抹壁雙屏光**（buak 上入 piak 上入 saŋ 上平 pin 下平 kŋ 上平）——作事面面都顧到。給各方面的人都高興。

閩南語「屏」（pin 下平）是指地方的某一邊或某一面。也可在他處用來指人或人羣。如「這邊」叫「這屏」（tsia 下平 pin 下平），「那邊」叫「許屏」（hia 下平 pin 下平）。如快讀，「這」變成（tsie 上上），「許」變成（hie 上上），請參閱「這」字、「許」字條。「光」（kŋ 上平）是「發亮」或「漂亮」。「抹」是泥水匠用白灰塗抹牆壁。牆壁的表面通常有正反兩面，不只是單一面，兩面都要塗抹得光滑漂亮，讓這邊的人看起來高興，那邊的人瞧起來舒服。這句俗語用來形容人光明磊落，方法適當，作事面面都顧到，給各方面的人都高興。

**狗母無搖獅，狗公不敢來。**（kau 上上 bu 上上 bo 下平 io 下平 sai 上平 kau 上上 kaŋ 上平 am 下去 kã 上上 lai 下平）——女的如不先有愛的暗示，男的就不敢貿然來追。

本條是金門有關男女間情愛的俗語，常用來隱指正式婚姻以外的男女苟合。不論古今中外，已婚未婚，男女常有經過互相的吸引達到相愛的目的。如元王實甫演繹唐元稹鶯鶯傳成爲雜劇西廂記裏的張君瑞和崔鶯鶯，十六世紀英國莎士比亞名劇內的羅蜜歐與朱麗葉，都是典型的代表。由於天性和禮教的限制，調情常是男的主動，女的被動。如果是女的先愛上男的，女的也可能運用暗示使男的方便求愛。金門那句俗語即是藉狗喻人，如母狗不先「搖獅」（搖頭擺尾表示親熱），公狗當不致上來死纏。以狗比喻，自然含有輕蔑的意味。明蘭陵笑笑生金瓶梅七十六：「母狗不掉尾，公狗不上身。」掉尾，搖尾也。是金門那俗語前有所承。

**是不是，扑該己。**（si 下去 am 下去 si 下去 pák 上入 kai 上平 ki 下去）——自己的小孩和別人的小孩吵架或毆鬥，父母不管有理無理，把自己的孩子責打一頓，以免引起大人間的爭端。

中國人的處世之道講求「忍讓」，「嚴以律己，寬以待人。」「是」是「有理」；「不是」是「無理」；「扑」是「打」；「該己」是「自己」，這裏指「自己的小孩」。金門人的古訓俗語：「是不是，扑該己。」含意是：自己的子女在外面和別人的子女爭鬥鬧事，作父母的人雖然疼愛自己的子女而怪罪別人，但不便出面表示；因如果對方家長不服，勢必惹起大人中間的結怨，小事變成大事，這在爲人處世上是不利的。故寧可委屈自己的小孩，在現場或帶回家，不分皂白責打一頓，讓對方家長知道我並不放縱自己的子女就好。

**紅花魚，契嘴誤。**（aŋ 下平 hue 上平 hĩ 下平 ké 上去 tsúi 上去 gɔ 下去）——人因多話惹來麻煩。

金門盛產「黃魚」，叫「紅花魚」，魚肥大而肉質甜美，遠勝臺灣所產的。閩南語「契」（ké 上去）就是「被怎樣」的「被」。晉書王諶傳：「叶宣尼之遠契。」「契」即「因由」。所謂「紅花魚，契嘴誤。」金門的漁民捕捉黃魚不是撒網，却是用鈎。所以，就是「黃魚因爲喜歡張口吃鈎餌，纔會上鈎。」言外之意，指人樂於開口講話，以致惹來一身的麻煩。

**細囝無六月**（sue 上去 kiã 上上 bo 下平 lak 下入 gak 下入）——嬰兒無夏天；意指嬰兒在六月仍不可衣服太薄以免受涼得病。

臺灣夏天氣候的酷熱，極爲可怕；人在屋裏坐著不動，也會滿身不停地流汗。這在金門是絕對沒有的事情。金門距離臺灣不過三百公里，緯度還在臺灣以南，仍屬亞熱帶；但因靠近大陸，故具有大陸性氣候的特徵，濕度比臺灣低得多，夏季並不很熱，冬季却遠比臺灣冷。金門在最熱的農曆六、七月，溫度超過攝氏三十二度的時候不多。中秋一過，天氣就涼爽了，人躺在牀上的蚊帳中睡覺，在古時沒有冷氣機和電風扇的夜晚可安睡到天亮；如換在同時候的臺灣，決無法忍受，非熱個半死不可。故自古以來金門有「細囝無六月」的俗語，表示抵抗力薄弱的嬰兒在夏天也不能衣服穿得太少太薄，否則容易受涼生病。「細囝」（sue 上去 kiã 上上），嬰兒也。

**細膩貓，踏破瓦。**（sue 上去 li 下去 niau 上平 tak 下入 p'ua 上去 hua 下去）——某位男或女，表面上對異性很害羞畏縮，其實有時候是色膽包天。

家貓的特性，平常顯得很溫馴、沉靜、斯文。但一旦動情期到，不分晝夜，都會「叫春」，啼聲淒苦，呼喊異性快來。雌貓和雄貓進行浪漫的戀愛，大部分是晚上在人類住屋的屋頂上。貓很會跳躍，眼夜晚能見物，走路無聲；因跑得太勤，竟然不知不覺地把屋瓦也踏破了。事實上絕不會踏破屋瓦。這就是金門俗語「細膩貓，踏破瓦。」的妙喻，用來影射形容表面看起來道貌岸然的君子、害羞答答的女士，有時候却是偷偷摸摸地在做求愛的勾當。閩南語「細膩」（sue 上去 li 下去），客氣兼斯文也。參閱「忠厚，擔屎無偷飲。」條。

**無話講栲栳**（bo 下平 ue 下去 kon 上上 ka 上平 lo 上上）——人相對講話，忽然無話可講；趕快抓個無關的話題解窘。

栲栳是一種竹篾編製的盛物器，形狀像竹籮，但比竹籮淺，恰像炒菜用的鐵鍋，布滿細縫供漏水用。它是古人每個家庭的廚房中必備的極普通的器具，可以盛裝各種乾濕食物或漉洗五穀、果、菜，唐朝時已開始使用。栲原是一種樹木的名稱，編它的枝條成器後叫做栲栳；或者最早的「栲栳」是用栲木製作的，後來纔改換竹篾。臺灣本來也普遍都有，近幾十年來已被塑膠製品所取代。

金門目前還是農業社會，民衆代代承用祖先傳下來的許多平凡的家用器具，不忍心捨棄，故到現在仍然使用竹栲栳。不過「栲」字的讀音本該是（kó 上上）纔對。參閱「栲栳」條。

**搶年搶節**（tsṹ 上上 nî 下平 tsṹ 上上 tsuek 上入）——過年過節時，商人的物價哄擡，貨物斤兩欺減，可是顧客因怕買不到，大家還是搶著買。

「搶」是「相爭」，在這裏指「爭著買」。金門人除了過全國民衆都有的大節日如春節、元宵、端午、中秋以外，中元節、神佛壽誕、迎神賽會等也是熱鬧非凡。他們在這些大小節日中，家家戶戶須購買大量的各種食品使用，以便祭拜鬼神、宴請賓客，常常耗費相當的金錢鋪排，不願輸人。於是商人乘機擡高物價，因買的人多，貨物銷量比平常大幾倍，特別是菜市場裏的各類生貨，顧客擁擠匆忙中，賣的人故意偷斤兩，魚、蝦、肉、菜、水果，通常一斤只有十三、四兩。但買的人怕慢一步買不到過不成節，照樣搶著買。臺灣的情形也是一樣。

金門這小孤島，到處砂礫巖石，土質瘦貧，農產種類少，產量也微。千百年以下，到民國三十八年以上，貨物主要依靠漳、泉、廈門運來，故逢過年度節，人民搶購物品尤其熱烈。清朝時，臺灣本土的開墾和物產並不發達，在甲午戰爭割讓日本以前，社會和農村的落後寒傖，和金門相差有限，沒有甚麼物產可運銷金門的。光緒二十年間曾把番薯簽乾運到閩南一帶出售，但品質不好，金門人用來餵豬，稱爲「臺灣籤仔」（tai 下平 uan 下平 tsíam 上平 a 上去）。這是鐵的事實，爲金門縣志所漏載；今天金門九十五歲以上的老人，可替筆者的話作證。金門商人當然以爲漳、泉、廈門極近，臺、金水路遙遠，全年海峽風濤很大，帆船好幾天纔能到達，運費昂貴，就算臺灣有貨可販，也無利可圖，所以不肯捨近就遠。

**隔壁噴熄燈火**（kek 上入　piak 上入　pun 下平　siet 上入　tiŋ 上平　hə 上上）——全不相干地冤屈或侵犯別人。

說文：「噴，吒也。」「吒，噴也，叱怒也。」可見噴、吒二字互訓。叱怒，人盛怒而口中發出怒氣。由此知道「噴」是「口中出氣」。閩南語把人的嘴吧「吹」氣，叫做「噴」（pun 下平），正和文字的古義相符合。

一般人看見「噴」字，都以爲是噴水、噴火的「噴出」的意思。其實「噴」有二個音義。據宋陳彭年大宋重修廣韻：「噴，普問切，吐氣。」屬去聲字。「吐氣」等於「吹氣」。不過現在閩南語「噴」却讀平聲，聲母也不同。另一是：「普魂切，潠也。」屬平聲字。和「潰」音義相同；潠、潰都是「噴水」。閩南語口裏噴水的「噴」（pún 上去）却又讀去聲。

金門俗語「隔壁噴熄燈火」，「噴熄」就是「吹熄」、隔著一道牆壁，怎可能用口吹熄一盞燈火？絕不可能。故創設這話以形容一件全不相干的事竟冤枉或侵犯到某一個人的頭上來。

**窮厝無窮路**(kiŋ 下平 tsú 上去 bo 下平 kiŋ 下平 lɔ 下去)——居家或在鄉的一切費用可儉省，出門旅行無法省。

金門話稱「貧窮」爲「窮」(kiŋ 下平)，有時也叫「慘」(tsám 上上)。「厝」這裏指「居家」或「在鄉里」。「路」指「出門旅行在外」。「窮厝無窮路」，是說：平時在家，費用可盡量節省，只要日子過得下去就好。可是一出了門，便在在必須用錢，很難節省，也無法省。譬如，衣著不能太難看，坐車搭船，投宿旅社，吃三餐要上飯館等等的錢都是省不了的。言外之意，是勸人出門須多帶些錢，寧可有餘回來，絕不能在陌生的外地路費用盡而陷於困境。參閱「慘」字條。

**爛土有刺**(nua 下去 tɔ́ 下平 u 下去 tsí 上去)——強者不要以爲弱者好欺負，或者有一天弱者也能向強者意外回報一手。

「爛土有刺」是金門地區流行了將近四百年的一句很出名的俗語。它寓意深刻巧妙，勢將永遠流傳下去。

明朝的金門才子許獬是神宗時會試的進士首名，殿試二甲一名，授翰林院編修，人民尊稱「許會元」。考取功名後，在現今縣城後浦南門境興建許氏祠堂。或者當時的士大夫有徵用民工的權利風習，恰好有一個古區鄉的陳姓鄉民來後浦買物被強拉去作泥水工，有無給他工資不清楚。這鄉民有一個七、八歲大的兒子中午從書房放學回來，肚子正餓，歡喜午餐是他父親一早出門採辦祭祀祖先忌辰的好菜，家裏却一點動靜也沒有。家人說你爸爸被人捉去當差了。這小孩子忍餓跑了四里路找到現場接替他父親，故意用古時人人赤脚只有讀書人纔可穿的漂亮布鞋，在爛灰泥堆上代替鋤頭踩踏拌攪。許會元看見，問：「你這孩子，怎麼這樣蹧蹋讀書人的鞋子？」孩子應聲回答：「我是因爲害怕『爛土有刺』啊！」許會元一聽，瞬時大爲震驚，料想不到這麼一個七、八歲大的鄉下孩子能講出如此非同尋常的話，於是失氣地說：「好罷。你們父子回去罷！」這孩子便是陳昌文，後來在熹宗天啓二年（公元一六二二）中進士，任廣西省平樂府推官（相當於現在高等法院法官）、南刑科給事中（相當於現在監察院監察委員），金門人尊稱「陳刑科」。從此他所說的四個字也成了一句不朽的俗語。這故事金門縣志漏載。

「爛土有刺」的巧妙：爛泥土通常在地上被人踐踏，是最賤的。但萬一土堆裏混有看不見的尖利的草木芒刺，人赤脚必受刺傷，這是爛泥土回報踐踏它的人類的最公道的懲罰。言外之意，那小孩子就是說：「不要以爲你進士眞了不起，就可以隨意欺人！有一天，我也要考中一個進士讓你看看！那時候，要較量勢力，大家再來罷！」

## 三、外來語

**干冬（kan 上平　taŋ 上平）——馬鈴薯。**

「干冬」借字狀音，是古時從印尼引進金門的外來語，原文不詳。金門自古至民國三十八年止都不出產馬鈴薯，故或由華僑帶回食用纔用「干冬」的名稱。「馬鈴薯」不是中國的土產，名稱是國語的叫法。又如「番薯」，據明李時珍本草綱目，是明末纔出現於交州、廣州、珠厓，稱爲甘藷。現代人研究原產地在中美洲，或經中南半島傳進中國。國語叫地瓜、甜薯。閩南人通稱「番薯」，因認爲它是番人的薯類產物；也變成幾百年來的閩南人主食。「地瓜」一詞含有輕蔑意，此不可不知道。

自高自大的古漢人把世上所有別的人種和事物都加上「番」、「胡」、「夷」、「蠻」、「戎」、「狄」等等表示分別。現在只舉番、胡二字作例子，列在下面做參考用，數量已不少：番茄、番椒、番薯、番小廝（即宋代的崑崙奴）、番布、番目（清代西藏的土著官員）、番寺（清代喇嘛教的寺廟）、番邦、番兵、番地、番佛（外國銀幣）、番官、番石榴、番鬼（舊時稱外國人）、番棗、番蒜（卽芒果）、番薏（荷蘭所出的一種藥草）、番僧、番舞、胡貓、胡鹽、胡蘿蔔、胡騎、胡瓜、胡椒、胡笳、胡琴、胡麻、胡餅、胡戲、胡盧巴（唐朝時經由廣州等地傳進中國的一種藥草）、胡燕（南洋的燕鳥）、胡樂、胡撥四（漢王昭君稱重製琵琶「渾不似」的譌音）、胡僧、胡蒜、胡歌、胡語、胡說、胡葱、胡虜、胡跪（胡人的坐法）、胡菜（即油菜和蒝荽）、胡黃連（出自波斯）、胡教（指佛教）、胡乾薑（來自天竺）、胡舞、胡部（唐朝稱四夷的音樂隊）、胡寇、胡姬、胡鬼（外國的鬼神）、胡馬、胡桃（即漢張騫得自西域的核桃）、胡拜（宋人稱外國人的拜禮）、胡客（漢人稱匈奴客人）、胡使（漢人稱匈奴使者）、胡兒（漢人稱匈奴人）、胡服、胡牀（漢代開始傳入中國的交椅）、胡兵、胡角（胡人吹的角笛）、胡巫、胡豆（即傳自胡人的豌豆和蠶豆）、胡地、胡羊、胡奴、胡市（漢時和外國人交易的市集）、胡天（即胡人的領土）、胡犬。

另外，「紅毛」二字最初指「荷蘭人」，含有鄙視，明、清兩朝都這樣，後來泛稱歐美各國的人。在閩南語，「火柴」叫「番阿火」（huan 上平 a 上上 hue 上上），「餅乾」叫「番阿餅」（huan 上平 a 上上 piã 上上），「洋灰」叫「紅毛土（灰）」（aŋ 下平 mɔ 下平 tɔ̃ 下平（hə 上平））。也叫所有的西洋人爲「紅毛的」（aŋ 下平 mɔ 下平 e 上去）。

**巴薩**（pa 上平 sat 上入）——金門縣城內的「新市場」（菜市場）。

「巴薩」即是法文 bazar，英文和法文相同，意爲「市場」。金門的外來語「巴薩」並不是直接從法文或英文獲得，而是經由南洋羣島傳來的。因爲金門人幾百年前就到南洋謀生，自當地的土著學得「巴薩」的說話，再傳回故鄉，是指「許多人聚集擺列各種貨物販賣的市場」。最奇怪的是，金門人很少像臺胞說「菜市仔」（tsái 上去 tsí 下去 a 上上），而說「巴薩」，專名「售賣蔬菜、肉魚的場所」，後來特指金門縣城裏東門境的「菜市場」。根據金門縣志」的記載，縣城內的菜市場，從清初起到民國初期都設在城中心古衙署前的照牆後的「衙口市」。另有專供鄉村農民挑柴草和番薯來賣的觀德堂集、專汎口集、街頭集三個市集，後二個市集到清末已廢棄不存。民國十四年，縣商會會長即前清秀才傅錫琪向政府買下觀德堂市集全部的廣場，也就是明末鄭成功練兵用的「內校場」，興建宏大堅固的「新市場」，取代窄小露天的衙口市，從此金門人稱這新市場叫「巴薩」。所謂「觀德」是「觀其武德」，「堂」是閱兵廳，當也是鄭成功所命名的，廳內奉祀唐朝牧馬侯陳淵的部將蘇王爺。觀德堂入民初改建作縣商會。傅錫琪在廣場上鄰接新市場同時起蓋南北交叉的二樓店鋪四十四間，支撐店鋪騎樓的部分改用磚築的拱門和柱子，街道是一丈多寬的洋灰路，取名「模範街」。寓意是遠比已有數百年久、街寬不足一丈、湫隘低濕、店鋪簡陋高低不齊的舊「大街」美觀很多，堪作「模範」。傅錫琪並沒有把原來的大街改名「小街」；因「大街」有歷史的意義。同樣，到現在，模範街也有歷史意義。聽說模範街已被人改名，或者以爲它不能再作今天的「模範」；如是這原因，也未免太無知可笑了。

「新市場」和「模範街」到今天已經六十五年，其中拱形建築的騎樓，可和臺灣鹿港鎭的古店屋及臺北市廸化街的老街市媲美，具有縣城街市建設的歷史意義與價值。不料「巴薩」竟在民國五十幾年時遭到金門政府拆毀，據說是要規畫爲民衆的休閒場所。用意雖好，可是自此以後，後世的金門人子孫，再也無緣知道和看見甚麼叫做「巴薩」，實在非常可惜。地方的歷史古蹟應該愛護，希望模範街的古建築千萬不可傷害它。

**沙茶**（sa 上平 te 上平）——燒烤。

「沙茶」是古時經由金門籍的華僑從印尼傳回故居的外來語，原文不詳。近年來，國際交通頻繁，

「沙茶」一詞也從印尼傳入臺灣和中國大陸，故臺灣到處出售「沙茶醬」，就是沿襲慣用的中文，但名詞的發音却用國語，其實是錯誤的讀法。

宋、元、明三朝，福建泉州城是中國對外貿易的大商港，茶葉又是出口貨的大宗。閩南語稱茶葉爲「茶」（te 下平），歐洲人極愛喝，於是把這種中國發明的飲料照音立字寫作 tea ，這是英文「茶」的起源；法文寫作 thé ；都是根據閩南語音造的字。和國語發音的「茶」（ㄔㄚˊ）相差千里。但閩南語的「茶」聲調是下平，印尼語「沙茶」的「茶」聲調却是上平。「沙茶」(sa上平 te上平)二字不過是閩南語的印尼話「燒烤」的音譯罷了。金門話「沙茶」就是由印尼來的。

印尼人自古崇拜回教不吃豬肉，牛肉常吃，更喜吃「烤雞」（sa 上平 te 上平 a 上平 iam 上平）。（a 上平 iam 上平）是「雞」。將切片的生雞肉在鐵絲網上以木炭火烤熟，再沾抹用番椒、檸檬汁、糖、花生粉等調成的醬類來吃。中國人模仿這些吃法，更可以用豬肉、羊肉、鳥肉和一切可吃的肉類大吃一頓，但「沙茶醬」的製作內容可能不同。「沙茶醬」就是「吃燒烤肉類的調味醬」。

**看沒有**（kúã 上去 mai 下去 iouk 下入）——瞧不起。

中國古代的政府有一種慣例，便是不用本地人作本地的主官，以免容易徇私或受人情的困擾，故地方官都是外地人。自金門有史以來，治理金門的官員和隨身帶來的部下，全是操中原話的大陸籍人士，一直到清末民初都是這樣。「官話」是明、清時代全國官場的通用語，即是現在國語的前身。因此從前的地方紳士、讀書人必須學習「官話」，和官廳洽事時纔方便。一般民衆偶然也要跑衙門，「官話」完全不懂極麻煩，所以仍須多少學幾句。

閩南語絕沒有「沒有」一詞，而是說「無」（bo 下平）。「沒有」是官話。閩南語「看無」（kṹã 上去 bo 下平）是「看不懂」。但「瞧不起」也叫「看無」，等於「不把人看在眼裏」的意思。因爲古時的金門人學講官話發音不準確，「沒有」說成了（mai 下去 iouk 下入），變得官話、閩南語兩不像，一直沿用到今天。但「看沒有」一詞是兼含有戲謔成分說法的外來語。

**麻咪**（ba 上平 bi 上平）——豬。

南洋羣島各國如馬來西亞、星加坡、菲律賓、印尼等各有當地的方言。但另有一種可以互相通行的話語，當是自古的「馬來人種」所使用的，筆者暫名爲「南洋話」。這種話把「豬」叫做「麻咪」，這兩字只是勉強找來的譯音，並不很準確，原文不詳。「麻咪」一詞從古代的金門籍華僑傳入，成爲金門的外來語之一。

**鐳**（lui 上平）——金錢。銅板（錢幣）。

馬來西亞文稱「金錢」爲 duit，經由數百年前的金門籍華僑傳回金門使用。凡是金錢，無論甚麼樣的貨幣都可稱呼，直到現在。目前臺灣的硬幣，因顧慮被商人銷溶當貨品買賣，所以採用白色的合金。從前政府在大陸的時期，往上推到漢代，銅是鑄造錢幣最常用的金屬，近代的中國人通稱圓形無洞的錢幣爲「銅板」，有洞的爲「銅錢」。其中的「銅板」，金門人特別叫它「銅鐳」（taŋ 下平 lui 上平）或只叫「鐳」（lui 上平）。此外所有的各式金錢也叫「鐳」。如和馬來西亞文 duit 對照，已說走了音。還有，「鐳」字是筆者勉力找出來充當譯音的字，絕不是甚麼化學金屬元素。

# 本書主要參考書目

## 壹、經部

十三經
漢焦延壽易林
漢伏勝尚書大傳
漢韓嬰韓詩外傳
漢戴德大戴禮記
漢揚雄方言
漢許慎說文解字
漢劉熙釋名
魏張揖廣雅
陳顧野王玉篇
宋陳彭年等大宋重修廣韻
宋毛晃增注禮部韻略

宋丁度集韻

明張自烈正字通

明方以智通雅

清朱駿聲說文通訓定聲

清劉淇助字辨略

民國章炳麟新方言

民國毛子水釋這

## 貳、史部

二十六史

春秋左丘明左氏春秋

漢劉向編戰國策

漢劉向說苑、新序、列女傳

漢官修東觀漢記

劉宋劉義慶世說新語

[illegible]記

後魏楊衒之洛陽伽藍記

唐鄭綮開天傳信記

唐劉知幾史通

宋司馬光資治通鑑

宋孔平仲續世說

宋孟元老東京夢華錄

宋吳自牧夢粱錄

宋高承事物紀原

元馬端臨文獻通考

明王三聘古今事物考

清趙翼廿二史劄記

清梁章鉅稱謂錄

民國梁啓超國史研究六篇

民國林惠祥中國民族史

民國錢穆國史大綱

## 參、子部

管子
晏子春秋
商君書
荀子
韓非子
呂氏春秋
漢陸賈新語
淮南子
漢張機金匱要略
漢桓寬鹽鐵論
漢王充論衡
北齊顏之推顏氏家訓
北魏賈思勰齊民要術
宋程大昌演繁露

宋洪邁容齋隨筆
明陶宗儀輟耕錄
清顧炎武日知錄
清黃六鴻福惠全書
清翟灝通俗編

## 肆、集部

宋黎靖德編朱子語類
宋無名氏京本通俗小說
元施耐庵水滸傳
明凌濛初拍案驚奇
明馮夢龍警世通言、醒世恆言
明吳承恩西遊記
明抱甕老人今古奇觀
明蘭陵笑笑生金瓶梅

清曹雪芹紅樓夢

清石玉崑七俠五義

清文康兒女英雄傳

清吳敬梓儒林外史

清劉鶚老殘遊記

清韓子雲海上花列傳

民國梁啓超飲冰室文集

民國胡適胡適文存

民國姜作棟等修訂平劇選

# 筆畫索引（含附錄）

一、以字詞第一字的筆畫多少為序。第一字加括弧的，以括弧外下面的第一字為準。
二、同筆畫的字，按康熙字典部首的次序排列，以便檢查。

四畫



五畫

八畫

九畫

十畫

十二畫

十二畫

十六畫



十七畫

# 勘誤表

| 頁 | 行 | 誤 | 正 |
|---|---|---|---|
| 七〇 | 七 | 益）是也 | 益）詩也 |
| 八七 | 十三 | 「志字」 | 「志」字 |
| 一二三 | 十二 | 日前金門 | 目前金門 |
| 二一一 | 十三 | 明高承 | 宋高承 |
| 二一六 | 十四 | 明高承 | 宋高承 |
| 二二四 | 七 | 明高承 | 宋高承 |
| 二三三 | 十五 | 明高承 | 宋高承 |